国家社会科学基金一般项目"长三角引领长江经济带构建外向型工业布局研究"（15BJY068）

长三角引领长江经济带构建外向型工业布局研究

薛漫天　著

东南大学出版社
SOUTHEAST UNIVERSITY PRESS
·南京·

内容提要

本书是国家社会科学基金一般项目"长三角引领长江经济带构建外向型工业布局研究(15BJY068)"的最终成果。国家对长江经济带的战略定位中,"把保护和修复长江生态环境摆在首要位置"必然成为建设"具有全球影响力的内河经济带"和"东中西互动合作的协调发展带"的强有力的限制条件。为了解决这一问题,一方面需要从技术创新角度追求产业的升级;另一方面则需要从工业布局,特别是外向型工业布局的调整入手,在"保护和修复长江生态环境"的同时实现陆海的双向开放与东中西的协调发展。本书以"共抓大保护、不搞大开发"思想为指导,先后具体分析了长江经济带外向型制造业的布局状况,上、中、下游外向型制造业的转移情况,制造业出口的跨区域带动作用,外向型制造业与环境的协调度,生产者服务业对长江经济带外向型工业布局的引领作用等方面的问题,依据得到的结论提出了若干对策建议。

本书适合于政府、企业、高等院校中对相关论题感兴趣的读者。

图书在版编目(CIP)数据

长三角引领长江经济带构建外向型工业布局研究 / 薛漫天著. — 南京:东南大学出版社,2020.11
 ISBN 978-7-5641-9177-1

Ⅰ. ①长… Ⅱ. ①薛… Ⅲ. ①长江经济带-外向型经济-工业布局-研究 Ⅳ. ①F427.5

中国版本图书馆 CIP 数据核字(2020)第 207700 号

长三角引领长江经济带构建外向型工业布局研究

著　　者	薛漫天
责任编辑	宋华莉
编辑邮箱	52145104@qq.com
出版发行	东南大学出版社
出 版 人	江建中
社　　址	南京市四牌楼 2 号(邮编:210096)
网　　址	http://www.seupress.com
电子邮箱	press@seupress.com
印　　刷	南京玉河印刷厂
开　　本	700 mm×1 000 mm　1/16
印　　张	15
字　　数	278 千字
版 印 次	2020 年 11 月第 1 版　2020 年 11 月第 1 次印刷
书　　号	ISBN 978-7-5641-9177-1
定　　价	58.00 元
发行热线	025-83790519　83791830

(本社图书若有印装质量问题,请直接与营销部联系,电话:025-83791830)

前　言

本书是国家社会科学基金一般项目"长三角引领长江经济带构建外向型工业布局研究（15BJY068）"的最终成果，该项目于 2015 年 6 月立项，2019 年 11 月结项。

本书的研究是在"共抓大保护、不搞大开发"思想的指导下，结合区域经济学、国际经济学、产业经济学、经济地理学、管理学等相关学科分支的理论与方法，寻求在环境承载力约束下长三角引领长江经济带构建外向型工业布局的合理路径，为相关政府、企业的政策和对策体系演变提供指引。具体来看，本书论题需要研究的主要问题涉及：长三角外向型工业，生产者服务业与世界市场的关系，长三角与长江经济带上、中游区域间的经济联系，长江经济带外向型经济发展与长江流域环境保护之间的关系等。其中，本书的研究主要围绕长江经济带外向型工业转移以及长三角外向型工业通过跨区域带动作用与中、上游地区工业联动发展的空间与路径展开，探讨如何在上述过程中同时实现长江流域生态环境的改善与长江经济带外向型工业国际竞争力的提升。从工业大类来看，采掘业的布局主要取决于矿产资源所在地，公用事业行业几乎不存在出口；更重要的是，制造业是中国产业和工业体系的核心部分。因此，本书重点考察的是长江经济带外向型制造业的布局及其调整，在有些地方涉及其他的行业。

限于作者水平及客观条件限制，本书必然存在诸多不足之处，欢迎读者批评指正。

目 录

第一章 绪 论 ··· 1
    第一节 背景及研究意义 ··· 1
    第二节 相关文献综述 ·· 4
    第三节 理论分析与思考 ·· 12
    第四节 研究内容 ··· 19
    第五节 研究的思路与方法 ··· 22
    参考文献 ·· 23

第二章 长江经济带外向型制造业布局状况研究 ························· 28
    第一节 长江经济带制造业产出和出口概况 ····························· 28
    第二节 长江经济带制造业专业化布局状况 ····························· 30
    第三节 长江经济带外向型制造业专业化布局状况 ···················· 35
    第四节 长三角与荷兰外向型制造业对比分析 ·························· 41
    第五节 长江经济带外向型制造业布局的特征与问题 ················ 46
    参考文献 ·· 49

第三章 长江经济带外向型制造业转移研究 ······························· 50
    第一节 文献回顾 ··· 50
    第二节 计量模型与数据来源 ··· 53
    第三节 长江经济带制造业转移分析 ······································ 54
    第四节 长江经济带外向型制造业转移分析 ···························· 59
    第五节 小结与讨论 ·· 68
    参考文献 ·· 71

第四章 长江经济带双向开放的跨区域带动作用研究 ···················· 73
    第一节 研究背景 ··· 73
    第二节 长江经济带区域间投入产出模型的构建 ······················ 75

　　　　第三节　长江经济带上、下游制造业出口的跨区域带动作用 …… 81
　　　　第四节　小结与讨论 ……………………………………………… 89
　　　　参考文献 …………………………………………………………… 92

第五章　长江经济带外向型制造业与环境的协调度研究 …………… 94
　　　　第一节　研究背景 ………………………………………………… 94
　　　　第二节　研究方法 ………………………………………………… 95
　　　　第三节　统计结果与分析 ………………………………………… 98
　　　　第四节　二位码行业层面的分析 ………………………………… 101
　　　　第五节　小结与讨论 ……………………………………………… 116
　　　　参考文献 …………………………………………………………… 117

第六章　长三角生产者服务业对长江经济带的引领作用研究 ……… 118
　　　　第一节　长江经济带生产者服务业发展状况分析 ……………… 118
　　　　第二节　长三角与荷兰生产者服务业对比分析 ………………… 126
　　　　第三节　长三角生产者服务业的引领作用分析 ………………… 130
　　　　第四节　长三角航运服务的引领作用探析 ……………………… 134
　　　　第五节　上海市金融业的引领作用探析 ………………………… 144
　　　　第六节　加强长三角生产者服务业引领作用的路径 …………… 154
　　　　参考文献 …………………………………………………………… 157

第七章　结论与总体政策建议 …………………………………………… 159
　　　　第一节　主要研究结论 …………………………………………… 159
　　　　第二节　莱茵河经济带的发展经验 ……………………………… 163
　　　　第三节　总体的政策建议 ………………………………………… 169
　　　　参考文献 …………………………………………………………… 180

第八章　行业层面的政策建议 …………………………………………… 183
　　　　第一节　行业层面的指导性文件分析 …………………………… 183
　　　　第二节　长江经济带石化、化学产业布局情况及政策建议 …… 195
　　　　第三节　长江经济带冶金产业布局情况及政策建议 …………… 209
　　　　第四节　长江经济带造纸业布局情况及政策建议 ……………… 217
　　　　第五节　长江经济带非金属矿物制品业布局情况及政策建议 … 222
　　　　参考文献 …………………………………………………………… 229

后　记 ……………………………………………………………………… 230

第一章 绪 论

第一节 背景及研究意义

一、研究背景

只有在日趋统一的世界市场中维持强劲产业竞争力的国家,才能实现长期的经济发展与社会进步。在全球化的条件下,作为一个经济总量达到世界第二的经济体,中国有必要继续借助面向世界市场的全面对外开放不断推动产业分工的深化和区域的相对均衡发展。

20 世纪 80 年代,陆大道提出了我国国土开发和经济布局的"T"字形发展战略,即海岸经济带和长江经济带两个一级重点经济带形成"T"字形,并在长江三角洲交会。2014 年,《国务院关于依托黄金水道推动长江经济带发展的指导意见》(以下简称《意见》)的发布,标志着长江经济带建设正式上升为国家战略。《意见》所定义的长江经济带包括上海、江苏、浙江、安徽、江西、湖北、湖南、重庆、四川、云南、贵州等 11 个省市,面积约 205 万平方千米。

《意见》指出,要"发挥长江三角洲地区对外开放引领作用,建设向西开放的国际大通道",并"全面提升长江经济带开放型经济水平";上海自贸区要"大力推进投资、贸易、金融、综合监管等领域制度创新",提供现代生产者服务业的支持;在工业布局方面,要"引导产业有序转移和分工协作"。因此,长三角地区不仅要用现代服务业支撑长江经济带的双向开放,还要引领长江经济带外向型工业布局的调整和集聚发展①。

2016年1月,习近平在重庆召开的推动长江经济带发展座谈会上指出,推动长江经济带发展必须从中华民族的长远利益考虑,走生态优先、绿色发展之路,共抓大保护、不搞大开发。至此,长江经济带的发展战略与作为国家战略提出时相比有一定调整,也就是说,今后必须在改善长江流域生态环境的基础上培育全方位对外开放的新优势。从指导性文件对长江经济带战略定位的调整可以确认这一点。

具体地说,《意见》对长江经济带的战略定位是:具有全球影响力的内河经济带、东中西互动合作的协调发展带、沿海沿江沿边全面推进的对内对外开放带、生态文明建设的先行示范带。2016年印发的《长江经济带发展规划纲要》(以下简称《纲要》)对长江经济带的战略定位则有所变化:第一,将"生态文明建设的先行示范带"提升至首位,反映了"共抓大保护、不搞大开发"的思路调整;第二,用"引领全国转型发展的创新驱动带"代替了"沿海沿江沿边全面推进的对内对外开放带"。不过,《纲要》提出的长江经济带发展的基本原则第4条仍保留了"陆海统筹、双向开放"的要求。

进一步分析,经《纲要》调整的长江经济带战略定位无疑仍是一个统一的整体。不过,"把保护和修复长江生态环境摆在首要位置""不搞大开发"必然成为建设"具有全球影响力的内河经济带"和"东中西互动合作的协调发展带"强有力的限制条件。这一限制真实地反映了长江流域日益严重的污染状况与长江经济带经济发展之间的矛盾。

本书认为,为了解决这一问题,一方面需要从技术创新角度追求产业的升级,也即《纲要》中增加的一条战略定位"引领全国转型发展的创新驱动带"的要求。另一方面则需要从工业布局,特别是外向型工业布局的调整入手,在"保护和修复长江生态环境"的同时实现陆海的双向开放与东中西的协调发展。本书需要研究的就是长三角在上述外向型工业布局调整过程中能够和应该发挥的作用。

本书需要研究若干个互相联系的问题:第一,长江经济带外向型工业当前布局的状况;第二,长三角地区部分外向型工业向中、上游转移的规模及限度;第三,长三角及长江经济带其他地区外向型工业的跨区域带动作用的规模、行业分布及其比较;第四,长三角和长江经济带上、中游外向型工业发展与环境之间的协调度的状况及演变;第五,长三角生产者服务业对长江经济带上、中游地区发展外向型工业的支持作用。相关研究涉及多个经济学的分支。此外,长江经济带是在一国内

---

① 本书综合考虑地理因素和经济发展状况划分了长江经济带中的上、中、下游省市:上游包括云南、贵州、四川、重庆;中游包括湖南、湖北、江西、安徽;下游包括江苏、浙江、上海,相当于长三角,文中通用两种说法。详见第三节相关分析。

部沿内河建设的全方位对外开放的经济区,在世界经济史上并无先例,但莱茵河经济带作为最成功的外向型流域经济带,其工业发展与环境保护经验值得长江经济带借鉴。在上述研究结果及借鉴莱茵河经济带经验的基础上,本书将提出推动长三角引领长江经济带构建外向型工业布局的政策建议。

二、研究的理论意义和实际意义

自国际金融危机爆发以来,世界经济复苏之路曲折而漫长,中美、美欧贸易战的爆发体现了各个国家对世界市场争夺的激烈化,因而,至少在相当长的时期内,我国产品的外部需求难以再快速上升;在国内,生产要素价格与环境承载力的约束日益明显,原有的经济增长方式已难以为继。在上述背景下,《意见》指出,依托黄金水道推动长江经济带发展,"有利于建设陆海双向对外开放新走廊,培育国际经济合作竞争新优势";《纲要》则指出,要"在保护生态的条件下推进发展,实现经济发展与资源环境相适应,走出一条绿色低碳循环发展的道路"。研究长三角如何在促进长江流域生态环境改善的条件下引领长江经济带外向型工业布局的构建,是加快经济发展方式转变的重要措施,具有重要的学术和实际应用价值。

1. 本书的研究结合了区域经济学、产业经济学、国际经济学、环境经济学、经济地理学、管理学等相关理论与方法,建立了一国沿内河流域构建外向型工业布局的分析框架,可以为后续研究提供依据。

2. 本书的研究契合我国的环境保护战略。原有的经济发展方式和分工状况使我国承载了沉重的环境压力,是不可持续的。本书以实现长江经济带可持续发展为出发点,力图在其外向型工业布局构建的同时实现生态环境的改善与产业国际竞争力的提升,契合构建"环境友好型"社会的战略和《意见》《纲要》中建设"生态文明建设的先行示范带"的战略定位。

3. 本书的研究有助于我国应对世界经济环境变化。当前世界经济形势复杂多变,我国的外部需求规模、结构乃至我国参与的国际分工形式都可能发生明显转变,本书的研究对引导沿长江经济带的省市政府、企业应对上述转变具有重要的借鉴价值。

4. 本书的研究为我国实现区域平衡、可持续发展提供了现实路径。在外向型经济发展上的差别是内陆与沿海经济发展水平差距较大的主要原因之一,因此推动长江经济带上、中游省市参与长三角引领的外向型产业链,实现陆海双向开放,将会促进长三角外向型工业的升级转型,并创新长江上、中游对外开放的模式。这为实施西部大开发、中部崛起等国家战略以及实现各区域平衡发展提供了现实的路径。

第二节 相关文献综述

如上一节所述,本书的论题涉及多个经济学学科分支,且每一个具体的议题都涉及大量的文献,不可能全部在此进行综述。这一节主要综述了与论题直接相关的部分文献,具体来说是有关长江经济带和工业布局的国内外文献及政策文件。对于本书研究的各个具体问题的相关文献,将在有关章节中进行综述。之所以将有关政策文件在此回顾和综述,是因为本书所依据的课题是为了贯彻长江经济带战略而设计的,是具有很强政策性的应用型研究,需要对相关政策进行透彻的分析与把握。

一、长江经济带相关文献综述

建设长江经济带的提议已有较长的历史。20世纪80年代,中国生产力经济学研究会就提出了"长江产业密集带"的概念,可以将其视为长江经济带的雏形。前文已提到,1987年,陆大道提出了我国国土开发和经济布局的"T"字形发展战略,而长江经济带是"T"字形发展战略中尤其重要的一轴,发挥着连贯东西的作用。

20世纪90年代初,在长江流域内,我国又先后启动了浦东开发项目和三峡工程项目。随后,1996年召开的全国人大八届四次会议讨论通过了《国民经济和社会发展"九五"计划和2010年远景目标纲要》,在我国将要形成的七大经济区中,将长江三角洲和沿江地区列为首位,并明确提出"依托沿江大中城市,逐步形成一条横贯东西、连接南北的综合经济带"的战略部署。但是,在21世纪初的一段时间内,为了促进区域的平衡发展,我国政府先后实施了西部大开发、东北老工业基地振兴、中部崛起等国家战略,对长江经济带的规划没有能够继续推进。

一直到2011年1月,《国务院关于加快长江等内河水运发展的意见》中提到"加快长江等内河水运发展有利于构建现代综合运输体系……调整优化沿江沿河地区产业布局……",这才意味着长江的航运与产业布局问题再次受到重视。2013年7月,习近平总书记考察湖北省时,指出"长江流域要加强合作,充分发挥内河航运作用,发展江海联运,把全流域打造成黄金水道。"同年9月,李克强指示:"沿海、沿江先行开发,再向内陆地区梯度推进,这是区域经济发展的重要规律……依托长江这条横贯东西的黄金水道,带动中上游腹地发展,促进中西部地区有序承接沿海产业转移,打造中国经济新的支撑带。"2013年12月,国家发展改革委综合考虑了经济、地理等方面的因素,确定长江经济带的范围包括上海、江苏、浙江、安徽、江西、湖北、湖南、重庆、四川、云南和贵州等九省二市。

2014年3月召开的十二届全国人大二次会议的政府工作报告中,首次提出了"依托黄金水道,建设长江经济带"的说法。2014年4月,李克强指出:"要依托长江黄金水道,让'长江经济带'成为中国经济发展的新引擎。"同年9月,国务院发布了《国务院关于依托黄金水道推动长江经济带发展的指导意见》和《长江经济带综合立体交通走廊规划(2014—2020年)》。2015年3月,《长江中游城市群发展规划》获批。

2016年1月,在重庆召开的座谈会上,习近平总书记明确提出,要把长江经济带建设成为"我国生态文明建设的先行示范带、创新驱动带、协调发展带",要"共抓大保护、不搞大开发"。2016年3月,《纲要》提出,推进一体化市场体系建设,强化创新驱动产业转型升级,推进新型城镇化,构建东西双向、海陆统筹的对外开放新格局。

此外,各级部门还提出了一系列有关长江经济带建设的具体规划和指导意见。2016年3月,国家发展改革委、科技部、工业和信息化部联合印发的《长江经济带创新驱动产业转型升级方案》,确定了长江经济带在创新能力、工业新优势、现代服务业、农业现代化、产业布局等五个方面的重点任务。2016年9月,长江水利委员会编制的《长江岸线保护和开发利用总体规划》,全面分析了长江岸线的开发利用存在的主要问题,根据《意见》和《长江流域综合规划(2012—2030年)》的要求,将岸线划分为岸线保护区、保留区、控制利用区和开发利用区四类。2017年7月,环境保护部联合国家发展改革委、水利部共同印发的《长江经济带生态环境保护规划》坚持生态优先、绿色发展的基本原则,强调协调联动,确保走绿色发展的生态之路。随后,工业和信息化部、国家发展改革委、科技部、财政部、环境保护部联合发布了《关于加强长江经济带工业绿色发展的指导意见》,提出"引领长江经济带工业绿色发展",要求从完善工业布局规划、改造提升工业园区、规范工业集约集聚发展、引导跨区域产业转移、严控跨区域转移项目等五个方面优化长江经济带工业布局,同时提出关于调整产业结构、推进传统制造业绿色化改造、加强工业节水和污染防治方面的建议。

长江经济带沿线各省市也相继出台了一系列关于推动长江经济带发展的文件,如表1.1所示:

表 1.1 长江经济带沿线各省市关于推动长江经济带发展的文件

年份	出台文件
2014	四川省：《贯彻〈国务院关于依托黄金水道推动长江经济带发展的指导意见〉的实施意见》《四川省推进实施长江经济带综合立体交通走廊规划工作方案》
2015	安徽省：《安徽省人民政府关于贯彻国家依托黄金水道推动长江经济带发展战略的实施意见》 湖南省：《湖南省人民政府关于依托黄金水道推动长江经济带发展的实施意见》 上海市：《上海市人民政府关于贯彻〈国务院关于依托黄金水道推动长江经济带发展的指导意见〉的实施意见》 江苏省：《2015 年度推动长江经济带发展重点任务分工方案》 重庆市：《贯彻落实国家"一带一路"战略和建设长江经济带三年行动计划》
2016	湖北省：《湖北省长江经济带产业基金管理办法》《湖北省长江经济带产业基金政府出资管理办法》 浙江省：《浙江省参与长江经济带建设实施方案（2016—2018 年）》
2017	湖北省：《湖北省人民代表大会关于大力推进长江经济带生态保护和绿色发展的决定》《湖北长江经济带生态保护和绿色发展总体规划》 浙江省：《浙江省长江经济带发展实施规划》

资料来源：据本书不完全统计。

国务院和各级政府一系列政策的出台，使长江经济带成为国内学者的研究热点。邹辉等（2015）指出，国内学者对长江经济带的研究主题，主要包括发展战略、产业研究、交通研究、区域经济差异、区域空间结构、区域联系与合作、地区与长江经济带关系、生态环境等八个方面。而本书主要关注的是关于长江经济带产业发展、产业布局，特别是外向型工业发展和外向型工业布局等方面的研究。

对长江经济带产业发展的研究，主要集中在区域产业协调发展、产业结构、产业转移以及产业布局等方面。罗蓉（2007）分析了长江经济带产业发展的特征，认为需从产业布局、产业转移和产业升级三个方面统筹长江经济带产业的协调发展。徐长乐（2014）认为促进长江经济带产业分工与合作需要政府搭台、企业唱戏，要培育龙头骨干企业，提升企业自主创新能力，激发产业发展的内在潜力。

有关长江经济带产业结构问题的文献，主要涉及对产业结构演变、产业结构同构性以及产业结构演变的影响因素的分析。黄庆华等（2014）使用 SSM 模型研究了长江经济带各省市 2003 年至 2012 年产业结构的演变状况，认为政策导向、要素价格、区域分工合作和产业发展的客观规律等因素影响了长江经济带产业结构的演变。王林梅等（2015）使用泰尔指数法、Moore 指数法和产业结构相似系数方法，分析了长江经济带产业结构的区域差异和产业结构趋同的问题，并针对产业结构优化提出了相关的建议。

对长江经济带各类型产业的研究,涉及长江经济带农业布局、物流业的前后向关联度、工业全要素生产率和比较优势等方面。何劲等(2006)研究了长江经济带东、中、西各区域农业布局的特征,认为东、中、西部地区应该分别建立现代化外向型农业基地、现代化大农业基地、现代特色农业基地。程艳等(2013)运用投入产出法,分析了长江经济带物流产业的前后向关联度及物流产业对国民经济的波及效应,发现物流产业的中间投入率呈上升趋势,而中间需求率却表现出先升后降的变化特征。吴传清等(2014)运用Malmquist指数法探究了长江经济带工业全要素生产率的地区差异和影响因素,认为主要的影响因素包括工业化水平、科技、教育、产权结构效率和政策等。彭智敏等(2015)运用区位商和产业集聚指数,研究了长江经济带各省市制造业的集聚特征以及比较优势,并在此基础上提出了政策建议。

在关于长江经济带产业转移的研究中,曾荣平等(2015)在分析长江经济带分行业产业梯度系数的基础上,确定了长江中、上游需重点承接的产业,并提出了促进长江经济带梯度开放与产业转移的建议。孙威等(2015)运用主成分分析法研究了长江经济带的产业吸引力、支撑力和发展能力,并据此分析了长江经济带产业承接能力的空间分异特征和形成机制。滕堂伟等(2016)运用偏离-份额分析法、主成分分析法和GIS的空间分析法,研究了长江经济带下游产业转移的趋势及中、上游产业承接的能力。靖学青(2017)采用2000年至2014年的样本数据,对长江经济带产业转移、区域经济协调发展及前者对后者的影响进行了研究。熊伟(2019)采用偏离-份额分析法对长江经济带产业转移增量进行了分解。

对长江经济带产业布局的研究,主要集中于沿江主要城市产业布局、资源能源和产业布局协调等方面。王合生等(1998)分析了长江经济带在我国区域经济发展中的地位与作用。邓玲(1998)在对长江经济带产业发展的研究中发现,沿江地区各省市存在产业优势和资源优势严重错位的问题。陈雯等(2003)分析了长江经济带中游地区的产业成长环境和比较优势,并探讨了中游地区在长江产业带中的产业分工地位。周冯琦等(2016)在分析长江经济带现有化学工业布局、供应链、需求链的基础上,探究了长江经济带化学工业布局存在的问题,并提出了政策建议。石清华(2016)指出,长江经济带的制造业存在比较严重的同质化问题,并从产业发展条件和发展现象两方面分别探讨了长江经济带上、中、下游制造业产业的优化布局。

国内学者对长江经济带外向型经济的研究,主要聚焦于长三角地区。方勇等(2002)测算了长三角地区外商直接投资(FDI)与经济增长、产业结构调整和集聚之间的关系以及相互影响的方式,并提出了长三角FDI政策的战略定位建议。佘之祥(2006)研究了长三角产业结构、资源和环境方面的问题。汪素芹等(2007)分析了长三角地区外向型模式面临的诸多问题,认为长三角必须更加积极主动地参与国际分工合作与竞争。

针对整个长江经济带的外向型经济的研究比较少,且时间较早。段学军等(1999)分析了长江经济带外向型经济发展的基本态势、发展水平的空间差异与变动趋势、外向型经济发展的行业特征等方面的问题。王合生等(1999)指出,长江流域外向型经济发展在全国的地位逐渐上升,但其发展水平仍与地区经济的发展水平不相匹配。

本书所定义的外向型工业,是指一国或一地区内,以国际市场需求为导向的工业;而外向型工业布局即是该类型工业在一定地域上的空间分布和组合。当前几乎没有针对长江经济带外向型工业发展及其布局的研究。一般来说,长江经济带外向型工业发展总体向好,但内部发展不平衡,上、中、下游差距明显;具体来看,外向型工业主要布局在长三角地区,从下游到中游、上游规模递减,集聚程度也随之降低。

部分文献探讨了本书关注的长三角在各方面对长江经济带经济发展的引领作用的问题。倪前龙(1998)在对长江经济带的经济梯度分析的基础上,研究了上海工业在长江经济带中的龙头作用,并提出了加快发挥上海龙头作用的建议。沈玉芳等(2000)分析了上海与长江中、上游地区的经济协作与发展所存在的问题,研究了双方协调发展的潜力与有利条件,并探究了实现经济协调发展的有效途径。徐长乐等(2015)认为,江苏应抓住新一轮长江经济带建设的时机,充分发挥江苏在长江经济带产业分工合作中的引领作用。金泽虎等(2016)分析了上海自贸区与长江经济带的经济联系,并指出了上海自贸区的贸易便利化措施对长江经济带的启示作用。

还需强调的是,不少文献指出,长江经济带的环境保护形势非常严峻。夏会会等(2017)的研究表明,近年来,长江经济带11个省市的工业废气排放量呈持续上升的趋势。孔凡斌等(2017)指出,长江经济带内的产业转移伴随着污染负面效应的增大。

二、工业布局相关文献综述

产业布局的合理性关系到一国或地区的经济发展速度与质量。在中国的产业体系中,工业是主导的产业,决定着中国经济现代化的速度、规模和水平,因此,工业布局在产业布局中占有突出的地位,合理的工业布局,将会有效推动国民经济的增长。进一步,作为工业的主体部分,制造业是中国产业体系的核心部分,是生产力水平最直接的体现。因此,制造业布局在工业布局中占有最重要的地位。本书的研究对象主要涉及长江经济带外向型工业的布局,研究重点是外向型制造业的布局。

首先看产业布局的概念。于谨凯等(2008)认为,产业布局是指一个国家或地区产业各部门、各环节在地域上的动态组合分布。邬娜等(2015)认为,产业布局是指产业在一国或一地区范围内的空间分布和组合,一定程度上反映了该国或该地区的产业结构和规模。

西方经济学中,对产业布局的研究可以追溯到古典区位理论,代表性研究是杜能的农业区位论和韦伯的工业区位论。杜能(1826)最早提出"地租和土地利用",认为级差地租是农业布局的主要影响因素。韦伯(1909)认为,工业布局的主要影响因素是运费。在上述古典区位理论的基础上,逐渐发展成了以利润最大化为企业区位选择依据的近代区位理论,其主要包括贸易区位理论、中心地理论、市场区位论等。二战以后,现代区位理论从更多的角度综合分析企业的区位选择,形成了成本-市场学派、行为学派、社会学派、历史学派和计量学派等派别。

区位理论在苏联被称作生产力布局理论,与西方侧重于微观区位研究不同,苏联更加重视对宏观布局的研究。苏联生产力布局理论主要体现在社会主义生产布局原则中,费根(1957)将其概括为:在全国平衡生产;提高各民族地区的经济与文化水平;工业接近原料产地和产品消费地;在各经济区实行有计划的经济分工;加强城乡联系;考虑国防因素;重视国际分工。此外,一些苏联学者在对大型项目建设成就加以总结的基础上提出了地域生产综合体理论。地域生产综合体实际上是一种产业集聚,其核心是体现地域生产综合体发展方向的专门化企业,围绕这一核心,关联类企业和依附类企业以及所有企业共同享用基础设施(龙开元,2008)。

再看工业布局的概念。陆大道(1980)提出,工业布局是根据自然资源的分布、特点以及地区乃至整个国民经济发展的需要,确定工业企业、工业基地配置的地区及地点。陈栋生(1989)认为,工业生产力在整个全国范围内的分布与组合,构成一个国家的工业布局。

西方对工业布局的研究,集中于对产业集聚现象的分析,其同样可追溯到20世纪初的古典工业区位论。上文已提到,韦伯是该理论的奠基人,他强调了企业生产费用的影响,而企业生产费用主要受运输费用、劳动力费用、集聚力作用的影响。随后的工业区位理论继承和发展了古典区位理论,大致经历了古典区位理论、近现代区位理论、行为区位理论和新经济地理学理论等阶段。其中,近现代区位理论将视角转向宏观领域,多因素综合分析工业区位的分布。勒施提出空间区位分布的动态模式,特别强调市场区位对工业布局的影响,形成了市场学派。现代区位理论的创始人伊萨德、胡佛、理查森等认为合理的区位选择和产业布局应该是由多因素共同决定的,形成了市场-成本学派。20世纪60年代,随着行为科学的发展而逐渐形成的行为区位理论,打破了传统"经济人"的假定,在外部因素的基础上加入了内部因素,将传统因素与社会、行为等因素综合考虑到工业布局理论中。例如,Nakosteen等(1987)从企业内部因素和外部环境等方面对企业迁移的动力进行了分析。

到了20世纪90年代,克鲁格曼等发展了新经济地理学理论。这一时期的区位理论以非完全竞争市场结构为主,重视影响区位选择的空间集中和集群等因素。Porter(1998)从企业竞争优势的角度运用"钻石模型"研究了产业集群现象。Hill等(2000)认为产业集群能够提高地区经济的实力,形成比较优势。近年来,很多学者从新经济地理学的角度,研究在规模经济和集聚效应下产业的布局情况。Sohn(2004)采用空间基尼系数、全局自相关指数、产业相关系数和产业集聚度等方法研究了美国制造业的空间布局。Pansuwan等(2011)研究了泰国各类产业的布局特点。

国内学者对工业布局的研究,与西方学者的研究重点略有区别,主要集中于对我国工业在区域上的集中程度、布局特征及其影响因素、政府决策作用等方面的分析。文玫(2004)利用基尼系数测算出中国工业仍然位于倒U曲线的左方。肖春梅(2011)认为,我国工业布局此前近十年间向东部沿海地区集中的特征没有根本性的转变。张晓平(2008)认为,国际分工、技术进步、资源环境约束、政策体制等是影响工业布局的主要因素。陈仲常等(2010)利用面板数据进行分析,认为工业布局变迁的主要影响因素包括区域政策、投资水平、对外开放度、市场化程度和劳动力成本等。

本书论题属于政策导向性很强的应用型研究。近年来,不少学者研究了区域发展战略或政府决策对工业布局的影响,并在此基础上探讨优化工业布局的策略。叶振宇(2008)建立了一个分析区域战略、贸易政策与工业布局演变的一般性框架,认为中国工业布局演变是区域战略和贸易政策共同作用的结果。肖春梅(2011)认为工业布局过度向东部聚集,加剧了区域间经济发展的不平衡,应分别从宏观、中观和微观层面采取有效政策措施,实现工业布局的优化调整。洪俊杰等(2014)基于1998年至2007年间中国工业企业调查的面板数据,研究了政府提出的区域振兴战略对我国工业空间结构变动的影响,认为中国政府应在税收、基础设施等方面对欠发达地区予以支持。

上文已指出,外向型工业是指一国或一地区内,以国际市场需求为导向的工业;而外向型工业布局即是该类型工业在一定地域上的空间分布和组合。尽管国内外学者对工业布局的研究颇多,但是很少有针对外向型工业布局的研究。Brülhart(2011)指出,相关的研究文献结论一致:在贸易国内,贸易自由化导致经济活动向靠近国际市场的区域聚集并扩大了这些区域与内陆的发展水平差距。这反映了内陆地区发展外向型经济的"地理劣势"(Geographic Disadvantage)。这种情况在中等或低收入国家更为明显(Ezcurra et al,2013)。从微观角度来看,关于内陆企业的出口决策问题,Albarran等(2013)运用西班牙的数据进行检验,结果发现对交通基础设施的投资降低了内陆企业出口的成本,提高了内陆中小型企业出口的可能性。

还需指出的是,我国学者关于工业发展与布局对生态环境影响的研究较多,但关于生态环境或生态承载力对工业布局的研究较少(龙开元,2008;邬娜等,2015)。在"共抓大保护、不搞大开发"的思想指导下,本书研究的重点之一即是生态环境保护对长江经济带外向型工业布局构建和调整方向的影响。在若干相关的研究中,傅帅雄(2016)通过对工业污染区域转移的分析,寻找污染型行业布局变化的影响因素,并分别从效率和生态环境两个维度提出了生态文明视角下的污染型行业布局的优化目标。余莱花(2016)的检验结果则显示环境规制与中国制造业区域分布集中程度和制造业集聚程度均呈正相关,这意味着某区域环境规制强度的提升反而会促使企业聚集。

三、已有文献评论

本节综述了长江经济带和工业布局的有关国内外文献及政策文件。总体而言,已有文献的研究相当全面,涉及了不同的学科分支,探讨了长江经济带发展战略、产业、交通、区域经济联系、区域空间结构、生态环境作用等方面的问题,研究了工业布局的形成动因、集聚程度、布局特征、影响因素、政府决策等各方面的内容,取得了丰富的成果。

不过,对于本书的论题,即长三角引领长江经济带构建外向型工业布局问题,相关的研究很少。不论是长江经济带的工业布局,特别是外向型工业布局的现状、影响因素、演变方向,还是生态环境保护对长江经济带外向型工业布局的影响,或是长三角在上述过程中能够发挥的作用,均较少有文献涉及。本书作为政策导向性较强的应用型研究,必须依据中央政府确定的长江经济带发展战略、指导思想及其演变情况,从推动长江经济带实现其战略定位的目标出发,充分借鉴已有相关文献提出的观点、思路和方法,探讨各个特定问题的结论;并根据所得结论与客观条件,提出相应的政策建议。当然,也有部分研究涉及的领域已有相对较充分的文献研究,例如上海在航运服务业方面对长江经济带的引领作用等,本书将充分予以借鉴和运用。

第三节　理论分析与思考

本书的论题属于应用研究,但也涉及一些需要进一步辨析的理论问题。在这一节中,先后从理论方面分析了长江经济带战略的理论渊源、以区域经济学为主构建分析框架、经济区域的划分原则、长三角的引领地位、长江经济带区域间分工与经济联系、区域经济的行为主体等问题,以便为下一步规划研究思路和研究内容做准备。

一、长江经济带战略的理论渊源

本章第一节已提到,陆大道于20世纪80年代提出了我国国土开发和经济布局的"T"字形发展战略,即海岸经济带和长江经济带两个一级重点经济带形成"T"字形,并在长江三角洲交会。这一战略提出的依据是"点-轴系统"理论,陆大道(2014)还表示,该理论及中国国土开发、经济布局的"T"字形发展战略是他吸取区位论和空间结构理论的精华,是在分析中国自然基础,特别是中国经济布局特点和综合国力的基础上提出的;以经济带的模式进行国土开发和发展区域经济,是"点-轴系统"理论的应用核心。

吴传清等(2013)认为,"点-轴系统"理论科学地借鉴了法国学者佩鲁倡导的增长极理论、德国学者克里斯塔勒倡导的中心地理论、德国学者松巴特倡导的生长轴理论、瑞典学者赫格斯特兰倡导的空间扩散理论等经典理论成果,做了"综合集成创新"的积极探索。虽然上述说法略有出入,但可以概括地说,"点-轴系统"理论是在经典区位论的基础上发展而来的。换言之,长江经济带战略的理论渊源是区位论,而且是主要从经济地理学视角对区位论领域的理论发展成果集成创新后提出的发展战略,主要强调的是经济活动组织与地理环境的关系。

二、以区域经济学为主构建分析框架

本书论题涉及多个学科分支,需要在辨析、比较后选择较为适当的若干学科的理论和分析工具构建分析框架。

(一) 区域经济学与经济地理学

本书研究的是长江经济带外向型工业布局方面的问题,在涉及的理论方面与经济学、地理学都有着密切的联系。具体地说,在经济学方面,本书论题与区域经济学、产业经济学、国际经济学的关联较密切,特别是前者。区域经济学主要研究经济活动的空间分布与协调以及与此相关的区域决策(安虎森,2004),具体包括经济活动区位、区域供给与需求、区域经济发展、区际经济关系、区域经济政策与管理等方面(魏后凯,2006),能够涵盖本书论题的绝大部分内容。卡佩罗(2014)则认为,区域经济学主要由区位理论和区域发展理论两大分支组成,其中前者在区位论基础上产生,与经济地理学关系密切。按卡佩罗的这种划分,本书论题的研究需要运用两大分支的相关理论及方法,尤其是后者,正如郝寿义(2016)指出的,区域经济发展理论是区域经济学理论的核心部分。

在地理学方面,本书论题主要与经济地理学这一学科分支相关。上文已说明,长江经济带战略本身就是经济地理学学者首先提出的。具体地说,1984年9月,陆大道在"全国经济地理与国土规划学术讨论会"上做了"2000年我国工业生产力布局总图的科学基础"的报告,初步提出"点-轴系统理论"和我国国土开发、经济布局的"T"字形发展战略。报告论文1985年在北京和湖北的内部刊物上发表,1986年以"2000年我国工业生产力布局总图的科学基础"为题,在《地理科学》正式发表。"T"字形发展战略随后被写入国家计委1987年发布的《全国国土总体规划纲要》。在这一过程中,长江经济带战略的各要点已从经济地理学角度进行了比较充分的分析和论证,特别是在经济活动与地理环境的关系方面。同时本书认为,从经济学的角度,尤其是区域经济学中的区域发展理论分支的角度来看,长江经济带战略的理论构建、发展路径、政策措施等方面的问题仍有进一步研究的必要。因此,本书将主要从经济学,特别是区域经济学的角度来建立分析的框架,重点从区域经济活动的协调和区域经济决策的视角来研究长三角如何引领长江经济带构建外向型工业布局。

(二) 新经济地理学及空间经济学

空间经济学是研究资源的空间配置和经济活动区位问题的学科(藤田昌久等,2011),新经济地理学是空间经济学最新的发展阶段。与新经济地理学相比,传统的新古典经济学通常采用报酬不变和完全竞争假设进行研究,倾向于忽视贸易成本,至多将国家间的贸易成本以"冰山型运输成本"的方式纳入分析,贸易国本身则被视为没有面积的"点"。20世纪80年代末到90年代初,克鲁格曼、藤田昌久等在规模报酬递增和不完全竞争的假设下研究了经济活动的空间集聚问题,创立了新经济地理学,这对于理解当代的国际分工、贸易、经济增长的特征具有重要意义。不过,本书论题的研究没有侧重于从新经济地理学的角度来分析,这与该理论的若干特征有关。如卡佩罗(2014)认为,新经济地理学模型建立在将生产活动集中于经济发展的特殊"极点"的假定上,这些点既无地理实体特征(如形貌、实体尺度),也无法体现区域的角色作用。段学军等(2010)也指出,新经济地理学强调市场规模经济,缺乏对技术外部性的重视,不能解释技术在促进产业增长、区域发展和经济全球化中的作用;对区域、地方等概念处理过于简单化,忽视了区域、地方在自然、文化、社会架构及制度等方面的差异;对空间集聚的分析完全依托于初始条件、偶然性。然而,新经济地理学所"舍象"的这些方面往往正是本书论题所要着重分析的问题,因此该理论不能成为本书的主要分析工具。

(三) 产业经济学、国际经济学与环境经济学

产业经济学是研究产业组织、产业联系、产业结构和产业政策的学科,本书在研究长江经济带外向型工业的工业布局调整问题时需要运用该学科的理论和分析工具。国际经济学是研究跨国的经济活动和经济关系的学科,本书在研究长三角各产业的世界市场地位和竞争力水平时需要运用该学科的分析工具。环境经济学是研究经济发展与环境之间关系的学科,本书在研究长江经济带外向型制造业发展与环境的协调性时需要运用该学科的研究方法。

(四) 流域经济学

流域经济是区域经济的特殊形式,长江经济带的发展无疑也是一个流域经济开发的问题。流域经济学作为专门研究流域经济问题的新兴学科,对于本书论题应当是最为适用的。不过,该学科尚未产生独创性的理论体系和分析方法,研究人员和已有成果较少,还不能支撑本书论题的研究。当然,该学科范畴内若干已经产生的相关成果(如张侃侃等(2013)、罗清和等(2016))仍是本书研究的借鉴对象。

依据上述分析,本书以区域经济学为主建立分析框架,同时也涉及国际经济学、产业经济学、环境经济学等学科的理论和分析工具。

三、经济区域的划分原则

根据吴传清(2008)的归纳,作为区域经济学研究对象的经济区域有以下几个标准:差异性标准或同质性标准;内聚性标准或集聚性标准;毗邻性标准;兼顾行政区划标准。本书的研究是基于国家长江经济带战略实施的需要而进行的,在选择研究对象时既要重点考虑中央及地方政府施行相关政策的地域范围及其划分标

准,也要考虑数据可得性等条件的限制。因此,本书研究的经济区域主要采用行政区划标准进行划分,以长江经济带中11个省级行政区及省级行政区组成的上、中、下游经济区为主要研究对象;在划分上、中、下游经济区时兼顾了同质性、内聚性、毗邻性等标准,具体地说,是将安徽省纳入长江经济带下游还是中游的问题。

安徽省2009年成为长三角地区合作组织的正式成员。2014年9月,国发〔2014〕39号文件《国务院关于依托黄金水道推动长江经济带发展的指导意见》中,将皖江城市带整体划入长三角城市群,明确安徽为长三角的重要组成部分。不过,经济区域的划分不能完全按照政府政策决定,按照同质性标准,安徽经济特别是外向型经济发展水平与上海、江苏、浙江有一定差距,与湖南、湖北、江西则比较接近;按照内聚性标准,安徽与上、下游各省市的经济联系均不算紧密,但正在积极地融入长三角经济区;按照毗邻性标准,安徽处于长江经济带中游与下游交界的位置。综合考虑,在本书研究的样本时间内,仍将安徽列为长江经济带中游省区。这样,本书所指的长三角即为上海、江苏、浙江两省一市,与长江经济带下游范畴相同。在近年文献中,孔凡斌等(2017)、王林梅(2018)、陈明华等(2018)、史安娜等(2019)对长江经济带区段的划分均与本书一致。

城市经济领域的研究是区域经济学的重要组成部分。在现实中,长三角城市群、长江中游城市群、成渝城市群在长江经济带的经济发展版图中占有非常重要的地位。不过,本书除了关于长江经济带生产者服务业的分析之外,没有将城市经济如长三角城市群的引领作用作为主要的分析对象。这与本书对于长江经济带区域经济行为主体的观点相联系,详见下文。

四、长三角的引领地位问题

长三角是长江经济带对外开放的主要门户,研究长三角引领长江经济带构建外向型工业布局问题,势必要分析外部需求或出口需求对区域经济增长与发展的作用。在区域经济学范畴内,强调外部需求对区域经济发展具有重要作用的理论是出口基地理论(又译为"输出基础理论""输出基地理论""出口基础理论")。美国经济学家诺思认为,区域出口基地——一个区域综合的商品(或服务)出口是决定区域经济增长的关键因素,这不仅适用于美国,也适用于其他国家(安虎森,2004)。该理论指出,通过专业化的道路增加地区的生产能力和出口能力是促进区域经济增长的重要决定因素。不过,该理论主要是从凯恩斯理论出发,考察出口需求通过乘数效应对区域经济的拉动作用,本质上是一种短期需求分析,忽视了区域的内部增长驱动力等因素(魏后凯,2006),不能完全涵盖长三角上述引领作用的内涵。此外,通过学习效应的发挥,出口增长会导致区域劳动生产率的提高,导致该项生产在该区域的集聚和锁定,这是区域累积因果关系理论所指出的。在新经济地理学方面,克鲁格曼等指出,规模经济越重要、运输成本越低、需求越大,生产就越倾向于在某区域集聚和长期存在。这与累积因果关系理论的基本思想也是一致的,但仍没有重视技术等要素的作用,没有重视政府的行为能力,不能完全阐释长三角引领地位的基础所在。

区域经济学中较现代的增长概念涉及能够确保经济体系达到高水平竞争力和创新能力的地方条件(卡佩罗,2014),更重要的是,随着时间的推移能够保持这一水平。从这一视角出发,长三角对长江经济带外向型工业布局的引领地位还取决于在世界市场上,长三角的工业能够逐步地形成高水平的竞争力和创新能力并长期维持。相关的评估涉及国际经济学中有关产业国际竞争力的研究。从竞争力的来源看,这又涉及对长三角的要素禀赋,特别是高等级要素禀赋、市场竞争主体等条件的评估。

长江经济带上、中、下游的空间经济结构并非是中心-外围二元结构。傅钰等(2018)指出,虽然长江经济带区域内经济发展水平东西差异显著,但经济发展格局已从沿海内陆的二元化结构过渡到较为均一的格局。换言之,上、中游虽然整体经济发展水平仍落后于下游,但也有部分工业行业、企业具有较高的国际竞争力。因此,长三角在外向型工业布局中的引领作用并不意味着将上、中游作为原料和劳动力的来源地,也不意味着需要将大量劳动密集型产业向上、中游转移来带动其发展。不过,由于地理位置、经济发展水平、经济结构演变程度等因素的作用,长三角在长江经济带中处于生产者服务业中心区域的地位。特别是上海的金融业,阿姆斯特朗等(2007)指出,金融系统的结构导致了极强的向心趋势,使金融部门高度集中于一个国家的核心区域,并使储蓄从各个区域流入核心区域。而且,金融业集中的城市大多是贸易港口,因为金融业是海运业发展的保障(魏后凯,2006)。总之,长三角的引领作用在相当程度上也体现于生产者服务业。

在具体评估上述引领作用的经验研究中,主要需运用投入产出分析,特别是跨长江经济带各区域的区域间投入产出分析。

五、长江经济带区域间分工与经济联系问题

(一)长江经济带区域间分工的性质和发展方向

本书论题的研究需要分析长江经济带各区域之间的劳动分工与经济联系。区域经济学中的劳动分工理论主要借鉴国际经济学的一些经典理论,如绝对优势理论、比较优势理论、要素禀赋理论、新贸易理论等,尚未产生独有的理论体系,这种

应用方式产生了如何看待上述理论在一国内部各区域层次上的适用性的问题。一种观点认为,比较优势理论仍适用于一国之内的区域,区域比较优势和企业竞争优势共同决定了区域优势产业的发展,从而构成了区域产业竞争力的基础。

此外,Camagni(2002)指出,区域之间是在绝对优势而非比较优势的基础上竞争的。其主要原因为,一国之内的各区域使用同种货币,且资本和劳动力可以更为自由地流动,这使得比较优势发挥作用的条件无法成立。换言之,区域间的不平衡将会持续,因为确保地区相对竞争力的宏观经济自动平衡调节机制只能作用于国家层面,在区域层面它不起作用或根本不存在。因此,政府必须保护区域的核心竞争能力,这些竞争力才是地方长期发展可以依赖的动力(卡佩罗,2014)。

本书认同后一种观点。举例来说明:与长三角相比,长江经济带上、中游省市劳动要素较为丰富,但这并不意味着根据比较优势理论,上、中游只应生产并输出劳动密集型产品,因为劳动力从上、中游及其他地区向长三角的跨区域、阶段性的迁移使这种比较优势很难发挥作用。根据这一观点,研究长江经济带区域间分工体系的发展方向时,不能从比较优势理论出发,依据各区域的要素禀赋去寻找各区域相对适合专业化发展的行业,而应从各区域已经或有潜力在市场中具有较强竞争能力的行业中去选择。所幸长江经济带各区域均具有这样的产业集群,它们对本区域及其他区域的上、下游行业均具有拉动、推动作用。也就是说,长江经济带区域间的分工应继续向较高层次的水平分工与垂直分工并存的方向发展。在长三角引领长江经济带构建外向型工业布局的过程中,也要依据上述分工体系的发展方向去研究长三角引领作用的发挥方式和领域。

这里的区域间垂直分工与水平分工借鉴了国际经济学中的有关概念,前者主要指不同区域的不同行业间由于生产过程的上、下游联系而形成的分工;后者主要指不同区域的不同行业或同一行业的制成品生产之间形成的分工。

(二) 长江经济带区域间的经济联系

长江经济带区域间的经济联系在区域经济学范畴内属于"区际经济传递"(或"区际传递""区域传递""域际传递")问题,包括区域之间生产要素的流动、商品贸易与服务贸易、企业迁移或产业转移等(吴传清,2008)。区际经济联系的形式则包括前向联系、后向联系、旁侧联系、消费联系等(安虎森,2004)。

对本书论题而言,长三角与长江经济带上、中游之间的经济联系是分析的重点,需要谨慎地选择分析方法。区际投入产出分析是研究区际经济联系的主要方法,其主要优点是可以描述区域各行业之间存在的多重相互作用,并可以以此来预测未来可能的结果(阿姆斯特朗等,2007)。因此,本书将构建长江经济带区域间的投入产出表,并主要依据该表分析长三角与长江经济带上、中游之间的经济联系问题。此外,企业迁移或产业转移也是区际经济传递中比较重要的形式,本书将利用计量方法客观评估长三角向长江经济带上、中游的产业转移,特别是外向型产业转移的情况。

本书没有着重分析区域间生产要素的流动,原因如下:第一,长江经济带与全国其他区域相似,劳动力、资本等要素的流动长期以来是相当自由的,各地方政府对于争取各类生产要素的竞争也是非常充分的,就本书论题而言,很难提出具有特别效果的通过促进生产要素流动来引导长江经济带构建外向型工业布局的政策建议;第二,长三角与长江经济带上、中游之间的各类生产要素流动量大、变化频繁,在公开数据的统计口径中通常并未单列,具体数据并不易取得,难以进行较为准确的量化研究;第三,投入产出分析通常假设各行业、各企业的投入产出关系不变,也不受投入价格变化的影响,在一定程度上可以理解为反映了某一时点,或者(较不精确地说)某一时段之前要素流动、企业迁移等空间经济活动的综合影响,并以区域间贸易价值量的形式反映出来。

六、区域经济的行为主体问题

郝寿义(2016)指出,长期以来区域经济研究对于"主体"问题的探讨较少,其是区域经济学不成熟的主要表现之一;区域经济政策是以区域主体的空间活动为基础而实现的;区域主体主要包括企业、居民、地方政府和区域协调组织。他将新经济地理学中的经典模型所揭示的微观主体空间关系称之为空间经济自组织,即厂商和居民通过自发地追求自身利益最大化而导致了区域经济的演化;但中国作为转型经济国家,仅仅认识居民和厂商的空间自组织行为是远远不够的,地方政府也在区域经济发展中发挥了举足轻重的作用。本书也认为,政策建议要有明确的适用对象,才有提出的必要。就本书论题而言,作为长江经济带战略的重要侧面,长江经济带外向型工业布局的构建和调整不能离开中央政府的组织、引导和管理,本书提出的政策建议大多针对中央政府。因此,中央政府也是本书研究的区域主体之一,甚至是最重要的区域主体。

各种区域经济增长理论也均有其倚重的区域主体,以各类企业为主。例如,安虎森(2004)指出,佩鲁所提出的增长点或增长极是推进型产业或企业,一般而言,区域科学研究者都把增长极理解为相关产业的空间聚集体。在增长极理论的应用中,一些国家(如意大利)通过创建国有企业干预经济;一些国家(如英国、爱尔兰)通过制定吸引外国公司的政策干预经济(卡佩罗,2014)。与这些国家有所不同,中国的中央和地方政府通过国资委系统控制着大量国有企业,在不少行业,尤其是重化工业行业占有重要的地位,能够有力地执行相关的产业政策,它们在长江经济带的企业主体中是本书更加重视的一部分。

总之,区域经济的主体应当具有自主的、明确的经济行为能力。一些地理范畴,如长江、城市群等,可以作为经济地理学视角中的"点""轴",体现经济活动与地理环境之间的关系;但不具有空间经济自组织能力,不能成为区域经济的主体,也就不能成为本书研究的主要对象。在企业、居民、地方政府、中央政府、区域协调组织等区域主体中,依据研究目标、数据可得性等因素,本书基本没有分析居民、区域协调组织的行为;对于地方政府,主要针对省级政府,基本不涉及地级市政府,一方面是因为数据可得性的限制,另一方面是因为《纲要》已经明确指出,沿江11个省市是推动长江经济带发展的主体;对于企业,本书的分析主要是在区域、行业等中观层面上利用统计数据进行的,这些数据可以反映行业或区域内企业行为的结果,一般不直接分析个别企业的行为。不过,在研究行业层面的对策建议时,也会涉及重点行业内若干寡头企业的情况,特别是若干央企的情况。

第四节　研究内容

一、研究对象

根据理论层面的分析,本书论题需要研究的主要问题包括:长三角外向型工业、生产者服务业与世界市场的关系、长三角与长江经济带上/中游区域间的经济联系、长江经济带外向型经济发展与长江流域环境保护之间的关系等。本书的研究主要围绕长江经济带外向型制造业转移以及长三角外向型制造业通过跨区域带动作用与中、上游地区工业联动发展的可能性与路径展开,探讨如何在上述过程中同时实现长江流域生态环境的改善与长江经济带外向型工业国际竞争力的提升。从理论上来看,上述两个中心议题均属于区域经济学中区域经济联系范畴的研究,考察的是长三角通过不同的区域经济联系方式引领长江经济带构建外向型工业布局的能力和路径;对生态环境与外向型工业发展关系的研究则涉及环境经济学。

长三角地区是我国通往世界市场的基本通道之一,在原有的经济发展方式下,长江经济带中、上游地区为资源、劳动力等生产要素的供应地和次要的国内市场,与长三角的差距巨大。因此,通过外向型工业布局的调整和跨区域产业联系的带动,可以促进经济增长空间从沿海向沿江内陆拓展,实现长江经济带在国际分工体系中地位的转变和提升。此外,为了改善长江流域的生态环境,考虑到上、中游污染对于下游的扩散问题,上述转移和调整的方向对于不同的行业应有所区别,特别是对于污染负荷较大的重化工业行业。

从工业大类来看,采掘业的布局主要取决于矿产资源所在地,公用事业行业几乎不存在出口,更重要的是,制造业是中国产业和工业体系的核心部分。因此,本书重点考察的是长江经济带外向型制造业的布局及其调整,在有些地方涉及其他的行业。

二、总体框架

从研究主题、数据可得性和理论分析出发,本书研究的总体框架如图 1.1 所示:

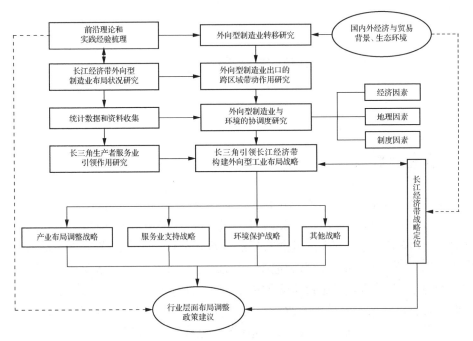

图 1.1 总体框架图

资料来源:作者自制。

1. 长江经济带外向型制造业布局状况研究。利用可得数据,全面、分行业地考察近年来长江经济带各省市外向型制造业布局现状;考察长三角制造业在世界市场中的地位。这一部分研究的是构建长江经济带外向型制造业布局的基础以及长三角发挥引领作用的基本条件。

2. 长江经济带外向型制造业转移研究。运用行业层面数据,考察长江经济带整体制造业转移以及上、中、下游外向型制造业的转入、转出情况。研究沿海,特别是长江经济带下游的外向型制造业在多大程度上可能向中、上游进行转移。

3. 长三角与长江经济带上游制造业出口的跨区域带动作用研究。构建长江经济带区域间投入产出模型,并据此估算长江经济带上、下游制造业外向型产业链在长江经济带内的跨区域带动能力和带动产出规模。据此结果及环境保护的要求,研究长江经济带制造业,特别是其中的重化工业行业的布局调整原则。这两部分评估了长三角与长江经济带上、中游间的两种主要的区域经济联系形式的作用,研究了长三角外向型制造业发挥引领作用的合适路径。

4. 长江经济带外向型制造业与环境的协调度研究。运用耦合协调度模型和可得数据,对各省市外向型制造业发展与环境污染状况的协调关系进行评估,并据此规划长江经济带外向型制造业布局的调整方向。这一部分从长江经济带发展的战略指导思想出发,运用环境经济学的方法研究长江流域环境与长江经济带外向型制造业发展之间的关系。

5. 长三角生产者服务业对长江经济带外向型制造业发展的引领作用研究。分析长三角生产者服务业各行业的服务距离与支持上、中游外向型制造业发展的可能性;与莱茵河三角洲对比,考察长三角生产者服务业的发展层次和水平;具体分析航运服务业、金融业等行业的引领作用。这一部分考察的是长三角生产者服务业与长江经济带上、中游区域间的经济联系。

6. 长三角引领长江经济带构建外向型工业布局对策研究。阐述主要的区域经济主体——中央和长江经济带沿江省市政府——在长三角引领长江经济带构建外向型工业布局过程中的作用,提出能够发挥长三角引领作用,同时实现长江流域生态环境改善与长江经济带外向型工业国际竞争力提升的政策建议;在行业层面上提出外向型工业布局调整的目标、途径的具体政策建议。

三、主要目标

本书将结合区域经济学、国际经济学、产业经济学、环境经济学、经济地理学、管理学等相关学科分支的理论与方法进行研究,在"保护和修复长江生态环境"的要求与外需约束下寻求长三角引领长江经济带构建外向型工业布局的理论框架与合理路径,为相关政府、企业的政策和对策提供指引。本项研究旨在促进长江流域生态环境改善、长江经济带全方位外向型经济发展水平的提升,从而实现长江经济带各区域的平衡与可持续发展。

第五节　研究的思路与方法

一、基本思路与研究方法

在科学分析和评估当前长江经济带外向型制造业布局现状、转移和协作模式、政策导向与产业绩效状况的基础上,本书研究的中心问题是长江经济带外向型制造业转移以及长三角外向型制造业通过跨区域带动作用与中、上游地区工业联动发展的可能性与路径。作为综合研究,本书需要结合理论研究和应用研究,沿着从实践到理论再到实践的基本逻辑展开讨论;需要运用区域经济学、产业经济学、国际经济学、环境经济学、经济地理学、管理学等多维度的理论构建分析框架与界面。后续各章的主要内容、基本思路和研究方法如表1.2所示:

表1.2　主要内容、研究思路和研究方法

主要内容	研究思路	主要研究方法
长江经济带外向型制造业布局状况研究	利用可得数据考察长江经济带外向型制造业发展现状;考察长三角制造业在世界市场中的地位	描述统计
长江经济带外向型制造业转移研究	综合利用有关文献,考察长江经济带整体制造业转移以及上、中、下游外向型制造业的转入、转出情况	描述统计、计量分析
长三角与长江经济带上游制造业出口的跨区域带动作用研究	构建长江经济带区域间投入产出模型,并据此估算长江经济带上、下游制造业外向型产业链在长江经济带内的跨区域带动能力和带动产出规模;研究长江经济带制造业,特别是其中的重化工业行业的布局调整原则	投入产出法、区域间贸易模型、逻辑推演
长江经济带外向型制造业与环境的协调度研究	评估各省市外向型制造业发展与环境污染状况的协调关系;规划长江经济带外向型制造业布局的调整方向	耦合协调度模型、描述统计
长三角生产者服务业对长江经济带外向型制造业发展的引领作用研究	分析长三角生产者服务业各行业的服务距离与支持上、中游外向型制造业发展的可能性;考察长三角生产者服务业的发展层次和水平;具体分析航运服务业、金融业等行业的引领作用	描述统计、文献研究法

续表

主要内容	研究思路	主要研究方法
长三角引领长江经济带构建外向型工业布局对策研究	研究长三角引领长江经济带构建外向型工业布局的发展路径,并为相关政策、对策的制定提出建议	案例分析、描述统计、规范研究

资料来源:作者自制。

二、可能的创新之处

在研究方法上,本书综合运用了经济学与管理学中针对行业、区域、国家等各个层面数据的研究方法,并将研究结论相互印证,提高了分析的稳健性;同时,本书建立的概念框架和评估体系具有一般性,可以为后续课题的展开及相关的政策制定提供清晰的思路和方向。

在学术观点上,首先,本书突出了长三角在保护和修复长江生态环境、实现长江经济带陆海双向开放过程中的引领作用,符合长三角作为"T"字形发展战略布局交会点与中国外向型经济最发达地区的经济地位与功能定位,并将长江经济带与可持续发展、江苏沿海开发、皖江城市带承接产业转移示范区建设、西部大开发、中部崛起等国家战略联系了起来。

其次,本书从实现长江经济带诸战略定位出发,力图找到同时有利于长江生态环境保护与长江经济带外向型工业竞争力提升的解决方案,这些措施有利于发挥长三角作用以及进一步调整长江经济带外向型工业布局,且针对若干具体行业提出了建议,可以为相关政府、企业提供决策思路。

参考文献

ALBARRAN P, CARRASCO R, HOLL A, 2013. Domestic transport infrastructure and firms' export market participation[J]. Small Business Economics, 40(4): 879-898.

BRÜLHART M, 2011. The spatial effects of trade openness: a survey[J]. Review of World Economics, 147(1): 59-83.

CAMAGNI R, 2002. On the concept of territorial competitiveness: sound or misleading? [J]. Urban Studies, 39(13): 2395-2411.

EZCURRA R, RODRIGUEZ-POSE A, 2013. Does economic globalization affect regional inequality? A cross-country analysis[J]. World Development, 52: 92-103.

HILL E W, WBRENNAN J F, 2000. A methodology for identifying the drivers of industrial clusters: the foundation of regional competitive advantage[J]. Economic Development Quarterly, 14(1): 65-96.

NAKOSTEEN R A, ZIMMER M A, 1987. Determinants of regional migration by manufacturing firms[J]. Economic Inquiry, 25(2): 351-362.

PANSUWAN A, ROUTRAY J K, 2011. Policies and pattern of industrial development in Thailand[J]. GeoJournal, 76(1): 25-46.

PORTER M E, 1998. On Competition[M]. Boston: Harvard Business School Press.

SOHN J, 2004. Do birds of a feather flock together?: Economic linkage and geographic proximity[J]. The Annals of Regional Science, 38(1): 47-73.

阿姆斯特朗,泰勒,2007.区域经济学与区域政策[M].3版.刘乃全,贾彦利,张学良,等译.上海:上海人民出版社.

安虎森,2004.区域经济学通论[M].北京:经济科学出版社.

陈栋生,1989.我国的工业布局和区域经济[J].中国工业经济(6):46-54.

陈明华,张晓萌,仲崇阳,等,2018.长江经济带全要素生产率增长的地区差异及影响因素[J].经济社会体制比较(2):162-172.

陈雯,周诚军,汪劲松,等,2003.长江流域经济一体化下的中游地区产业发展研究[J].长江流域资源与环境,12(2):101-106.

陈仲常,丁加栋,郭雅,2010.中国工业布局变动趋势及其主要影响因素研究:基于省际面板数据的实证分析[J].上海财经大学学报,12(5):50-56,72.

程艳,龙宇,徐长乐,2013.长江经济带物流产业关联度空间差异研究[J].世界地理研究,22(1):73-82.

邓玲,1998.长江经济带产业发展与上游地区资源开发[J].社会科学研究(3):21-26.

杜能,1986.孤立国同农业和国民经济的关系[M].吴衡康,译.北京:商务印书馆.

段学军,王合生,1999.长江经济带外向型经济发展特征分析[J].经济地理,19(5):10-17.

段学军,虞孝感,陆大道,等,2010.克鲁格曼的新经济地理研究及其意义[J].地理学报,65(2):131-138.

方勇,张二震,2002.长江三角洲地区外商直接投资与地区经济发展[J].中国工业经济(5):52-58.

费根,1957.资本主义与社会主义的生产配置[M].祝诚,郭振淮,李文彦,等译.北京:生活·读书·新知三联书店.

傅帅雄,2016.生态文明取向的工业区域布局研究[M].北京:中国大百科全书出版社.

傅钰,钟业喜,冯兴华,2018.长江经济带区域经济空间结构演变[J].世界地理研究,27(3):65-75.

郝寿义,2016.区域经济学原理[M].2版.上海:格致出版社.

何劲,祁春节,2006.建设长江经济带特色农业产业的思考[J].统计与决策(9):93-94.

洪俊杰,刘志强,黄薇,2014.区域振兴战略与中国工业空间结构变动:对中国工业企业调查数据的实证分析[J].经济研究,49(8):28-40.

黄庆华,周志波,刘晗,2014.长江经济带产业结构演变及政策取向[J].经济理论与经济管理(6):92-101.

金泽虎,李青青,2016.上海自贸区经验对促进长江经济带贸易便利化的启示[J].国际贸易(4):30-37.

靖学青,2017.长江经济带产业转移与区域协调发展研究[J].求索(3):125-130.

孔凡斌,李华旭,2017.长江经济带产业梯度转移及其环境效应分析:基于沿江地区11个省(市)2006—2015年统计数据[J].贵州社会科学(9):87-93.

龙开元,2008.中国工业布局演变驱动机理研究[M].北京:知识产权出版社.

陆大道,1980.水源与工业布局[J].城市规划,4(5):1-10.

陆大道,1986.二〇〇〇年我国工业生产力布局总图的科学基础[J].地理科学,6(2):110-118.

陆大道,2014.建设经济带是经济发展布局的最佳选择:长江经济带经济发展的巨大潜力[J].地理科学,34(7):769-772.

罗伯塔·卡佩罗,2014.区域经济学[M].赵文,陈飞,等译.北京:经济管理出版社.

罗清和,张畅,2016.长江经济带:一种流域经济开发的依据、历程、问题和模式选择[J].深圳大学学报(人文社会科学版),33(6):90-96.

罗蓉,2007.长江经济带产业协调发展研究[J].开发研究(2):109-112.

倪前龙,1998.上海工业对长江经济带建设作用研究[J].湖北社会科学(2):10-11.

彭智敏,冷成英,2015.基于集聚视角的长江经济带各省市制造业比较优势研究[J].南通大学学报(社会科学版),31(5):9-14.

佘之祥,2006.长江三角洲的发展与外向型经济[J].长江流域资源与环境,15(2):152-156.

沈玉芳,张超,张之超,2000.上海与长江中上游地区经济协调发展研究[J].长江流域资源与环境,9(4):397-404.

石清华,2016.长江经济带制造业产业同质化及其布局优化[J].商业经济研究(1):200-201.

史安娜,唐琴娜,2019.长江经济带低碳技术创新对能源碳排放的影响研究[J].江苏社会科学(1):54-62.

孙威,李文会,林晓娜,等,2015.长江经济带分地市承接产业转移能力研究[J].地理科学进展,34(11):1470-1478.

滕堂伟,胡森林,侯路瑶,2016.长江经济带产业转移态势与承接的空间格局[J].经济地理,36(5):92-99.

藤田昌久,保罗·克鲁格曼,安东尼·J.维纳布尔斯,2011.空间经济学——城市、区域与国际贸易[M].梁琦,译.北京:中国人民大学出版社.

汪素芹,胡玲玲,2007.对长三角开放型经济增长模式转型的思考[J].上海经济研究,19(7):43-49.

王合生,段学军,1999.长江流域外向型经济发展研究[J].地理学与国土研究,15(2):36-39.

王合生,虞孝感,1998.长江经济带发展中若干问题探讨[J].地理学与国土研究,14(2):1-5.

王林梅,2018.生态文明视域下长江经济带产业结构转型升级研究[M].成都:四川大学出版社.

王林梅,邓玲,2015.我国产业结构优化升级的实证研究:以长江经济带为例[J].经济问题(5):39-43.

韦伯,2010.工业区位论[M].李刚剑,译.北京:商务印书馆.

魏后凯,2006.现代区域经济学[M].北京:经济管理出版社.

文玫,2004.中国工业在区域上的重新定位和聚集[J].经济研究,39(2):84-94.

邬娜,傅泽强,谢园园,等,2015.基于生态承载力的产业布局优化研究进展述评[J].生态经济,31(5):21-25.

吴传清,2008.区域经济学原理[M].武汉:武汉大学出版社.

吴传清,董旭,2014.长江经济带工业全要素生产率分析[J].武汉大学学报(哲学社会科学版),67(4):31-36.

吴传清,周晨晨,2013.增长极理论在中国的新发展:基于学说史视角的考察[J].贵州社会科学(10):47-52.

夏会会,丁镭,曾克峰,等,2017.1996—2013年长江经济带工业发展过程中的大气环境污染效应[J].长江流域资源与环境,26(7):1057-1066.

肖春梅,2011.我国工业布局的演变特征、存在问题与优化策略[J].当代经济研究(1):73-78.

熊伟,2019.长江经济带产业转移问题研究[M].北京:中国水利水电出版社.

徐长乐,2014.建设长江经济带的产业分工与合作[J].改革(6):29-31.

徐长乐,孟越男,2015.长江经济带产业分工合作与江苏作为[J].南通大学学报(社会科学版),31(3):1-8.

叶振宇,2008.区域战略、贸易政策与工业布局演变——来自中国的经验[J].世界经济研究(12):43-48.

于谨凯,于海楠,刘曙光,2008.我国海洋经济区产业布局模型及评价体系分析[J].产业经济研究(2):60-67.

余菜花,2016.环境规制对中国制造业产业布局影响的研究[M].北京:科学出版社.

张侃侃,郭文炯,2013.基于空间特征、过程与机制的流域经济研究[J].经济问题(10):103-108.

张晓平,2008.改革开放30年中国工业发展与空间布局变化[J].经济地理,28(6):897-903.

曾荣平,彭继增,2015.长江经济带梯度开发开放与产业转移的对策研究:基于产业梯度的实证[J].科技管理研究,35(24):152-157.

周冯琦,陈宁,2016.优化长江经济带化学工业布局的建议[J].环境保护,44(15):25-30.

邹辉,段学军,2015.长江经济带研究文献分析[J].长江流域资源与环境,24(10):1672-1682.

第二章　长江经济带外向型制造业布局状况研究

为了研究长三角如何引领长江经济带构建外向型工业布局,首先需要考察长江经济带外向型工业布局的状况,其次需要考察长三角制造业在世界市场中的地位,前者是调整和构建长江经济带外向型工业布局的基础,后者是长三角发挥引领作用的条件。正如绪论中指出,从工业大类来看,工业中采掘业的布局主要取决于矿产资源所在地,公用事业行业几乎没有出口。因此,本书重点考察的是长江经济带外向型制造业的布局。本章将首先分析长江经济带制造业总体的产出和出口概况;其次利用区位商指标分析各省市制造业及外向型制造业的专业化布局状况;最后通过长三角与荷兰制造业数据的比较分析其国际竞争力和分工地位,评估其发挥引领作用的条件。

第一节　长江经济带制造业产出和出口概况

长江经济带是中国制造业各行业生产和出口的主要基地之一。表2.1列出了长江经济带各区域制造业的17个行业[①] 2015年[②]工业销售产值占全国比重、出口交货值占工业销售产值比重及出口交货值总额占全国比重。

[①] 按2012年中国地区投入产出表行业划分,除去了废品废料业及金属制品、机械和设备修理业。数据来自《中国工业统计年鉴2016》。本书将石油、化工、非金属、金属加工、金属制品、通用、专用、交通、电气、通信等行业视为重化工业行业。

[②] 本书依托的课题立项于2015年,在后续章节中构造的投入产出表采用了可得的2012年各省市区域投入产出表数据。考虑数据可得性、数据区域间投入产出表的适用性、分析起点的统一性等因素,研究长江经济带工业布局各问题的数据均以2015年为主。

第二章 长江经济带外向型制造业布局状况研究

表 2.1 长江经济带制造业产出和出口概况

行业	上游		中游		下游		出口交货值总额占全国比重
	工业销售产值占全国比重	出口交货值占工业销售产值比重	工业销售产值占全国比重	出口交货值占工业销售产值比重	工业销售产值占全国比重	出口交货值占工业销售产值比重	
食品和烟草	0.107 7	0.014 9	0.185 9	0.022 0	0.101 9	0.048 7	0.280 7
纺织	0.028 6	0.033 0	0.126 5	0.065 8	0.330 6	0.146 6	0.617 1
服装	0.025 0	0.089 5	0.143 0	0.164 6	0.263 4	0.289 3	0.456 7
木材家具	0.057 9	0.003 9	0.148 3	0.041 6	0.192 7	0.194 6	0.402 1
造纸印刷文教	0.048 6	0.029 9	0.131 6	0.076 3	0.218 9	0.181 7	0.352 7
石油	0.034 9	0.000 1	0.068 7	0.006 7	0.135 5	0.025 1	0.265 4
化工	0.062 3	0.032 0	0.132 2	0.056 9	0.277 9	0.093 0	0.541 4
非金属	0.088 8	0.004 7	0.181 9	0.015 5	0.120 1	0.052 2	0.312 9
金属加工	0.066 7	0.044 5	0.155 9	0.076 5	0.179 5	0.217 5	0.505 1
金属制品	0.050 6	0.011 9	0.120 1	0.025 5	0.248 6	0.154 5	0.428 7
通用	0.058 5	0.031 9	0.121 4	0.036 6	0.324 9	0.167 0	0.581 7
专用	0.050 1	0.043 9	0.158 6	0.034 4	0.234 0	0.158 7	0.553 5
交通	0.105 7	0.037 7	0.143 3	0.036 5	0.239 1	0.136 2	0.574 2
电气	0.038 7	0.027 4	0.154 4	0.052 4	0.348 6	0.171 5	0.483 7
通信	0.082 3	0.389 4	0.076 7	0.260 9	0.290 2	0.598 1	0.449 2
仪器	0.033 4	0.048 5	0.085 8	0.058 1	0.511 6	0.147 5	0.537 7
工艺	0.110 2	0.030 9	0.177 6	0.135 0	0.236 3	0.274 0	0.490 8
合计比重	0.068 4	0.068 1	0.139 5	0.060 1	0.233 4	0.197 0	0.470 9

注:(1) 数据为笔者计算;
(2) 表中各行业名称大多经过缩减,因不影响理解,不一一注明,下文同。

根据表 2.1,首先分析长江经济带制造业的产出在全国的地位。显然,长江经济带下游的制造业占有重要地位,所有行业的工业销售产值占比都高于10%,且只有食品和烟草、非金属、石油、金属加工和木材家具行业低于20%;中游的比重则均在20%以下,且只有石油、通信、仪器3个行业低于10%;上游的比重基本均低于10%,只有食品和烟草、交通、工艺3个行业高于10%,上、中、下游有明显的梯度。合并起来,长江经济带制造业 2015 年工业销售产值占全国的比重为 44.13%。

其次分析长江经济带制造业的出口在全国的地位。其出口交货值总额占全国的比重为 47.09%,仅有食品和烟草、造纸印刷文教、石油、非金属 4 个行业占全国的比重低于 40%。因此,长江经济带不仅在绝大多数重化工业制造业(如金属加工、化工、交通、通信、通用、专用),而且还在部分劳动密集型制造业(如纺织、服装、木材家具)中成为全国主要的出口区域或外向型的生产基地。不过具体到经济带内,只有长三角制造业合计出口交货值占工业销售产值的比重超过了 10%(19.70%),上、中游分别只有 6.81% 和 6.01%,中游甚至还低于上游。再看具体的出口值,上、中游合计只占下游的 28.35%。所以,直到目前,长三角的制造业出口构成了长江经济带制造业出口的主要部分,长三角也是长江经济带内唯一可视为外向型的制造业基地。

最后从各区域内行业层次分析,下游的制造业中绝大多数行业的出口占比都高于 10%,只有食品和烟草、石油、化工、非金属 4 个行业低于 10%;中游的制造业中只有服装、通信、工艺 3 个行业高于 10%;上游只有通信一个行业高于 10%。因此,到目前为止,长江经济带绝大多数的外向型制造业的产业链必然以长三角为龙头,上、中游的这种产业链规模和数量相对很有限。

第二节　长江经济带制造业专业化布局状况

第一节分析了长江经济带制造业的产出和出口概况。为了进一步了解长江经济带 11 个省市制造业[①]专业化布局的状况,本节根据长江经济带各省市制造业分行业工业销售产值数据,构造和测算了 11 个省市制造业分行业的区位商。

一、以 11 个省市制造业分行业销售产值数据构造区位商

区位商通常用来判断一个产业是否构成区域专业化的部门,是衡量一个区域专业化程度的指标。具体而言,区位商指的是某地区某部门的工业销售产值在该地区工业销售产值中所占的比重,与全国该部门工业销售产值在全国工业销售产值中所占的比重的比值。严格地说,区位商指标应采用就业人数计算,采

---

① 除去了废品废料业及金属制品、机械和设备修理业,下文同。

用产值计算的指标称为产业专门化率(吴传清,2008)。不过,由于研究的需要和数据的限制,学者也常常使用生产量、总产值、净产值、增加值、销售收入来计算区位商(魏后凯,2006)。本节将长江经济带 11 个省市的制造业二位码行业作为研究对象,通过计算 2015 年 11 个省市制造业分行业工业销售产值在当地所有制造业产业的工业销售产值中所占的比重,与全国制造业分行业工业销售产值在全国所有制造业产业的工业销售产值中所占的比重的比值,得出 2015 年 11 个省市各制造业分行业的区位商。具体计算公式如下:

$$LQ_{ij} = \frac{Y_{ij}/\sum_{j=1}^{m}Y_{ij}}{\sum_{i=1}^{n}Y_{ij}/\sum_{i=1}^{n}\sum_{j=1}^{m}Y_{ij}} \tag{2.1}$$

其中,Y_{ij} 为长江经济带 i 省(市)j 行业的工业销售产值;$\sum_{j=1}^{m}Y_{ij}$ 为 i 省(市)所有制造业产业的工业销售产值;$\sum_{i=1}^{n}Y_{ij}$ 为全国 j 行业的工业销售产值;$\sum_{i=1}^{n}\sum_{j=1}^{m}Y_{ij}$ 为全国所有制造业产业的工业销售产值。一般来说,如果区位商值大于 1,说明该行业在该省(市)构成专业化部门,集聚现象明显,布局集中,而且值越大,代表着专业化程度越高;反之,如果区位商值小于 1,说明该行业在该省(市)没有构成专业化部门,不存在明显的集聚现象,布局分散或较少。

二、长江经济带各省市制造业专业化布局状况分析

表 2.2 是长江经济带 11 个省市制造业分行业的区位商。从整体上来看,长江经济带区域普遍存在制造业产业集聚现象,制造业布局非常集中,在我国制造业发展中具有举足轻重的地位。进一步分析,长江经济带上、中、下游的制造业布局呈现出一些明显的区域特征:上、中游地区更多集聚着资源、劳动密集型制造业行业,而下游长三角地区集聚的更多的是资本、技术密集型行业,这与长江经济带各区域的资源禀赋有关。

表 2.2 长江经济带各省市制造业分行业区位商(2015 年)

行业	上海	江苏	浙江	安徽	江西	湖北	湖南	重庆	四川	贵州	云南
食品加工	0.17	0.49	0.26	1.27	1.04	1.72	1.35	0.69	1.22	0.69	1.19
食品制造	0.91	0.30	0.41	0.85	0.86	1.29	1.38	0.54	1.31	1.00	1.21
饮料	0.21	0.43	0.43	1.05	0.60	2.30	1.12	0.55	4.33	6.60	1.87

续表

行业	上海	江苏	浙江	安徽	江西	湖北	湖南	重庆	四川	贵州	云南
烟草	3.47	0.40	0.82	1.02	0.72	1.53	2.70	0.83	0.77	5.45	22.44
纺织	0.19	1.23	2.48	0.70	1.00	1.35	0.49	0.25	0.67	0.06	0.08
服装	0.51	1.36	1.83	1.30	2.13	1.04	0.41	0.28	0.29	0.30	0.08
皮革	0.41	0.49	1.60	0.82	1.31	0.36	0.85	0.63	0.56	0.51	0.09
木材	0.16	1.11	0.56	1.33	0.98	0.75	1.50	0.31	0.76	1.55	0.64
家具	1.18	0.29	1.77	1.19	1.04	0.56	1.11	0.44	1.85	0.57	0.04
造纸	0.58	0.76	1.49	0.71	0.81	0.92	1.39	0.96	0.90	0.82	0.60
印刷	0.80	0.73	0.88	1.56	1.50	1.16	1.50	1.18	1.45	0.72	1.10
文教	0.83	0.88	1.49	0.83	1.18	0.41	0.55	0.32	0.21	0.25	0.75
石油	1.12	0.44	0.66	0.38	0.49	0.52	0.58	0.10	0.67	0.79	0.60
化工	1.00	1.39	1.03	0.75	0.96	1.18	1.04	0.54	0.89	1.25	1.30
医药	0.81	0.93	0.76	0.78	1.53	1.00	1.08	1.03	1.37	1.91	1.35
化纤	0.14	2.47	5.59	0.35	0.41	0.25	0.12	0.07	0.80	0.00	0.27
橡塑	0.91	0.65	1.46	1.27	0.74	0.90	0.59	0.78	0.84	0.82	0.57
非金属	0.30	0.55	0.54	1.09	1.56	1.26	1.36	0.95	1.36	2.30	1.00
黑色金属	0.64	1.04	0.58	0.88	0.61	0.81	0.68	0.57	1.03	1.44	1.36
有色金属	0.27	0.60	0.88	1.26	3.48	0.43	1.79	0.81	0.41	1.27	3.68
金属制品	0.79	1.13	1.05	0.94	0.66	0.92	0.88	0.78	0.82	0.67	0.35
通用	1.76	1.28	1.47	1.26	0.54	0.66	0.99	0.71	1.21	0.33	0.14
专用	0.96	1.12	0.73	1.12	0.50	0.73	2.21	0.55	1.01	0.42	0.37
交通	2.22	0.83	0.90	0.85	0.49	1.73	0.81	3.37	0.95	0.62	0.34
电气	1.03	1.60	1.46	1.87	1.31	0.63	0.72	0.80	0.54	0.39	0.22
通信	1.95	1.40	0.51	0.61	0.49	0.50	0.59	1.81	1.26	0.49	0.04
仪器	1.26	2.67	1.51	0.64	0.53	0.51	0.79	0.94	0.26	0.21	0.59
工艺	0.64	0.72	1.90	1.06	0.82	1.41	1.72	1.26	1.82	2.52	0.72

注：本表数据根据《中国工业统计年鉴2016》分地区分行业的工业销售产值计算得到。

第二章 长江经济带外向型制造业布局状况研究

长江经济带上游地区集聚着食品制造、饮料、烟草、印刷、医药、非金属、黑色金属、有色金属、通信、工艺等行业，特别是饮料、医药、黑色金属、工艺行业。具体来看，重庆市集中布局着印刷、医药、交通、通信、工艺等行业，其中，交通业和通信业的集聚比较明显，区位商值分别为 3.37 和 1.81，且交通业的区位商值是长江经济带该行业中最高的，这说明重庆市交通业集聚程度较高，是长江经济带中重要的交通业中心。

四川省集中布局着食品加工、食品制造、饮料、家具、印刷、医药、非金属、黑色金属、通用、专用、通信、工艺等行业，其中，饮料业、家具业、工艺业的布局更为集中，区位商值分别为 4.33、1.85、1.82，且家具业的区位商值在长江经济带排名第一。

贵州省集中布局着食品制造、饮料、烟草、木材、化工、医药、非金属、黑色金属、有色金属、工艺等行业，其中，饮料业、烟草业、木材业、医药业、非金属业、黑色金属业、工艺业的布局最为集中，区位商值分别为 6.6、5.45、1.55、1.91、2.30、1.44、2.52，且饮料业、木材业、医药业、非金属业、黑色金属业和工艺业的区位商值都排在长江经济带的首位，形成了明显的集聚。

云南省集中布局着食品加工、食品制造、饮料、烟草、印刷、化工、医药、黑色金属、有色金属等行业，其中，饮料业、烟草业、有色金属业的集中程度较高，区位商值分别为 1.87、22.44、3.68，且烟草业和有色金属业的区位商值是长江经济带最高的。

总的来说，长江经济带上游集聚的主要是资源、劳动密集型制造业行业。对于其中的重化工业行业，只有非金属、黑色金属、有色金属等资源密集型产业布局更为集中。除重庆市以外，资本、技术密集型的产业布局并不突出。这基本符合长江经济带上游地区矿产资源丰富、劳动力价格较低的禀赋条件。

长江经济带中游地区集中布局着食品加工、饮料、烟草、服装、家具、印刷、有色金属、非金属、工艺等行业。具体而言，安徽省集中布局着食品加工、饮料、烟草、服装、木材、家具、印刷、橡塑、非金属、有色金属、通用、专用、电气、工艺等行业，其中，印刷业和电气业的区位商值分别为 1.56、1.87，布局最为集中。从整体上来看，安徽省布局的制造业行业种类虽多，但大部分行业的区位商值并未超过 1.5，这说明安徽省制造业行业的专业化程度不高，行业集聚不明显。

江西省集中布局着食品加工、服装、皮革、家具、印刷、文教、医药、非金属、有色金属、电气等行业，其中，服装业、印刷业、医药业、非金属业、有色金属业的区位商值较高，分别为 2.13、1.50、1.53、1.56、3.48，服装业的区位商值排在长江经济带首位，印刷业、医药业、非金属业、有色金属业在长江经济带排名第二，这说明江西省有较多制造业行业产生了集聚。

湖北省集中布局着食品加工、食品制造、饮料、烟草、纺织、服装、印刷、化工、非金属、交通、工艺等行业，其中，食品加工业、饮料业、烟草业、交通业的区位商值较高，分别为1.72、2.30、1.53、1.73，且食品加工业的区位商值排在长江经济带首位。

湖南省集中布局着食品加工、食品制造、饮料、烟草、木材、家具、造纸、印刷、化工、医药、非金属、有色金属、专用、工艺等行业，其中，烟草业、木材业、印刷业、有色金属业、专用业、工艺业的区位商值较高，分别为2.70、1.50、1.50、1.79、2.21、1.72，且专用业的区位商值排在长江经济带首位，木材业、印刷业居于第二位。

总的来说，长江经济带中游四省集中布局的既有资源、劳动密集型制造业行业，也有部分资本、技术密集型行业。各省集聚的行业也有一定差别，这反映了各自资源禀赋与所处工业化阶段的不同。

长江经济带下游的长三角地区集中布局着纺织、服装、家具、化工、化纤、金属制品、通用、电气、通信、仪器等行业。具体来看，上海市集中布局着烟草、家具、石油、通用、交通、电气、通信、仪器等行业，主要是重化工业行业。其中，烟草业、通用业、交通业、通信业的区位商值较高，分别为3.47、1.76、2.22、1.95，且通用业、通信业的区位商值排在长江经济带首位，交通业排在第二位，这彰显了上海市先进制造业中心的地位。

江苏省集中布局着纺织、服装、木材、化工、化纤、黑色金属、金属制品、通用、专用、电气、通信、仪器等行业，大多也属于重化工业行业。其中，化纤业、电气业、仪器业的区位商值较高，分别为2.47、1.60、2.67，分别排在长江经济带第二、二、一位。

浙江省集中布局着纺织、服装、皮革、家具、造纸、文教、化工、化纤、橡塑、金属制品、通用、电气、仪器、工艺等行业，其中，纺织业、服装业、皮革业、家具业、化纤业、仪器业、工艺业的区位商值较高，分别为2.48、1.83、1.60、1.77、5.59、1.51、1.90，且纺织业、皮革业、造纸业、文教业、化纤业、橡塑业的区位商值均位于长江经济带首位，服装业、家具业、金属制品业、通用业则排在第二位。浙江省与江苏、上海不同之处是轻工业行业的集聚程度很高，这与其民营经济非常发达有关。

总之，长江经济带上、中游省市主要集聚着资源、劳动密集型产业，资本、技术密集型产业布局较少，这与中、上游地区自然资源丰富、劳动力价格较低和经济发展基础相对薄弱有关；长三角地区，特别是江苏、上海，集聚了大量重化工业行业，高度集聚的较先进的制造业使得长三角在长江经济带工业布局中占有重要的地位。

第三节　长江经济带外向型制造业专业化布局状况

为进一步了解长江经济带外向型制造业专业化布局状况,本节首先根据 2015 年长江经济带各省市制造业分行业出口交货值数据,构造和测算了 11 个省市外向型制造业分行业的区位商;其次根据《中国工业统计年鉴 2016》分地区分行业港澳台资本、外商资本和实收资本数据,计算了长江经济带各省市制造业分行业的外向型程度。

一、以 11 个省市制造业分行业出口交货值数据构造区位商

本书定义的外向型制造业是以国际市场需求为导向的制造业类型,因而将出口交货值视为度量外向型制造业的指标。本节根据 2015 年长江经济带 11 个省市制造业分行业出口交货值数据构造和测算了各省市外向型制造业分行业的区位商,即通过计算 2015 年 11 个省市制造业分行业出口交货值在当地所有制造业产业的出口交货值中所占的比重,与全国制造业分行业出口交货值在全国所有制造业产业的出口交货值中所占的比重的比值,得出 2015 年 11 个省市外向型制造业分行业的区位商。这事实上反映了长江经济带制造业分行业出口产能的布局情况。具体计算公式如下:

$$LQ_{ij} = \frac{X_{ij} / \sum_{j=1}^{m} X_{ij}}{\sum_{i=1}^{n} X_{ij} / \sum_{i=1}^{n} \sum_{j=1}^{m} X_{ij}} \quad (2.2)$$

其中,X_{ij} 为长江经济带 i 省(市)j 行业的出口交货值;$\sum_{j=1}^{m} X_{ij}$ 为 i 省(市)所有制造业的出口交货值;$\sum_{i=1}^{n} X_{ij}$ 为全国 j 行业的出口交货值;$\sum_{i=1}^{n} \sum_{j=1}^{m} X_{ij}$ 为全国所有制造业的出口交货值。一般来说,如果区位商值大于 1,说明该行业在该省(市)的出口产能存在明显的集聚现象,布局集中,而且值越大,代表着集聚程度越高;反之,如果区位商值小于 1,说明该行业在该省(市)的出口产能不存在明显的集聚现象,布局分散或较少。

二、长江经济带各省市外向型制造业专业化布局状况分析

表2.3是长江经济带11个省市外向型制造业分行业的区位商。从整体上来看,长江经济带上游地区外向型制造业专业化布局大体与制造业整体布局相似,食品制造、饮料、烟草、化工、有色金属、专用、交通、通信等行业的出口产能存在集聚现象,特别是饮料业、烟草业、化工业。具体来看,重庆市的印刷、有色金属、交通和通信等行业的出口产能存在集聚现象,其中,外向型印刷业、交通业和通信业的区位商值都排在长江经济带首位,分别为1.15、1.75、1.93,这说明这几个行业集中了重庆主要的制造业出口产能。

表 2.3 长江经济带各省市外向型制造业分行业区位商(2015 年)

行业	上海	江苏	浙江	安徽	江西	湖北	湖南	重庆	四川	贵州	云南
食品加工	0.04	0.21	0.53	0.51	0.88	3.44	1.55	0.20	0.32	0.11	10.91
食品制造	0.42	0.50	0.75	0.87	3.34	3.59	0.61	0.21	1.87	0.35	8.11
饮料	0.44	0.09	1.08	3.44	0.63	1.45	2.29	0.97	6.50	75.50	13.70
烟草	4.15	0.01	0.69	0.16	0.00	1.27	8.08	0.00	0.11	3.34	262.09
纺织	0.17	1.10	2.90	1.88	0.70	2.42	0.42	0.12	0.50	0.00	0.79
服装	0.33	0.97	2.05	1.73	2.64	1.96	0.21	0.16	0.10	0.69	0.20
皮革	0.17	0.30	1.61	0.94	2.88	1.09	0.83	0.07	1.05	0.91	0.21
木材	0.13	0.86	1.21	1.25	2.45	0.24	1.44	0.11	0.24	0.00	0.21
家具	0.69	0.28	2.66	0.67	1.44	0.08	0.03	0.00	0.02	0.00	0.00
造纸	0.53	0.96	1.53	0.43	1.25	0.12	0.87	0.31	1.14	0.00	0.00
印刷	0.68	0.74	1.13	0.94	1.03	0.50	0.47	1.15	0.37	0.00	0.00
文教	0.21	0.57	1.30	1.74	1.77	0.33	0.35	0.10	0.33	0.07	0.02
石油	1.61	0.62	0.04	0.00	1.40	0.00	0.50	0.00	0.01	0.00	0.00
化工	0.99	1.30	0.96	0.91	3.86	2.55	4.44	0.45	1.30	12.42	2.84
医药	0.58	0.82	1.92	1.49	1.12	4.62	1.20	0.74	1.00	0.10	1.20
化纤	0.36	2.12	3.09	0.82	0.00	0.60	0.00	0.00	3.08	0.00	0.00
橡塑	0.78	0.58	1.41	1.77	0.58	0.10	0.25	0.20	0.21	4.42	0.27
非金属	0.52	0.53	0.67	0.73	1.57	0.95	2.98	0.32	0.47	0.13	0.18

续表

行业	上海	江苏	浙江	安徽	江西	湖北	湖南	重庆	四川	贵州	云南
黑色金属	0.70	1.09	0.40	1.27	0.69	1.54	2.15	0.24	1.20	0.00	0.51
有色金属	0.70	0.77	1.14	2.00	5.01	0.70	3.16	1.61	0.94	0.24	7.95
金属制品	0.90	0.79	1.76	0.30	0.51	0.57	0.66	0.14	0.13	0.49	0.55
通用	1.55	1.19	1.83	0.83	0.61	0.48	0.72	0.43	0.62	0.00	0.29
专用	1.45	1.24	1.16	0.50	0.68	0.58	3.05	0.31	1.37	0.33	2.24
交通	1.42	0.98	1.60	1.16	0.67	1.29	1.55	1.75	0.79	1.41	2.21
电气	0.70	1.13	1.47	1.16	1.21	0.61	0.31	0.09	0.40	0.14	0.19
通信	1.39	1.16	0.22	0.82	0.31	0.68	0.73	1.93	1.55	0.14	0.02
仪器	1.21	1.40	1.35	0.35	0.58	0.32	0.87	0.18	0.31	0.39	1.60
工艺	0.26	0.52	2.27	0.20	3.14	0.81	4.49	0.45	0.51	0.00	1.03

注:本表数据根据《中国工业统计年鉴2016》分地区分行业的出口交货值计算得到。

四川省的食品制造、饮料、皮革、造纸、化工、化纤、黑色金属、专用、通信等行业的出口产能存在集聚现象,其中,外向型食品制造业、饮料业、化纤业、通信业的区位商值分别为1.87、6.50、3.08、1.55。

贵州省的饮料、烟草、化工、橡塑、交通等行业的出口产能存在集聚现象,其中,外向型饮料业、烟草业、化工业、橡塑业集聚明显,区位商值分别为75.50、3.34、12.42、4.42,且外向型饮料业、化工业、橡塑业的区位商值排在长江经济带首位。

云南省的食品加工、食品制造、饮料、烟草、化工、医药、有色金属、专用、交通、仪器、工艺等行业的出口产能存在集聚现象,其中,外向型食品加工业、食品制造业、饮料业、烟草业、化工业、有色金属业、专用业、交通业、仪器业的区位商值较高,分别为10.91、8.11、13.70、262.09、2.84、7.95、2.24、2.21、1.60,尤其是外向型食品加工业、食品制造业、烟草业、有色金属业、交通业、仪器业,均排在长江经济带首位。

总的来说,长江经济带上游的制造业总体出口不多,但各个省市的出口产能集中的行业既有劳动、资源密集型行业,也有资本、技术密集型行业,这说明上游有着一定的工业基础,也可发展外向型高技术产业。

长江经济带中游地区的食品加工、食品制造、饮料、纺织、服装、木材、文教、化工、医药、非金属、黑色金属、有色金属、交通、工艺等行业的出口产能存在集聚现象,特别是服装、化工、有色金属行业。具体而言,安徽省的饮料、纺织、服装、木材、文教、医药、橡塑、黑色金属、有色金属、交通、电气等行业的出口产能存在集聚现象,其中,外向型饮料业、纺织业、服装业、文教业、橡塑业、有色金属业的区位商值分别为3.44、1.88、1.73、1.74、1.77、2.00,比较突出。

江西省的食品制造、服装、皮革、木材、家具、造纸、印刷、文教、石油、化工、医药、非金属、有色金属、电气、工艺等行业的出口产能有集聚现象,其中,外向型食品制造业、服装业、皮革业、木材业、文教业、化工业、非金属业、有色金属业、工艺业的区位商值都较高,分别为3.34、2.64、2.88、2.45、1.77、3.86、1.57、5.01、3.14,尤其是外向型服装业、皮革业、木材业、文教业的区位商值均排在长江经济带的首位。显然,江西省的出口产能集中于劳动密集型行业。

湖北省的食品加工、食品制造、饮料、烟草、纺织、服装、皮革、化工、医药、黑色金属、交通等行业的出口产能存在集聚现象,其中,外向型食品加工业、食品制造业、纺织业、服装业、化工业、医药业、黑色金属业的区位商值较高,分别为3.44、3.59、2.42、1.96、2.55、4.62、1.54,且外向型医药业的区位商值排在长江经济带首位,外向型食品加工业、食品制造业、纺织业、黑色金属业均排在第二位。

湖南省的食品加工、饮料、烟草、木材、化工、医药、非金属、黑色金属、有色金属、专用、交通、工艺等行业的出口产能存在集聚现象,其中,除了木材业、医药业,区位商值都较高,分别为1.55、2.29、8.08、4.44、2.98、2.15、3.16、3.05、1.55、4.49,且外向型烟草业、化工业、非金属业、黑色金属业、专用业、工艺业的区位商值都排在长江经济带第一或第二位。

总的来说,长江经济带中游地区制造业出口值高于上游、远低于下游,除了江西省的出口产能集中于劳动密集型行业外,其他三省出口产能集中的行业均同时包括资源、劳动、资本、技术密集型行业,特别是包括一些重化工业行业。

长三角地区的化纤、通用、专用、交通、通信、仪器等行业的出口产能集聚较为明显,主要是重化工业行业。具体来看,上海市的烟草、石油、通用、专用、交通、通信、仪器等行业的出口产能存在集聚现象,其中,外向型烟草业、石油业、通用业、专用业、交通业的区位商值较高,分别为4.15、1.61、1.55、1.45、1.42,且外向型石油业、专用业的区位商值排在长江经济带首位。

江苏省的纺织、化工、化纤、黑色金属、通用、专用、电气、通信、仪器等行业的出口产能存在集聚现象,几乎都是重化工业行业,不过只有外向型化纤业的区位商值较高,为2.12。

浙江省的饮料、纺织、服装、皮革、木材、家具、造纸、印刷、文教、化工、医药、化纤、橡塑、有色金属、金属制品、通用、专用、交通、电气、仪器、工艺等行业的出口产能存在集聚现象,其中,外向型纺织业、服装业、皮革业、家具业、造纸业、医药业、化纤业、金属制品业、通用业、交通业、工艺业的区位商值分别为2.90、2.05、1.61、2.66、1.53、1.92、3.09、1.76、1.83、1.60、2.27,且外向型纺织业、服装业、家具业、造纸业、金属制品业、通用业的区位商值排在长江经济带首位,它们大多为劳动密集型行业,与浙江省制造业总体布局情况大体相似。

总之,长三角地区作为长江经济带外向型制造业的中心,两省一市的专业化布局有一定区别。江苏省、上海市的出口产能主要集中于重化工业行业,且布局比较均匀,体现了长三角外向型重化工业中心的地位;浙江省则是轻工业的出口产能非常集中,此外也有部分重化工业行业出口。

综上所述,长江经济带上、中游地区各省市出口值不高,但绝大多数省份的出口产能集中的行业都同时包括劳动、资源、资本、技术密集型行业,这说明这些省份存在发展外向型高技术产业的工业基础。而长三角地区重化工业行业的出口产能非常集中,尤其是江苏省和上海市。

三、长江经济带各省市制造业分行业外向型程度分析

在这一部分,本书运用长江经济带各省市制造业分行业港澳台资本和外商资本之和占该行业实收资本的比重来衡量外向型程度。如表 2.4 所示,总体上来看,长三角地区各制造业行业外向型程度普遍较高,且几乎都高于全国水平,这说明长三角与国际经济联系紧密,外向型经济发展水平不论是在长江经济带还是在全国都处于领先地位。相比较而言,长江经济带中、上游地区制造业外向型程度都较低,普遍低于全国水平,这说明中、上游地区还可以继续寻找进一步对外开放的途径。

表 2.4 长江经济带各省市制造业分行业外向型程度

行业	全国	上海	江苏	浙江	安徽	江西	湖北	湖南	重庆	四川	贵州	云南
食品加工	0.12	0.54	0.21	0.20	0.13	0.07	0.07	0.02	0.08	0.09	0.01	0.04
食品制造	0.25	0.63	0.45	0.33	0.27	0.38	0.15	0.03	0.03	0.15	0.03	0.11
饮料	0.24	0.77	0.29	0.47	0.19	0.11	0.25	0.11	0.32	0.13	0.05	0.02
烟草	0.00	0.00	0.00	0.01	0.00	0.00	0.00	0.00	0.00	0.00	0.00	0.01
纺织	0.22	0.49	0.29	0.25	0.13	0.05	0.06	0.01	0.07	0.03	0.01	0.00
服装	0.27	0.39	0.22	0.33	0.15	0.14	0.06	0.05	0.26	0.04	0.01	0.00
皮革	0.33	0.55	0.32	0.21	0.18	0.39	0.41	0.17	0.01	0.12	0.00	0.25
木材	0.09	0.43	0.10	0.19	0.01	0.11	0.02	0.01	0.00	0.07	0.17	0.05
家具	0.23	0.48	0.41	0.35	0.01	0.03	0.01	0.00	0.00	0.03	0.00	0.00
造纸	0.36	0.69	0.65	0.22	0.11	0.29	0.13	0.07	0.85	0.17	0.00	0.06
印刷	0.19	0.23	0.30	0.12	0.09	0.03	0.04	0.04	0.09	0.05	0.13	0.20

续表

行业	全国	上海	江苏	浙江	安徽	江西	湖北	湖南	重庆	四川	贵州	云南
文教	0.29	0.37	0.31	0.33	0.08	0.35	0.28	0.08	0.37	0.04	0.00	0.07
石油	0.06	0.17	0.11	0.04	0.11	0.11	0.17	0.04	0.00	0.01	0.01	0.02
化工	0.22	0.61	0.42	0.34	0.16	0.25	0.05	0.01	0.23	0.04	0.03	0.03
医药	0.14	0.35	0.39	0.14	0.04	0.03	0.09	0.01	0.01	0.08	0.04	0.06
化纤	0.28	0.69	0.20	0.24	0.10	0.60	0.40	0.16	0.00	0.25	0.00	0.29
橡塑	0.27	0.49	0.51	0.23	0.15	0.15	0.03	0.22	0.30	0.04	0.04	0.07
非金属	0.12	0.43	0.26	0.12	0.12	0.07	0.06	0.01	0.13	0.16	0.07	0.13
黑色金属	0.07	0.11	0.22	0.14	0.12	0.02	0.14	0.00	0.00	0.00	0.00	0.03
有色金属	0.10	0.23	0.38	0.12	0.00	0.02	0.00	0.02	0.02	0.03	0.03	0.00
金属制品	0.18	0.38	0.30	0.22	0.15	0.10	0.05	0.01	0.02	0.06	0.00	0.02
通用	0.23	0.45	0.32	0.22	0.10	0.06	0.07	0.02	0.12	0.03	0.00	0.16
专用	0.19	0.41	0.36	0.32	0.21	0.06	0.05	0.03	0.08	0.11	0.09	0.01
交通	0.25	0.26	0.39	0.27	0.09	0.13	0.12	0.17	0.14	0.12	0.01	0.01
电气	0.18	0.27	0.26	0.17	0.08	0.05	0.00	0.11	0.05	0.07	0.12	0.00
通信	0.46	0.70	0.70	0.32	0.07	0.25	0.09	0.16	0.21	0.21	0.00	0.08
仪器	0.24	0.56	0.24	0.25	0.12	0.04	0.03	0.18	0.11	0.15	0.00	0.09
工艺	0.25	0.72	0.44	0.18	0.05	0.45	0.00	0.00	0.00	0.00	0.00	0.00

注:本表数据根据《中国工业统计年鉴2016》分地区分行业港澳台资本、外商资本和实收资本数据计算得到。

  具体从省域层面来看,上海市各制造业外向型程度都遥遥领先,有些行业外向型程度甚至比江苏、浙江两省都高出很多。除烟草、石油这2个垄断行业外,上海市所有的制造业行业外向型程度都达到了20%以上,其中,食品加工、食品制造、饮料、皮革、造纸、化工、化纤、通信、仪器、工艺等行业的外向型程度超过了50%,分别为54%、63%、77%、55%、69%、61%、69%、70%、56%、72%。

  江苏省除烟草、木材、石油3个行业外,所有的制造业行业外向型程度也都达到了20%以上,其中,食品制造、家具、造纸、化工、橡塑、通信、工艺等行业的外向型程度超过了40%,分别为45%、41%、65%、42%、51%、70%、44%,且印刷、医药、橡塑、黑色金属、有色金属、交通等行业的外向型程度甚至超过了上海。

  浙江省各制造业行业的外向型程度略低于上海市和江苏省,具体来看,食品制造、饮料、服装、家具、文教等轻工业行业的外向型程度分别为33%、47%、33%、35%、33%。浙江省重化工业行业的外向型程度相对不是很高,与全国水平相仿,有些行业甚至低于全国水平,但仍然领先于中、上游地区。

长江经济带中、上游地区的外向型程度普遍较低,但有些省份的部分制造业行业外向型程度较高。比如,江西省的食品制造、皮革、文教、化纤、工艺等行业的外向型程度分别为38%、39%、35%、60%、45%;湖北省的皮革和化纤行业的外向型程度分别为41%和40%;重庆市的饮料、造纸、文教3个行业的外向型程度分别为32%、85%、37%,可与长三角地区相媲美。特别是重庆市的造纸行业,外向型程度排在长江经济带首位。

还需强调的是,以港澳台资本和外商资本之和占是该行业实收资本的比重计算的外向型程度只是从特定方面反映了一个地区开放型经济的发展程度,并不意味着各制造业行业的外资占比越高越好。在长江经济带外向型工业布局的构建和调整过程中,既要发挥长三角的引领带动作用,推动中、上游地区进一步对外开放,又要避免外资跨国公司在各制造业行业中形成垄断地位。

第四节 长三角与荷兰外向型制造业对比分析

研究长三角对长江经济带外向型工业布局的引领作用,需要考察长三角外向型工业在世界分工体系中的地位和国际市场中的竞争力,这是长三角发挥引领作用的重要条件。在世界的流域经济带中,发展较为成功的有欧洲的莱茵河经济带、多瑙河经济带,美国的密西西比河经济带(及支流田纳西河经济带)等,其中,莱茵河经济带是唯一的外向型经济带。因此,长三角作为长江经济带的下游三角洲区域,可以通过与莱茵河经济带的下游三角洲区域进行对比,来进行评估。荷兰国土大致与莱茵河三角洲重合,拥有欧洲第一大港鹿特丹港,在多方面与长三角在长江经济带中的角色具有对应关系。因此,本节依据可得的数据(《荷兰统计年鉴2014》《国际统计年鉴2014》),将长三角和荷兰的发展状况,特别是工业发展状况进行对比。

一、基本经济数据比较

先从人口、地理条件来看,2013年上海市总人口为2 415万人,江苏省总人口为7 939万人,浙江省总人口为5 498万人,长三角的总人口为15 852万人,荷兰的总人口为1 680万人,长三角的人口总数约为荷兰人口总数的9.4倍。再从土地面积来看,长三角按两省一市计算,土地面积约为21.9万平方千米,荷兰土地面积约为4.19万平方千米,仅约为长三角的19.1%。由此可见,相较莱茵河三角洲地区,长三角拥有广阔的土地和庞大的人口规模,市场和经济发展潜力巨大。

表2.5显示的是长三角与荷兰2013年国内生产总值和人均GDP,从经济总量来看,荷兰2013年国内生产总值为8 002亿美元,长三角2013年国内生产总值为118 332.36亿元,根据国家外汇管理局发布的各种货币对美元折算率表(2013年12期)将其换算为19 279.89亿美元,长三角的经济总量是荷兰的2.4倍,经济规模已远超过荷兰。从人均GDP来看,2013年长三角的人均GDP为12 162.43美元,而荷兰2013年人均GDP为47 617美元,约为长三角的3.9倍,还存在着较大差距,但长三角的人均GDP已接近联合国高收入国家的标准。

表2.5 长三角与荷兰国内生产总值与人均GDP

指标	长三角	荷兰
国内生产总值/亿美元	19 279.89	8 002
人均GDP/美元	12 162.43	47 617

注:(1) 长三角数据根据《中国统计年鉴2014》计算得到,荷兰数据来自《国际统计年鉴2014》;
(2) 本表根据国家外汇管理局发布的各种货币对美元折算率表(2013年12期)统一了货币单位。

二、工业数据比较

表2.6列出的是长三角和荷兰2013年主要工业产品产量,产品包括粗钢、原油、发电量、汽车。2013年长三角粗钢产量为荷兰的17.3倍;原油产量为荷兰的1.9倍;发电量为荷兰的8.3倍;汽车产量为荷兰的60.8倍。很明显,就可得数据而言,长三角的主要工业产品产量都远高于荷兰,这说明就制造业规模而言,长三角在国际上占有举足轻重的地位,已经是重要的工业集聚地。

表2.6 长三角与荷兰主要工业产品产量

产品	长三角	荷兰
粗钢/万吨	11 656.7	672
原油/万吨	208.69	112
发电量/亿千瓦·时	8 188.22	986
汽车/万辆	364.71	6

注:长三角数据根据《中国统计年鉴2014》计算得到,荷兰数据来自《国际统计年鉴2014》。

为了对比荷兰与长三角的制造业分行业产值,需要统一行业口径。表2.7是根据荷兰统计年鉴的制造业行业分类,对长三角制造业分行业的归并。为了统一口径,本处将长三角的食品制造、食品加工、饮料和烟草加总归类为"食品、饮料和烟草"行业,将纺织、服装、皮革、造纸、木材、家具、印刷加总归类为"纺织、造纸、木材、家具和其他制造业"行业,将石油、医药、橡塑加总归类为"石油、医药、橡胶制品"行业,将黑色金属、有色金属和金属制品加总归类为"基础金属和金属制品"行业。

表2.7 长三角制造业分行业归并

制造业分行业		
	食品、饮料和烟草	食品加工
		食品制造
		饮料
		烟草
	纺织、造纸、木材、家具和其他制造业	纺织
		服装
		皮革
		木材
		家具
		造纸
		印刷
	石油、医药、橡胶制品	石油
		医药
		橡塑
	基础金属和金属制品	黑色金属
		有色金属
		金属制品
	电气	电气
	交通	交通

表2.8列出了长三角与荷兰2013年制造业分行业产值。长三角在以上行业中的产值均远高于荷兰,特别是纺织、造纸、木材、家具和其他制造业,基础金属和金属制品业,电气业和交通业,这4个行业的产值分别约是荷兰的9.2倍、12.3倍、6.7倍和18倍。差距相对较小的行业是食品、饮料和烟草与石油、医药、橡胶制

品,长三角的产值分别是荷兰的1.46、1.54倍,这正反映了荷兰最具有国际竞争力的2个制造业行业,不过其产值也已被长三角超越了。进一步分析,本节将石油、医药、橡胶制品,基础金属和金属制品,电气,交通这4个行业归类为先进制造业,比较其产值。由表2.8可知,荷兰先进制造业产值为2 811.22亿美元,长三角为13 976.03亿美元,约是荷兰的5倍。

表2.8 长三角与荷兰制造业分行业产值　　　　　　单位:亿美元

行业	长三角	荷兰
食品、饮料和烟草	1 348.71	923.09
纺织、造纸、木材、家具和其他制造业	4 636.63	503.50
石油、医药、橡胶制品	2 651.81	1 720.30
基础金属和金属制品	4 641.05	377.63
电气	3 656.82	545.46
交通	3 026.35	167.83

注:(1) 长三角数据根据《上海统计年鉴2014》《江苏统计年鉴2014》《浙江统计年鉴2014》计算得到,荷兰数据来自《荷兰统计年鉴2014》;
(2) 本表根据国家外汇管理局发布的各种货币对美元折算率表(2013年12期)统一了货币单位。

三、制造业国际贸易数据比较

制造业产值反映了区域工业规模和集聚程度,区域制造业的国际贸易,尤其是出口数据能更加清晰地反映该区域工业的国际竞争力。因此,本节继续分析长三角与荷兰的制造业国际贸易数据。依据可得数据,首先需要将长三角两省一市数据的行业分类依据世界贸易数据库(International Trade Statistics Database)中荷兰的主要工业制成品分类(国际贸易标准分类)进行归并和调整。本书分别归并了江苏、浙江和上海的制造业行业。其中,江苏、浙江的制造业行业分类口径来自两省统计年鉴;上海的制造业分类口径来自上海市海关主要进出口商品累计表。限于篇幅,具体的归并口径没有列出。

表2.9所列是长三角与荷兰2013年制造业分行业贸易额。先分析出口情况,长三角的化学成品及有关产品出口额明显低于荷兰的出口额,仅约为荷兰的36.3%,这说明荷兰在化学成品及有关产品上更具有国际竞争力;有色金属出口额约为荷兰91.5%,差距不大。长三角的纺纱、织物制品,非金属矿物制品,钢铁,金属制品,机械制品和运输设备出口额均明显高于荷兰,这反映了其较强的国际竞争

力。这些行业中大部分为重化工业行业,也有纺织这样的轻工业行业。但在地理、人口、经济规模等条件均占较大优势的情况下,同属重化工业行业的化学品出口额较低,这说明长三角在发展重化工业,尤其是从地理条件上来说三角洲地区最适宜发展的石油化工业方面还没有充分发挥潜力。

表 2.9 长三角与荷兰主要贸易产品总额   单位:亿美元

项目	进口		出口		进出口差额	
	长三角	荷兰	长三角	荷兰	长三角	荷兰
化学成品及有关产品	706.74	658.14	349.62	963.38	−357.12	305.24
皮革制品	5.40	3.33	4.53	4.37	−0.87	1.04
橡胶制品	8.17	37.65	28.07	36.11	19.9	−1.54
纺纱、织物制品	53.61	41.18	606.82	54.71	553.21	13.53
非金属矿物制品	39.84	33.62	49.24	28.03	9.4	−5.59
钢铁	68.63	110.99	171.92	120.45	103.29	9.46
有色金属	192.04	58.27	51.12	55.85	−140.92	−2.4
金属制品	33.76	92.31	126.14	99.96	92.38	7.65
机械制品	1 706.46	1 126.41	2 561.33	1 225.78	854.87	99.37
运输设备	187.97	254.03	271.60	223.08	83.63	−30.95

注:(1) 长三角数据根据《江苏统计年鉴2014》《浙江统计年鉴2014》《2013年上海市主要进口商品累计表》《2013年上海市主要出口商品累计表》计算得到;
(2) 荷兰数据根据世界贸易数据库计算得到;
(3) 进出口差额由出口减去进口得到。

再分析进口情况,长三角的橡胶制品、钢铁、金属制品、运输设备这4个行业的进口总额比荷兰低,其余行业的进口贸易额均高于荷兰,其中较为突出的是化学成品及有关产品、有色金属、机械制品,与出口的情况基本是对应的,印证了长三角石油化工等行业发展相对滞后。

从进出口差额来看,长三角出现进出口逆差的行业包括:化学成品及有关产品、皮革制品和有色金属;而荷兰出现逆差的行业包括:橡胶制品、非金属矿物制品、有色金属和运输设备。其中,长三角的皮革制品的逆差额非常小,不需重点讨论;有色金属的逆差额较大,不过从荷兰的有色金属进出口差额也为负可知,有色金属主要作为先进制造业的上游投入品进入国际贸易,其逆差额不实质性影响一个区域制造业的国际竞争力;只有化学成品及有关产品的逆差额较大,需要认真对待。还可以注意到,长三角的化学成品及有关产品的逆差额几乎与荷兰的顺差额相等,这反映了两者在国际市场中的竞争力和分工地位。

总之,与以荷兰为代表的莱茵河三角洲地区相比,长三角在地理、人口等自然条件上占据优势;整体经济及制造业的规模已经远超荷兰;部分制造业行业已经具有较强的国际竞争力,包括轻工业行业,也包括部分重化工业行业,完全有能力通过区域经济联系引领长江经济带上、中游外向型工业的布局和发展。但是,以石油化工为代表的化学工业在长三角的发展潜力没有得到充分发挥,国际竞争力较低,需要中央及地方政府采取适当的政策措施引导其进一步在长三角集聚和发展。

第五节　长江经济带外向型制造业布局的特征与问题

根据前文的统计与分析,本节归纳了长江经济带外向型制造业布局的特征与存在的问题。

一、长江经济带外向型制造业布局特征

首先,长江经济带外向型制造业在全国比重较大,发展潜力巨大。长江经济带所包括的 11 个省市构成了我国重要的东西向经济走廊。自 20 世纪 90 年代以来,长江经济带经济发展速度高于全国平均水平,经济地位呈上升趋势。尤其是长江经济带建设上升为国家战略以后,随着整体建设规划和一系列配套政策的出台,可以预计其外向型制造业的发展潜力将得到进一步发挥。从世界市场角度来看,长三角的外向型制造业不仅在中国占有重要地位,与莱茵河下游的荷兰外向型制造业进行比较后可以发现,它的规模和竞争力在国际上也有一定地位。还需指出的是,长三角的创新能力也已有较大进步,正如第一章所分析的,这对于维持和提升长三角的区域竞争力是至关重要的,也提供给长三角引领长江经济带构建外向型工业布局的条件。

其次,长江经济带已形成一批先进的外向型制造业产业集群。作为我国先进制造业最集中的区域,在长江经济带中,下游的长三角集群、中游以武汉为中心的集群、上游的成渝集群已形成一系列重要的制造业基地,包括一大批国家新型工业化产业示范基地,在部分行业具有赶超世界制造业先进技术水平的潜力,甚至已经具有国际领先地位。其中长三角集群的外向型程度较高,中、上游集群的外向型程度较低。第一章的理论分析指出,长江经济带各区域之间并非是中心-外围二元结

构,目前已形成了水平分工与垂直分工并存的格局。先进制造业的产业集群就是水平分工关系的载体,是各区域制造业竞争力的基本保障。不过,就目前而言,长江经济带中只有很少的产业部门达到了全球价值链高端和产业科技的制高点,距离各行业世界领先水平的企业还有较大的技术差距,迫切需要在新一轮的技术革命中提升产业自主创新能力,特别是掌握和推广智能制造技术,提升制造业的技术层次,在世界市场上进一步提高竞争能力。

最后,长江经济带外向型制造业呈现明显的发展梯度。这种梯度差反映了沿海与内陆的工业基础与发展外向型经济的条件差异,其会由于长江经济带向西国际贸易通道建设、上、中游整体开放程度提高等而缩小,但在较长时期内会持续存在。不过,长江经济带上游的成都、重庆与中游的武汉等几个工业中心城市的外向型制造业发展水平相对较高,存在培育世界级产业集群的潜力,也为其他地区的制造业发展起到了一定的辐射带动作用,属于内陆"开放型经济高地",并不受所处区域外向型发展梯度的限制。近年来,长江经济带中游制造业产值与出口交货值的比重不断提升,反映了长江经济带制造业布局在向更加平衡的方向发展。

二、长江经济带外向型制造业布局存在的问题

首先,上、中、下游外向型制造业发展水平存在较大差距。表2.1的数据反映了制造业各行业上、中、下游的工业销售产值存在巨大差距。上、中、下游制造业出口交货值比重的差距比工业销售产值比重的差距还要大。出口产品相对而言更具有世界市场竞争力,这也可以反映上、中、下游在大部分制造业行业最终产品质量上可能存在较大差距。这一经济发展的梯度是由于历史和地理条件等原因形成的,梯度差在计划经济时期曾随着三线建设的展开而缩小,但又在改革开放后重新拉大。虽然长三角与长江经济带上、中游已不是中心-外围二元结构,但这种差距意味着两者的制造业仍将长期存在区域间垂直分工的关系。按照本书定义,这种垂直分工关系主要是指长江经济带各区域不同行业间由于产品生产过程上、下游关系形成的分工。随着长江经济带上、中游制造业的进步和区域间市场的统一,垂直分工关系将更多地表现为中间品与制成品之间的分工,而非原材料与制成品之间的分工。

其次,长江经济带沿线制造业,包括外向型制造业同构化较为严重。由于地方保护主义、区域市场不完善、基础设施不足等原因,各省市制造业的发展模式和结构较为接近,精细化的区域分工和产业联动发展不易实现,跨省的产业集群间的分工协作难以形成。各省发展的支柱产业大体类似,普遍将电子信息、装备制造、新

材料、新能源、交通设备等行业作为本省的主导产业进行发展,主要产业链位于各省内部,较少有跨省乃至跨区域的延伸。同时,长江经济带下游虽然外向型制造业较为发达,但"两头在外"的外资企业起到重要作用,对本地乃至上、中游制造业的后向溢出效应较为有限,特别是与莱茵河经济带相比,以石油化工为代表的部分重化工业行业集聚程度仍不够高,国际竞争力不足。概括地说,市场的不够统一导致了绝大多数制造业行业的集中度过低,导致了区域间水平分工与垂直分工的层次较低,不易形成具有较强国际竞争力的跨区域产业链及产品,制约了长江经济带区域竞争力的提升。此外,制造业尤其是以石化、化学工业为代表的重化工业的全流域分散布局也进一步恶化了长江流域的环境。

然后,对制造业,包括外向型制造业带来的环境污染缺乏统一治理的制度安排和产业布局的相应调整。近年来,长江的生态环境持续恶化,水系生态濒临崩溃边缘。2012年,水利部水资源公告显示,当年全国废污水排放总量为785亿吨,有近400亿吨排入长江。长江沿线湖泊均处于较严重污染状态,水污染危机频繁爆发。习近平总书记在2016年1月召开的深入推动长江经济带发展座谈会上指出,当前和今后相当长一段时期,要把修复长江生态环境摆在压倒性位置,共抓大保护、不搞大开发。这一战略设想应由相应的区域经济主体去落实。由于环境污染的外部性,特别是上游污染向下游的扩散,不能仅靠长江沿线的地方政府去规制制造业发展带来的环境污染,应更多从中央政府所能掌握的调控手段出发去设计制度的改进与产业布局的调整路径。

最后,交通体系发展滞后,无法充分支撑外向型制造业向中、上游地区的转移和跨区域带动作用的发挥。特别是由于三峡大坝设计通航能力不足,2015年通航量已达1.196亿吨,超过设计通航能力,接近理论极限通航能力,而又远低于根据长江经济带经济发展趋势预测的通航需求,使长江经济带上游与中、下游间通过"黄金水道"进行制造业分工协作的可能严重受限。中、下游间的长江航运也面临着航道疏浚、港口体系建设等诸多问题,尚未能充分发挥"黄金水道"在支持沿江先进外向型制造业发展方面的潜力。

三、本章小结

总之,本章研究表明,长三角地区外向型制造业集聚程度较高,包括江苏、上海的外向型重化工业与浙江的外向型轻工业,在长江经济带外向型工业布局中居于引领地位;与处于莱茵河三角洲的荷兰相比,长三角的外向型制造业具有较大的规模和较强的竞争力,具备通过区域经济联系引导长江经济带上、中游外向型工业布局构建和调整的能力。长江经济带上、中游外向型制造业规模较小,但绝大多数省市的出口产能集中的行业都同时包括劳动、资源、资本、技术密集型行业,不少省市有着较先进的外向型制造业产业集群,这说明这些省市存在发展外向型高技术产业的工业基础,存在与长三角发展更高层次的区域间水平分工和垂直分工的条件和要求。同时,长江经济带外向型制造业的布局存在着不少问题,特别是需要研究通过区域间的经济联系使上、中、下游外向型制造业联动发展的路径,以及为应对长江流域严重污染现状而提出的外向型制造业布局调整的要求,这都需要在本书后续的研究中进一步分析并提出相应对策。

参考文献

魏后凯,2006.现代区域经济学[M].北京:经济管理出版社.
吴传清,2008.区域经济学原理[M].武汉:武汉大学出版社.

第三章　长江经济带外向型制造业转移研究

2004年之后,由于土地、劳动力等生产要素的价格不断上涨,人民币显著升值,包括长江经济带下游地区在内的中国沿海地区出现了外向型制造业向包括长江经济带上、中游地区在内的区域外转移的情况。这种转移是长三角影响长江经济带外向型工业布局的一种途径,从理论上来说,是长三角通过外向型产业转移这种区域经济传递形式发挥对长江经济带构建外向型工业布局的引领作用。本章旨在研究中国沿海地区,尤其是长三角的外向型制造业向长江经济带上、中游转移的规模和限度,从而分析产业转移这种形式在发挥长三角引领作用过程中的实际影响。

第一节　文献回顾

国内外学者对产业转移的定义并不一致。从最宽泛的意义上来说,产业转移意味着产业在空间上的移动。而本章所要研究的主要是外向型制造业在一国内部区域间的移动,属于区域产业转移,在微观层次上与区域经济学中对企业迁移的研究相关。近年的有关文献着重强调制度和政策的作用。Deichmann等(2008)依据印度、印度尼西亚等国的经验,指出政策能够促使企业在集聚地之间迁移,但难以使其从集聚地迁移到经济较落后、工业较分散的地区。

我国的研究主要集中于珠三角和长三角,Liao等(2011)分析了珠三角港资企业迁移的背景与模式。Yang(2012)分析了珠三角地区实行"腾笼换鸟"政策期间各级政府之间、政府与加工贸易企业之间的各种矛盾,这些矛盾阻碍了劳动密集型企业向珠三角外迁移的进程。Chang等(2013)认为城市扩张导致的地价上涨是长三角地区企业向内陆迁移的主要原因。Ito(2014)利用中国2004年至2010年省级和市级数据进行检验,结果表明在该样本区间,存在着劳动密集型企业从沿海向内陆转移的情况,但同时也存在着各地工业的集聚效应。此外,刘红光等(2011)运用中国区域间投入产出表,测算了中国1997—2007年区域间产业转移,发现在此期间产业向中西部地区转移的趋势并不明显。

外向型产业向内陆转移需要克服贸易等成本增加带来的阻力。表3.1列出了Notteboom(2012)根据2007年数据计算的从上海、重庆出口到布鲁塞尔一个货值11.5万美元的40英尺(1英尺≈0.305米)集装箱的物流成本差异。从表中数据可以看出,在集装箱货值较高的情况下,物流成本的差异占货值的比例差距不算太大,但物流时间的差距不能被此弥补。表3.2是Notteboom(2012)计算的远东与比利时之间海路贸易一个40英尺集装箱的满箱货值。比较各类产品的货值可以发现,绝大多数产品的满箱货值均远低于11.5万美元,这意味着对于除了高档机械设备以外的产品来说,从重庆与从上海出口的物流成本差异还是相当大的。因此,在考虑长江经济带外向型制造业的转移时,必须从行业的层面进行研究。

表3.1 一个货值11.5万美元的集装箱出口物流成本的比较

	上海至布鲁塞尔	重庆至布鲁塞尔
时间变量(天数)		
转运至上海	0	10
上海停留	3	3
上海至安特卫普	28	28
安特卫普停留	3	3
陆地运输	0.5	0.5
总转运时间	34.5	44.5
运输和装卸成本(美元)	3 164	3 814
时效性商品(美元)		
折旧商品(年率10%)	1 087	1 402
保险(年率2%)	217	280
集装箱租赁(0.65欧元/天)	22	29
利息成本(年率5%)	543	701
时效性商品总成本	1 870	2 412
总成本	5 034	6 227
占货物价值百分比	4.4%	5.4%

资料来源:Notteboom(2012)。

表 3.2 远东与比利时海路贸易中一个满箱集装箱的平均货值   单位：欧元

产品类别	远东至比利时	比利时至远东
农产品和牲畜	17 087	17 743
食品和动物饲料	33 014	20 194
固体矿物燃料	4 294	4 814
成品油	24 016	27 194
矿石和金属废料	25 800	11 959
金属制品	25 346	27 261
原油和人造矿物、建筑材料	5 237	14 361
化肥	18 515	5 370
化学品	34 465	11 265
机械、运输设备、制成品和杂货	85 708	38 562
平均	61 391	22 033

资料来源：Notteboom(2012)。

Brulhart(2011)指出，城市经济学和新经济地理学方面的研究文献结论较为一致：在贸易国内，贸易自由化导致经济活动向靠近国际市场的区域聚集并扩大了这些区域与内陆的发展水平差距。这反映了内陆地区发展外向型经济的"地理劣势"。这种情况在中等或低收入国家更为明显(Ezcurra et al,2013)。

国内学者主要从区域经济学、国际经济学、经济地理学、发展经济学等学科分支出发分析了区域产业转移问题。胡安俊等(2014)综述了产业转移的理论学派与研究方法，并评述了国内的研究现状。国内学者主要运用问卷调查方式或者上市公司的数据研究企业迁移问题。例如，魏后凯等(2009)探讨了企业迁移的特征和决定因素。周正柱等(2013)调查了上海、江苏、浙江等省市部分迁移企业，分析了商务成本变动对企业迁移决策的影响。杨本建等(2014)分析了 2011 年广东产业转移专项调查数据，指出广东省政府的政策对劳动密集型企业、中小企业影响有限，难以实现政策目标。

在本章关心的外向型制造业转移问题方面，林桂军等(2013)以出口增加值占全国比重为因变量，在整体上检验了出口产业向中西部转移的情况，认为这种转移存在且更倾向于西部。肖雁飞等(2014)利用 2002 年、2007 年区域间投入产出表数据建立多区域投入产出模型，定量测算了沿海出口驱动型产业转移总体规模及比重，认为外向型产业从沿海向中西部地区转移的比重较低。许德友(2015)则在行业层面上利用统计指标和企业案例分析了出口型产业的转移。

考虑数据可得性和上述文献,本章从行业层面进行研究,借鉴 Ruan 等(2014)研究服装业在中国国内转移时使用的方法,在二位码行业层次先以企业数占比、销售产值占比和从业人员数占比为因变量,利用计量模型检验了长江经济带 2002 年至 2015 年总体产业转移的情况;随后,本章重点以出口交货值占比为因变量,检验了这段时间长江经济带上、中、下游外向型制造业的转入、转出情况。本章将外向型制造业的转移视为出口能力乃至出口额在不同区域间的转移,在这一较为广义的定义上,可以把各地区某行业出口交货值占同期全国出口交货值的比重当作计量模型的因变量。本章试图在总体上评估 2002 年以来长江经济带外向型制造业的转移情况,并根据检验结果分析其转移动力、规模限度和发展趋势。

结果表明,在样本期间,长江经济带上、中、下游外向型制造业转移趋势与整体产业转移趋势大体相似,长江经济带下游地区存在外向型制造业转入和转出并存的现象,且转入产业大多属于技术密集型,转出产业大多属于劳动密集型,继续保持着制造业出口中心的地位;中游地区以较快的速度承接外向型制造业的较大规模的转入,为该地区外向型制造业的发展拓展了空间;上游地区的外向型制造业则有一定程度的转出。不过,整体上看外向型制造业的转移规模相当有限。长江经济带下游地区的外向型制造业规模很大,不可能完全通过向中游和其他内陆地区的转移来化解生产要素价格上升带来的影响,长江经济带上、中游也不可能通过大规模承接沿海地区外向型制造业的转移来建设开放型经济。

第二节 计量模型与数据来源

本章主要研究四个因变量:企业数占比、销售产值占比、从业人员数占比和出口交货值占比。其中,前三个因变量用来研究长江经济带 2002 年至 2015 年整体产业转移的情况,限于篇幅,只列出了销售产值占比的结果;而出口交货值占比用来重点研究长江经济带上、中、下游在样本期间的外向型制造业的转移情况。通过观察检验以上四个因变量,来研究长江经济带制造业是否发生了区域间的转移。本章借鉴 Ruan 等(2014)的方法,将计量模型设定如下:

$$Y_{it}=\alpha+\beta_1 \cdot YEAR_t+\beta_2 \cdot P_i+\beta_T(T \cdot D)+\gamma \cdot X+\varepsilon_{it} \quad (3.1)$$

其中,Y_{it} 表示该二位码行业在 i 省 t 年的因变量(企业数占比、销售产值占比、从业人员数占比或出口交货值占比),α 表示常数项,$YEAR_t$ 表示年份虚拟变量,P_i 表示省份虚拟变量,其分别反映各年份、各省份特定效应的影响。

X 是一系列控制变量,包括:(1) 交通基础设施,该省该年公路、铁路、水运里程相乘后除以面积;(2) 人口,该省该年人口数;(3) 人均 GDP,该省该年人均 GDP,与人口一起反映当地市场容量;(4) 外商直接投资,该省该年外商直接投资额乘当年汇率后除以该省 GDP;(5) 出口额,该省该年出口额乘当年汇率后占 GDP 比重;(6) 工资,该省该年制造业工资水平;(7) 该省地价,该省该年转让土地使用权的平均价格,与工资共同反映当地生产要素的价格,考虑到变量的内生性,工资与地价计量时均采用滞后一期的数据。ε_{it} 为随机扰动项。除因变量和虚拟变量外,各变量均取自然对数。人均 GDP、工资、地价均按消费品价格指数调整为 2000 年不变价。

D 是一个地区虚拟变量,在不同的计量模型中分别代表长江经济带上、中、下游,即当 i 省属于长江经济带上(或中、下)游时为 1,否则为 0。T 是时间虚拟变量,假设在 T_0 年发生了外向型制造业的转移,那么 T 被定义为:

$$T=\begin{cases}1, & t\geq T_0,\\ 0, & t<T_0\end{cases} \quad (3.2)$$

这样,D 对因变量的边际影响为:$\partial Y/\partial D=\beta_T \cdot T$,当 $t\geq T_0$ 时,可得:

$$\partial Y/\partial D=\beta_T \quad (3.3)$$

根据上述设定,为了判断样本期间的某一年是否发生了制造业的转移,只需要在计量模型中不断变化 T_0 的年份设定,并观察 β_T 及其显著性。如果 β_T 通过了显著性检验,那么就说明该年前后地区虚拟变量 D 对因变量的影响发生了显著变化,该地区发生了制造业的转入或者转出。

考虑到研究目的和数据可得性,本章选择了 2000 年至 2015 年长江经济带 11 个省市的有关数据进行分析,由于工资、地价数据滞后一年且 T_0 不能选第一年,报告计量的结果为 2002 年至 2015 年。有关数据分别来自历年各省统计年鉴、《中国工业经济统计年鉴》《中国统计年鉴》《中国国土资源年鉴》和《中国劳动统计年鉴》。

第三节 长江经济带制造业转移分析

表 3.3 以长江经济带上游地区销售产值占比为因变量,列出了上游地区虚拟变量与各年份虚拟变量交叉项的系数。表 3.3 第一列为二位码层次的行业名称;第一行为 2002 年至 2015 年各年份,代表了假定的产业转移发生的时间。因此,表中每一格的结果都对应于一次回归检验。为节省篇幅,历次回归的常数项、各控制变量、年份与省份虚拟变量的检验结果以及样本容量、F 检验值等信息没有列出。各

第三章 长江经济带外向型制造业转移研究

表3.3 上游地区交叉项的检验结果(因变量:销售产值占比)

行业	2002	2003	2004	2005	2006	2007	2008	2009	2010	2011	2012	2013	2014	2015
食品加工	0.012**	0.012***	0.007	0.003	0.001	-0.003	-0.006*	-0.009**	-0.011**	-0.012***	-0.010**	-0.008**	-0.008**	-0.007
食品制造	0.006	0.001	0.002	0.001	0	-0.002	-0.004	0.005	-0.006*	-0.007*	0.006*	-0.004	-0.002	-0.001
饮料	0.012*	0.009*	0.006	0.006	0.005	0.003	0.002	0.002	0.002	0.002	0.001	0.003	0.002	0.004
烟草	-0.022**	-0.024***	-0.020***	-0.017***	-0.013***	-0.010***	-0.004	-0.003	-0.005	-0.003	-0.001	-0.003	-0.006	-0.006
纺织	0.007	0.008	0.004	0.003	0.002	0.001	-0.001	-0.003	-0.009	-0.006	-0.007	-0.006	-0.005	-0.002
服装	0.151***	0.151***	0.151***	-0.006	-0.006	-0.005	-0.009	-0.011**	-0.015**	-0.018**	-0.016**	-0.012**	-0.011**	-0.007
皮革	0.115**	0.115**	0.115**	0.008	0.08	0.08	0.003	-0.006	-0.018	-0.018	-0.018	-0.011	-0.009	-0.006
木材	0.138***	0.138***	0.138***	-0.005	-0.005	-0.005	-0.003	-0.004	-0.007	-0.007	-0.007	-0.002	-0.002	-0.001
家具	0.132***	0.132***	0.132***	0.002	0	0	-0.008	-0.008	-0.017**	-0.017**	-0.017**	-0.011*	-0.007	-0.005
造纸	0.004	0.004	0.002	-0.005	-0.005	-0.005	-0.003	0	-0.002	-0.004	-0.004	-0.004	-0.005	-0.001
印刷	0.134***	0.134***	0.134***	-0.008	-0.008	-0.008	-0.012*	-0.015**	-0.020***	-0.020***	-0.020***	-0.011*	-0.008	-0.005
文教	0.014***	0.014***	0.014***	-0.005	-0.005	-0.005	-0.009	-0.009	-0.011	-0.011	-0.011	-0.009	-0.006	-0.005
石油	0.007***	0.007***	0.007***	0.008***	0.008***	0.007***	0.005**	0.003	0.001	-0.001	-0.001	-0.001	0.002	0.002
化工	-0.001	0	-0.003	-0.005**	-0.007***	-0.008***	-0.010**	-0.010**	-0.011***	-0.011***	-0.011***	-0.009***	-0.007***	-0.005**
医药	0.002	0.001	-0.001	-0.002	-0.001	-0.002	-0.005	-0.007	-0.009**	-0.009**	-0.010**	-0.007*	-0.005	-0.005
化纤	-0.032***	-0.030***	-0.024***	-0.018***	-0.019***	-0.020***	-0.026**	-0.024***	-0.023***	-0.023***	-0.023**	-0.015**	-0.005	-0.005
橡塑	0.083***	0.083***	0.083***	-0.002	-0.002	-0.002	-0.004	-0.005	-0.012**	-0.012**	-0.012**	0.007	-0.005	-0.003
非金属	0.009**	0.008**	0.003	0.001	0	0.002	-0.005	-0.006**	-0.010**	-0.010**	-0.012**	-0.009**	-0.007**	-0.004
黑色金属	-0.007	-0.007	-0.008**	-0.010**	-0.010**	-0.010**	-0.013**	-0.011**	-0.010**	-0.008**	-0.008**	-0.006	-0.003	-0.003
有色金属	0.006	0.004	-0.002	-0.004	-0.007**	-0.011**	-0.016**	-0.018***	-0.021***	-0.021***	-0.018***	-0.014***	-0.012***	-0.008
金属制品	0	-0.001	-0.002	-0.003	-0.003	-0.005	-0.008**	-0.008**	-0.010**	-0.010**	-0.009**	-0.007*	-0.005	-0.002
通用	0.011*	0.011*	0.007*	-0.001	0.004	0.002	-0.001	-0.002	-0.006	-0.009	-0.010**	-0.007*	-0.006	-0.004
专用	0.012*	0.011**	0.003	-0.001	-0.002	-0.004	-0.008*	-0.010**	-0.011**	-0.011**	-0.010**	-0.007	-0.004	0.001
交通	0	0.002	0.001	-0.002	-0.004	-0.007*	-0.012**	-0.011**	-0.010**	-0.006	-0.004	-0.003	0.002	-0.006
电气	0.001	0.001	-0.003	-0.004	-0.007	-0.010*	-0.013**	-0.015**	-0.013**	-0.014**	-0.013**	-0.009	-0.007	-0.006
通信	-0.016**	-0.018***	-0.014**	-0.009	-0.007	-0.008	-0.005	-0.005	-0.002	0	0	0.002	0.003	0.002
仪器	-0.014	-0.017	-0.016	-0.013	-0.011	-0.013	-0.016	-0.014	-0.01	-0.008	-0.015	-0.01	-0.006	-0.009
工艺	0.095**	0.095**	0.095**	0.007	0.007	0.007	0.005	0.008	-0.001	-0.001	-0.001	0.004	0.004	0.002

资料来源:作者自制;

(1) ***、**、*分别表示在0.01、0.05、0.10的显著性水平上通过了检验,下同。

回归方程得到的系数均在整体上通过了 0.01 水平的显著性检验,拟合优度均高于 0.80。其中,各控制变量的检验结果与 Ruan 等(2014)相似,本章在此不再分析。

从表 3.3 的结果来看,样本期间内,上游地区基本没有承接制造业的转入,而是普遍呈现制造业转出的现象,显著的系数集中于 2005 年至 2013 年,表明这段时间长江经济带上游地区的制造业有向外流失的现象,从而加大了上游地区与中、下游地区制造业发展的差距。不过从系数绝对值来看,其在 2008 年至 2010 年间达到高峰,之后便呈现下降的趋势,且系数在 2014、2015 年就不再显著,这可能是"一带一路"建设和长江经济带双向开放的战略规划在样本期间内发挥作用的结果。

具体到行业层面,长江经济带上游地区只有石油业在样本期间内出现制造业的转入现象,不过自 2008 年以后石油业转入基本不再显著。相反,纺织、服装、造纸、文教、化工、医药、化纤、橡塑、非金属、黑色金属、有色金属、交通、电气、仪器等行业均在样本期间内出现制造业的转出,且大部分行业转出趋势稳定。其中,化纤、黑色金属、有色金属等几个行业转出的份额和变动的幅度相对较大,虽然从绝对值来看,转出份额一般不超过 3 个百分点,但是由于这些行业属于资本、技术密集型产业,因此这部分制造业的转出对长江经济带上游地区应是有影响的。总之,在样本期间,长江经济带上游地区基本没有承接来自中、下游制造业的转移,反而出现了制造业的普遍转出。

表 3.4 以长江经济带中游地区销售产值占比为因变量,列出了中游地区虚拟变量与各年份虚拟变量交叉项的系数。总的来看,中游地区在样本期间内承接了制造业的较大规模转入,这与其他来源的经济数据和信息相吻合,印证了本章分析的稳健性。显著的系数集中于 2006 年至 2014 年,且大部分产业的显著性一直持续到 2015 年。从系数绝对值来看,其在 2009 年至 2011 年间,转入趋势达到高潮,此后系数呈现平稳下降趋势,不过也有某些行业(如印刷、医药、非金属、专用、通信等行业)系数没有下降。

具体到行业层面,长江经济带中游地区的石油、化纤、仪器行业在样本期间内出现制造业的转出现象,不过只有仪器行业转出份额较大,高潮出现在 2009 年和 2010 年,且较为持久,但也没有持续到 2015 年。石油行业转出份额很小、逐年递减,且在 2012 年之前就不显著了。长江经济带中游地区在样本期间承接制造业转入的行业,包括食品加工、食品制造、饮料、烟草、纺织、服装、皮革、木材、家具、造纸、印刷、文教、化工、橡塑、非金属、有色金属、金属制品、通用等。绝大部分的转移幅度在 2 个百分点以内,趋势稳定,而纺织、服装、皮革、文教等行业转入份额和幅度变化较大。总之,在样本期间,长江经济带中游地区承接了较大规模的制造业转移,且趋势比较稳定。

表 3.5 以长江经济带下游地区销售产值占比为因变量,列出了下游地区虚拟变量与各年份虚拟变量交叉项的系数。概括地说,下游地区在样本期间内存在制造业转入和转出并存的现象,且转移份额和变动幅度比上、中游地区更大。各行业

表 3.4 中游地区交叉项的检验结果（因变量：销售产值占比）

行业	2002	2003	2004	2005	2006	2007	2008	2009	2010	2011	2012	2013	2014	2015
食品加工	0	0.002	0.006	0.011***	0.013***	0.015***	0.018***	0.020***	0.021***	0.020***	0.018***	0.016***	0.016***	0.015***
食品制造	0.008*	0.008***	0.014***	0.014	0.014***	0.013***	0.014***	0.015***	0.016***	0.015***	0.014***	0.013***	0.012***	0.012***
饮料	−0.004	−0.001	0.004	0.005	0.007**	0.009**	0.012**	0.014***	0.016***	0.016***	0.016***	0.014***	0.013***	0.011*
烟草	0.005	0.008*	0.010**	0.008**	0.005	0.004	0.001	0	−0.002	−0.002	−0.003	−0.001	0.002	0.002
纺织	−0.002	0.001	0.005	0.012***	0.016***	0.020***	0.025***	0.029***	0.032***	0.032***	0.029***	0.025***	0.023***	0.020***
服装	0.182***	0.182***	0.182***	0.016***	0.018***	0.019***	0.023***	0.027***	0.029***	0.030***	0.026***	0.024***	0.025***	0.023***
皮革	0.086	0.086	0.086	0.024**	0.024***	0.024***	0.024***	0.022***	0.025***	0.025***	0.025***	0.019***	0.018**	0.016
木材	0.203***	0.203***	0.203***	0.022***	0.022***	0.022***	0.017***	0.015***	0.014***	0.014***	0.014***	0.008	0.007	0.007
家具	0.226***	0.226***	0.226***	0.013***	0.013***	0.013***	0.018***	0.021***	0.026***	0.026***	0.026***	0.019***	0.017***	0.017***
造纸	0.003	0.005*	0.007**	0.008***	0.008***	0.009***	0.011**	0.013***	0.014***	0.014***	0.012***	0.010***	0.010***	0.009***
印刷	0.153***	0.153***	0.153***	0.011	0.011	0.011	0.010*	0.013***	0.018***	0.018***	0.018***	0.018***	0.017***	0.016***
文教	0.014***	0.014***	0.014***	0.017***	0.017***	0.017***	0.021***	0.025***	0.032***	0.032***	0.032***	0.022***	0.018**	0.016**
石油	−0.006**	−0.008***	−0.008***	−0.008***	−0.006***	−0.006***	−0.006***	−0.005***	−0.004***	−0.003*	−0.001	−0.001	−0.002	−0.002
化工	0.001	0.003	0.003	0.004**	0.006***	0.008***	0.009***	0.010***	0.010***	0.010***	0.011***	0.010***	0.011***	0.011***
医药	−0.001	−0.001	0.002	0.004	0.005	0.006	0.006*	0.006**	0.006**	0.006**	0.006**	0.006*	0.007*	0.007
化纤	−0.012	−0.016	−0.013	−0.012	−0.01	−0.01	−0.012	−0.013	−0.011	−0.009	−0.003	0	−0.001	0.002
橡塑	0.081	0.081	0.081	0.006	0.019***	0.019	0.020***	0.024***	0.028***	0.028***	0.028***	0.020***	0.016***	0.014***
非金属	0.002	0.004	0.007***	0.011***	0.013***	0.015***	0.016***	0.018***	0.019***	0.019***	0.018***	0.016***	0.015***	0.014***
黑色金属	0.004	0.002	0.001	0	0.001	0.002	0.002	0	0.001	0	0	−0.001	−0.001	−0.001
有色金属	0.004	0.008	0.014***	0.019***	0.021***	0.024***	0.025***	0.025***	0.024***	0.022***	0.017***	0.015***	0.015***	0.013***
金属制品	−0.005	−0.002	0.005	0.008***	0.010***	0.012***	0.014***	0.018***	0.019***	0.020***	0.020***	0.018***	0.016***	0.015***
通用	−0.002	0	0.005	0.009***	0.012***	0.014***	0.018***	0.020***	0.021***	0.021***	0.017***	0.016***	0.014***	0.013***
专用	0.011	0.012***	0.014***	0.014***	0.016***	0.017***	0.020***	0.021***	0.021***	0.021***	0.018***	0.015***	0.014***	0.014***
交通	−0.001	−0.004	−0.001	−0.003	−0.003	−0.003	−0.003	−0.003	−0.001	−0.001	0.001	0.002	0.001	0.002
电气	−0.004	−0.005	−0.003	−0.003	−0.002	−0.003	−0.004	−0.003	−0.003	−0.001	0.003	0.005	0.008	0.01
通信	−0.006	−0.011	−0.010*	−0.011**	−0.010*	−0.010*	−0.010*	−0.008	−0.006	−0.002	0.003	0.006	0.007	0.008
仪器	−0.004	−0.014	−0.015	−0.023**	−0.024**	−0.029**	−0.038***	−0.043***	−0.045***	−0.042***	−0.032***	−0.022***	−0.015	−0.006
工艺	0.079	0.079	0.079	0.011	0.01	0.011	0.009	0.008	0	0	0	0.005	0.009	0.012

资料来源：作者自制。

表 3.5　下游地区交叉项的检验结果（因变量：销售产值占比）

行业	2002	2003	2004	2005	2006	2007	2008	2009	2010	2011	2012	2013	2014	2015
食品加工	-0.014***	-0.017***	-0.019***	-0.023***	-0.022***	-0.022***	-0.023***	-0.023***	-0.022***	-0.022***	-0.018***	-0.016***	-0.015***	-0.012***
食品制造	-0.017***	-0.011***	-0.021***	-0.025***	-0.023***	-0.021***	-0.019***	-0.019***	-0.019***	-0.019***	-0.016***	-0.016***	-0.015***	-0.015***
饮料	-0.009	-0.011*	-0.014**	-0.017**	-0.020**	-0.020**	-0.022***	-0.027***	-0.029***	-0.031***	-0.029***	-0.025***	-0.022***	-0.019***
烟草	0.020***	0.020***	0.016**	0.014***	0.012***	0.007	0.003	0.003	0.009**	0.007	0.005	0.005	0.005	0.005
纺织	-0.006	-0.011	-0.013**	-0.026***	-0.031***	-0.036***	-0.042***	-0.045***	-0.047***	-0.043***	-0.040***	-0.033***	-0.028***	-0.024***
服装	-0.151***	-0.151***	-0.151***	-0.015**	-0.018***	-0.024***	-0.030***	-0.033***	-0.033***	-0.035***	-0.029***	-0.027***	-0.026***	-0.022***
皮革	-0.115***	-0.115***	-0.115***	-0.056***	-0.056***	-0.056***	-0.043***	-0.032***	-0.032***	-0.032***	-0.032***	-0.020**	-0.017	-0.015
木材	-0.138***	-0.138***	-0.138***	-0.040***	-0.040***	-0.040***	-0.024***	-0.022***	-0.036***	-0.036***	-0.021***	-0.01	-0.008	-0.008
家具	-0.132***	-0.132***	-0.132***	-0.016***	-0.016***	-0.016***	-0.021***	-0.028***	-0.021***	-0.020***	-0.040***	-0.022***	-0.019***	-0.017***
造纸	-0.008**	-0.011***	-0.013***	-0.015***	-0.014***	-0.015***	-0.018***	-0.022***	-0.021***	-0.013	-0.015***	-0.012***	-0.010***	-0.007***
印刷	-0.134***	-0.134***	-0.134***	-0.007	-0.007	-0.007	-0.003	-0.005	-0.013	-0.013	-0.013	-0.018***	-0.018***	-0.017***
文教	-0.014***	-0.014***	-0.014***	-0.023***	-0.023***	-0.023***	-0.025***	-0.033***	-0.054***	-0.054***	-0.054***	-0.028***	-0.022***	-0.016***
石油	-0.001	0.001	0.001	0.001	-0.001	0.001	0.004**	0.004**	0.007**	0.006**	0.003	0.003	0.001	0
化工	0	0	0	0	-0.001	-0.002	-0.003	-0.004**	-0.004**	-0.004**	-0.005**	-0.006***	-0.008***	-0.008***
医药	-0.002	-0.002	-0.001	-0.003	-0.007**	-0.007**	-0.004	0	0.001	0	0	-0.002	-0.004	-0.004
化纤	0.051***	0.056***	0.053***	0.051***	0.045***	0.045***	0.052***	0.052***	0.046***	0.041***	0.032***	0.018	0.008	0.003
橡塑	-0.083***	-0.083***	-0.083***	-0.032***	-0.032***	-0.032***	-0.029***	-0.035***	-0.044***	-0.044***	-0.044***	-0.027***	-0.020***	-0.016***
非金属	-0.013***	-0.014***	-0.013***	-0.021***	-0.022***	-0.022***	-0.022***	-0.022***	-0.020***	-0.019***	-0.017***	-0.015***	-0.014***	-0.013***
黑色金属	0.003	0.006	0.011*	0.014***	0.013***	0.012***	0.013***	0.012***	0.011**	0.009**	0.0010**	0.008*	0.006	0.005
有色金属	-0.011	-0.014***	-0.016***	-0.025***	-0.025***	-0.025***	-0.023***	-0.018***	-0.015***	-0.014***	-0.008	-0.007	-0.008	-0.006
金属制品	0.005	0.003	-0.004	-0.008*	-0.012***	-0.013***	-0.015***	-0.020***	-0.021***	-0.024***	-0.022***	-0.020***	-0.018***	-0.017***
通用	-0.01	-0.014***	-0.017***	-0.023***	-0.024***	-0.027***	-0.030***	-0.030***	-0.027***	-0.025***	-0.018***	-0.016***	-0.014***	-0.012***
专用	-0.027***	-0.028***	-0.024***	-0.023***	-0.024***	-0.023***	-0.023***	-0.023***	-0.022***	-0.026***	-0.024***	-0.020***	-0.017***	-0.016***
交通	0.001	0.002	-0.001	0.007	0.011*	0.015***	0.019***	0.017***	0.014***	0.009*	0.003	-0.003	-0.003	-0.004
电气	0.004	0.005	0.009	0.012	0.014*	0.018***	0.022***	0.021***	0.021***	0.017***	0.009	0.002	-0.003	-0.005
通信	0.025***	0.035***	0.034***	0.033***	0.028***	0.028***	0.027***	0.020***	0.013***	0.003	-0.004	-0.012**	-0.013	-0.013
仪器	0.021	0.037***	0.044***	0.060***	0.058***	0.067***	0.086***	0.090***	0.089***	0.082***	0.070***	0.045***	0.030**	0.019
工艺	-0.095**	-0.095**	-0.095**	-0.030*	-0.030*	-0.030*	-0.021	-0.025**	0	0	0	-0.014	-0.021*	-0.019

资料来源：作者自制。

交叉项系数普遍显著,且大部分行业显著性一直持续到 2015 年。从系数绝对值来看,其在 2008 年至 2010 年间,转移趋势达到高潮,此后系数呈现平稳下降趋势。

具体到行业层面,长江经济带下游地区在样本期间内承接制造业转入的行业有烟草、化纤、黑色金属、金属制品、专用设备、交通、电气、通信、仪器等,不过其中大部分行业的交叉项系数在 2011 年左右就不显著了,只有仪器行业持续到 2014 年甚至 2015 年。这些行业大多属于资本密集型的重化工业行业,并且转入的份额也较大,实际扩大了长三角与长江经济带上、中游之间在重化工业上的差距。而长三角在样本期间发生制造业转出的行业有:食品加工、食品制造、饮料、纺织、服装、皮革、木材、家具、文教、橡塑、非金属等,大部分行业的交叉项系数的显著性一直持续到 2015 年,并且大多属于劳动密集型行业,符合其他的经济信息。总之,样本期间内,长江经济带下游地区出现制造业转入和转出并存的现象,并且转入行业多为资本密集型,转出行业多为劳动密集型,体现了长三角地区要素禀赋条件的变化,也加大了重化工业行业发展与上、中游的差距。

第四节 长江经济带外向型制造业转移分析

表 3.6 列出了长江经济带上游地区虚拟变量与各年份虚拟变量交叉项的系数(以出口交货值占比为因变量)。很明显,与表 3.3 上游地区整体制造业转移结果相似,自 2002 年以来,相对于长江经济带中、下游地区,上游地区基本没有承接外向型制造业的转移;相反,在若干行业反而出现了外向型制造业的向外转移,显著的系数集中地出现在 2006 年至 2012 年,且从系数绝对值来看,其在 2008 年至 2010 年间达到高峰。这意味着在这一时期长江经济带上游地区的外向型制造业流失加剧,进一步加大了在外向型制造业发展方面与长江经济带中、下游等地区的差距。不过,自 2010 年之后,转出份额便呈现出逐年下降的趋势,且大多数系数在 2014、2015 年就不再显著,这可能是"一带一路"建设和长江经济带双向开放的战略规划在样本期间内发挥作用的结果。

具体到行业层面,结合显著性与系数大小分析,2002 年至 2004 年间上游地区大部分外向型制造业出现转入,文教、烟草、木材、饮料、服装、医药、食品加工、食品制造等行业的转入尤为显著,其间也出现了石油、仪器、专用、橡塑等行业的转出。自 2005 年以后,只有烟草行业在 2005、2006 年承接了转入,但并不突出,且从 2007 年后就不再显著了。相反,纺织、服装、皮革、木材、家具、造纸、文教、化工、医药、化纤、

表3.6 上游地区交叉项的检验结果（因变量：出口交货值占比）

行业	2002	2003	2004	2005	2006	2007	2008	2009	2010	2011	2012	2013	2014	2015
食品加工	0.059***	0.059***	0.059***	0.001	−0.001	0.002	0.001	0	−0.002	−0.005	−0.005	−0.004	−0.005	−0.005
食品制造	0.006***	0.006***	0.006**	0.012	0.006	0.005	0.007	0.005	0.002	−0.002	−0.005	−0.002	−0.003	−0.000
饮料	0.074**	0.074**	0.074**	−0.007	−0.002	−0.005	−0.013	−0.007	0.001	0.002	0.006	0.008	0.012	0.009
烟草	0.086***	0.086***	0.086***	0.030**	0.022**	0.012	−0.006	0.005	0.008	0.008	0.007	0.002	0.006	0.002
纺织	0.038***	0.038***	0.038***	−0.005	−0.006	−0.007*	−0.009**	−0.008*	−0.006	−0.006	−0.007	−0.007**	−0.007	−0.006
服装	0.068***	0.068***	0.068***	−0.006	−0.007	−0.007*	−0.010**	−0.011**	−0.013**	−0.016**	−0.016**	−0.012**	−0.009**	−0.007
皮革	0.076	0.076	0.076	−0.001	−0.001	−0.001	−0.004	−0.008	−0.015	−0.015	−0.015	−0.007	−0.006	−0.002
木材	0.076*	0.076*	0.076*	−0.021*	−0.021*	−0.021**	−0.020**	−0.022**	−0.030***	−0.030***	−0.030***	−0.011	−0.002	−0.000
家具	0.045	0.045	0.045	−0.015	−0.015	−0.015	−0.014	−0.013	−0.015	−0.015	−0.015	−0.008	−0.005	−0.002
造纸	−0.048	−0.048	−0.048	−0.012	−0.013*	−0.004	−0.011	−0.011	−0.004	−0.006	−0.006	−0.002	−0.001	−0.001
印刷	−0.021	−0.021	−0.021	−0.004	−0.004	−0.004	−0.006	−0.007	−0.004	−0.004	−0.004	0.005	0.006	0.000
文教	0.152***	0.152***	0.152***	−0.008	−0.008	0.008	−0.015**	−0.016**	−0.018**	−0.018**	−0.018**	−0.010*	−0.007	−0.006
石油	−0.182***	−0.182***	−0.182***	0.015	0.011	0.008	0.008	0.006	0.007	0.006	−0.002	0.001	−0.003	−0.004
化工	0.004	0.004	0.004	−0.008	−0.011**	−0.013***	−0.017***	−0.015***	−0.016***	−0.016***	−0.013***	−0.009**	−0.009**	−0.006
医药	0.061**	0.061*	0.061*	0.001	−0.001	−0.002	−0.009	−0.012	−0.014**	−0.019***	−0.014**	−0.010	−0.007	−0.007
化纤	−0.029	−0.029	−0.029	−0.028	0.025	−0.030**	−0.028*	−0.020	−0.014	−0.011	−0.016	−0.010	−0.002	−0.002
橡塑	−0.048***	−0.048***	−0.048***	−0.006	−0.006	−0.006	−0.007	−0.007	−0.009**	−0.009**	−0.009**	−0.002	−0.002	−0.002
非金属	−0.006	−0.006	−0.006	−0.008	−0.008***	−0.007**	−0.009***	−0.008***	−0.009***	−0.008***	−0.009***	−0.008***	−0.009***	−0.008**
黑色金属	0.01	0.01	0.01	−0.015	−0.011	−0.015**	−0.020**	−0.016**	−0.010**	−0.005	−0.002	−0.000	0.002	0.000
有色金属	−0.026	−0.026	−0.026	−0.020*	−0.016**	−0.006	−0.010	−0.009	−0.010	−0.011	−0.015**	−0.012	−0.013	−0.012
金属制品	−0.046***	−0.046***	−0.046***	−0.003	−0.002	−0.004	−0.005	−0.004	−0.003	−0.004	−0.006	−0.004	−0.002	−0.003
通用	0.025	0.025	0.025	0.007	0.004	0.006	0.006	0.005	0.004	−0.000	−0.001	−0.001	−0.003	−0.005
专用	−0.076**	−0.076**	−0.076**	0.004	0.003	−0.002	−0.004	−0.005	−0.004	−0.004	−0.003	0.001*	0	0.002
交通	−0.008	−0.008	−0.008	−0.007	−0.010*	−0.016***	−0.021***	−0.019***	−0.014***	−0.009	−0.004	−0.000	0.003	0.002
电气	−0.007	−0.007	−0.007	−0.003	−0.009	−0.014**	−0.018**	−0.013**	−0.010	−0.008	−0.008	−0.005	−0.003	−0.004
通信	0.001	0.001	0.001	−0.000	−0.001	−0.005	−0.008	−0.005	−0.002	0.002	0.002	0.003	0.001	−0.001
仪器	−0.102***	−0.102***	−0.102***	−0.004	−0.002	−0.003	−0.003	−0.006	−0.004	−0.003	−0.010	−0.005	−0.004	−0.004
工艺	−0.035	−0.035	−0.035	0.003	0.003	0.003	0.002	−0.007	−0.017*	−0.017*	−0.017*	−0.012	−0.013	−0.011

资料来源：作者自制。

橡塑、非金属、黑色金属、有色金属、交通、电气、仪器等外向型制造业均在样本期内出现了转出。其中，服装业转出趋势较为突出，从2007年起转出变得显著，在2011、2012年达到高峰（转出份额约为1.6个百分点），到2015年才不显著；而重化工业相对于轻工业，转出趋势更为显著且持久，化工业从2006年起转出变得显著，在2008年达到高潮（转出份额约为1.7个百分点），显著性一直持续到2013年；非金属业的转出趋势较为持续，从2006年至2015年转出均为显著，且系数值变化很小。从系数绝对值来看，转移的最大值0.182（相当于18.2个百分点）为石油2002年至2004年的转出份额，其他行业的转出份额一般均在2个百分点以下。不过，长江上游地区的外向型制造业份额原本就较低，转出份额虽小，对上游地区来说也是较严重的变动。

表3.7列出了长江经济带中游地区虚拟变量与各年份虚拟变量交叉项的系数（以出口交货值占比为因变量）。显然，与表3.4中游地区整体制造业转移结果相似，中游地区在样本期间经历了外向型制造业的大规模流入，显著的系数集中于2007年至2014年，并且大部分行业的显著性一直持续到2015年。从系数绝对值来看，在2008年至2010年间，转入趋势达到高潮，此后系数呈现平稳下降趋势，不过也有某些行业（如纺织、服装、化工等）的系数没有下降。

具体到行业层面，中游地区在样本期间内承接了外向型制造业转入的行业包括食品加工、饮料、纺织、服装、皮革、木材、家具、文教、化工、医药、橡塑、非金属等。其中，劳动密集型的食品加工、纺织、服装、皮革等行业的转入趋势显著且持久，几乎都持续到了2015年，特别是服装、纺织行业，不仅转入趋势一直延续到2015年，而且转入份额也基本在逐年增加；同时，资本密集型的化工、医药、橡塑、非金属等行业也出现了长久显著的外向型制造业转入，以化工业为例，转入趋势从2007年开始显著，一直持续到2015年。再从交叉项系数的绝对值来看，外向型化工业在2010年转入1.6个百分点后稍有下降，不过从2012年开始该行业的转入份额呈现出逐年上升的趋势，在2015年达到2个百分点。外向型有色金属业则在2007至2009年出现了转出，2010年系数不显著，在2011至2014年又出现了转入。绝大部分行业的转移幅度在2个百分点以内，文教、皮革业转入的幅度比较大。比较各行业系数的变化，可以发现转入的高潮出现在2011年左右，大多数行业的转移势头均延续到了2015年，且纺织、服装、化工等行业转入份额基本呈现逐年上升的趋势。因此，长江中游地区外向型制造业转入的趋势仍在进一步的发展过程中，虽然总体规模并不是很大。

在样本期间内，长江经济带中游地区发生外向型制造业转出的行业主要是重化工业行业，如石油、化纤、黑色金属、有色金属、专用、电气、通信、仪器等行业。不过，转出基本发生于2010年之前，几乎都在2011年之前就停止了转出，且从系数绝

表 3.7 中游地区交叉项的检验结果（因变量：出口交货值占比）

行业	2002	2003	2004	2005	2006	2007	2008	2009	2010	2011	2012	2013	2014	2015
食品加工	0.031	0.031	0.031	0.011**	0.012***	0.011***	0.012***	0.012***	0.013***	0.013***	0.013***	0.010***	0.011***	0.011***
食品制造	0.167***	0.167***	0.167***	0.002	0.002	0.000	−0.001	0.000	−0.001	−0.001	−0.001	−0.000	−0.000	−0.002
饮料	0.017	0.017	0.017	0.023**	0.012	0.007	0.006	0.001	0.002	0.007	0.010	0.009	0.010	0.012
烟草	−0.180**	−0.180**	−0.180**	0.011	0.006	0.000	0.005	0.003	0.008	0.010	0.010	0.010	0.005	0.005
纺织	0.028	0.028	0.028	0.002	0.005	0.006	0.007**	0.009***	0.010***	0.011***	0.011***	0.010***	0.009***	0.011***
服装	0.105***	0.105***	0.105***	−0.001	0.002	0.004	0.006*	0.009**	0.010**	0.012**	0.013**	0.014**	0.015**	0.016**
皮革	0.024	0.024	0.024	0.016**	0.016**	0.016**	0.020***	0.022***	0.028***	0.028***	0.022***	0.021**	0.019**	0.018**
木材	0.053	0.053	0.053	−0.001	−0.002	−0.002	0.01	0.016*	0.022*	0.022*	0.015*	0.014*	0.011	0.014
家具	−0.028	−0.028	−0.028	−0.007	−0.007	−0.007	0.000	0.007	0.015*	0.015*	0.015**	0.013*	0.011	0.009
造纸	−0.07	−0.07	−0.07	−0.013	−0.011	−0.011	−0.010	−0.010	−0.005	−0.005	−0.001	−0.001	−0.002	−0.004
印刷	−0.015	−0.015	−0.015	−0.016**	−0.016**	−0.016**	−0.018**	−0.014**	−0.015**	−0.015**	−0.015**	−0.004	−0.002	0.002
文教	0.207***	0.207***	0.207***	0.008	0.008	−0.008	−0.013**	−0.018**	−0.030**	−0.030**	−0.030**	0.021**	0.018**	0.012**
石油	0.205**	0.205**	0.205**	−0.010	−0.013	−0.015*	−0.020**	−0.020***	−0.019**	−0.017**	−0.017**	−0.014**	−0.010	−0.009
化工	0.053	0.053	0.053	−0.002	0.007	0.009**	0.011**	0.015**	0.016***	0.012**	0.013**	0.016**	0.018**	0.020***
医药	0.041	0.041	0.041	0.010	0.011	0.013**	0.013**	0.012*	0.013**	0.013**	0.015**	0.017**	0.020**	0.018*
化纤	0.031	0.031	0.031	−0.052**	−0.037**	−0.032**	−0.032**	−0.029**	−0.026**	−0.020**	−0.013	−0.011	−0.012	−0.011
橡塑	−0.056	−0.056	−0.056	0.001	0.001	0.001	0.002	0.006**	0.009***	0.009***	0.009***	0.008**	0.006***	0.006**
非金属	0.042	0.042	0.042	0.006	0.006**	0.007**	0.006**	0.007**	0.008***	0.008***	0.010***	0.010***	0.010***	0.008**
黑色金属	0.126**	0.126**	0.126**	−0.009	−0.004	−0.006	−0.011***	−0.012***	−0.010**	−0.010	−0.007	−0.006	−0.006	−0.009
有色金属	0.009	0.009	0.009	−0.008	−0.012	−0.022***	−0.022**	−0.014**	0.005	0.005	0.006	0.009	0.011	0.000
金属制品	−0.054	−0.054	−0.054	−0.008	−0.005	−0.004	−0.003	−0.001	0.000	0.002	0.004	0.006	0.004	0.006
通用	0.008	0.008	0.008	0.005	0.004	0.001	0.000	−0.002	0.001	0.001	0.005	0.006	0.006	0.006
专用	−0.064	−0.064	−0.064	−0.008	−0.004	−0.005	−0.010	−0.014**	−0.014**	−0.010	−0.005	−0.000	0.002	0.002
交通	0.053	0.053	0.053	0.002	0.004	0.002	−0.002	−0.003	0.001	0.005	0.007	0.008	0.004	0.004
电气	0.044	0.044	0.044	−0.013	−0.011	−0.011**	−0.014**	−0.013**	−0.013**	−0.009	−0.004	0.005	0.000	0.001
通信	0	0	0	−0.007	−0.005	−0.007	−0.008*	−0.007	−0.005	−0.002	0.003	0.005	0.005	0.006
仪器	−0.021	−0.021	−0.021	−0.018**	−0.012**	−0.012**	−0.015**	−0.018***	−0.019***	−0.019***	−0.019***	−0.014**	−0.011**	−0.006
工艺	−0.066	−0.066	−0.066	0.001	0.001	0.001	0.003	0.004	0.010	0.010	0.010	0.012**	0.013**	0.010

资料来源：作者自制。

对值来看,转出份额一般不超过 2 个百分点。这些行业中只有仪器业的转出趋势从 2005 年起开始显著,一直延续到了 2014 年,但其转出份额在 2010 年至 2012 年间达到转出高峰后就呈现出逐年下降的趋势。总的来说,长江经济带中游地区发生外向型制造业转出的行业通常到 2015 年时转出趋势已不再显著,这也从另一角度印证了中游地区外向型制造业近年来的发展情况。

表 3.8 列出了长江经济带下游地区虚拟变量与各年份虚拟变量交叉项的系数(以出口交货值占比为因变量)。与上、中游相比,下游地区在全国外向型制造业中占有非常重要的地位,是主要的制造业出口中心。总的来看,与表 3.5 下游地区整体整造业转移结果相似,不过发生外向型制造业转入、转出的行业更多,且变动幅度更大。各行业交叉项系数普遍显著且持久,从系数绝对值来看,在 2008 年至 2010 年间,转移趋势达到高潮,此后系数基本呈现平稳下降趋势。

具体到行业层面,长江经济带下游地区在样本期间内承接了外向型制造业转入的行业包括家具、造纸、印刷、石油、化纤、黑色金属、有色金属、金属制品、专用、交通、电气、通信、仪器等行业。其中的轻工业中,只有外向型造纸业和外向型印刷业的转入趋势较为持久,但是都没有延续到 2012 年以后,且印刷业在 2012 年后出现了转出现象。相比较而言,长江经济带下游地区的重化工业行业的转入份额更大、趋势更显著,如化纤、黑色金属、有色金属、金属制品、专用、交通、电气、通信、仪器等行业,而黑色金属业、有色金属业和仪器业更加突出,外向型黑色金属业从 2005 年出现显著转入,并且一直持续到 2012 年,且其承接的转入份额都在 2 个百分点以上,在 2008 年达到 4.5 个百分点的高点;外向型有色金属业的转入趋势虽没有黑色金属业显著和持久,但是其承接的转入份额几乎都在 4 个百分点左右,在 2008 年甚至达到 5 个百分点的高峰。在这些发生了外向型制造业转入的行业中,大部分在 2012 年左右就停止了转入,只有仪器业从 2002 年一直延续到了 2014 年,且该行业的转入份额和变动幅度也较大。

在样本期间内,长江经济带下游地区发生外向型制造业转出的行业包括食品加工、食品制造、饮料、烟草、纺织、服装、皮革、文教、化工、医药、橡塑、非金属等行业。其中,轻工业的转出趋势最为显著,特别是食品加工业和皮革业,外向型食品加工业从 2002 年开始出现明显的转出,显著性一直延续到 2014 年,且从系数绝对值来看,平均超过 2 个百分点;外向型皮革业的转出趋势更是持续到了 2015 年,且平均转出份额超过了 4 个百分点。当然,重化工业行业近年来也出现了外向型制造业的转出,外向型橡塑业在 2007 年以前出现转入,而在 2010 年及以后呈现出显著的转出趋势;外向型交通业在 2007 年至 2010 年间出现转入,2013 年出现了转出;外向型化工业从 2013 年开始呈现出显著的转出趋势,且转出份额逐年扩大。总的来说,长江下游地区外向型制造业转出的份额和变动幅度较大,总体呈现逐年

表 3.8 下游地区交叉项的检验结果(因变量:出口交货值占比)

行业	2002	2003	2004	2005	2006	2007	2008	2009	2010	2011	2012	2013	2014	2015
食品加工	−0.059***	−0.059***	−0.059***	−0.019***	−0.021***	−0.021***	−0.023***	−0.022***	−0.020***	−0.019***	−0.017***	−0.013***	−0.011***	−0.008
食品制造	−0.060***	−0.060***	−0.060***	−0.020***	−0.011	−0.008	−0.008	−0.006	−0.001	0.003	0.009	0.003	0.004	0.003
饮料	−0.074**	−0.074**	−0.074**	−0.026***	−0.014	−0.004	0.005	0.007	−0.004	−0.016	−0.027**	−0.025**	−0.032**	−0.027**
烟草	−0.086***	−0.086***	−0.086***	−0.060***	−0.039***	−0.017	0.000	−0.012	−0.024***	−0.030***	−0.027**	−0.019**	−0.015	−0.010
纺织	−0.038**	−0.038**	−0.038**	0.004	0.001	0	−0.001	−0.006	−0.015***	−0.014***	−0.011**	−0.008*	−0.007	−0.007
服装	−0.068***	−0.068***	−0.068***	0.01	0.006	0.003	0.002	−0.002	−0.001	−0.003	−0.003	−0.010***	−0.013***	−0.013***
皮革	−0.076***	−0.076***	−0.076***	−0.028***	−0.028***	−0.028***	−0.030***	−0.028***	−0.042***	−0.042***	−0.042***	−0.029***	−0.023**	−0.023**
木材	−0.076*	−0.076*	−0.076*	0.037***	0.037***	0.037***	0.007	0.000	−0.012	−0.012	−0.012	−0.018**	−0.021**	−0.020**
家具	−0.045	−0.045	−0.045	0.037***	0.037***	0.037***	0.017	0.004	−0.014	−0.014	−0.014	−0.014	−0.011	−0.010
造纸	0.048	0.048	0.048	0.036***	0.035***	0.035***	0.031***	0.033***	0.015*	0.018**	0.008	0.004	0.005	0.006
印刷	0.021	0.021	0.021	−0.001	0.036***	0.036***	0.039***	0.034***	0.036***	0.036***	−0.036***	0.001	−0.004	−0.003
文教	−0.152***	−0.152***	−0.152***	−0.006	−0.001	−0.001	−0.004	−0.011	−0.042***	−0.042***	−0.042***	−0.026***	−0.020**	−0.009
石油	0.182***	0.182***	0.182***	0.008	0.005	0.013	0.025**	0.028***	0.025**	0.020**	0.034**	0.023***	0.020**	0.017
化工	−0.004	−0.004	−0.004	−0.017	0.004	0.002	0.001	−0.006	−0.007	0.003	−0.008	−0.015***	−0.018***	−0.023***
医药	−0.061*	−0.061*	−0.061**	−0.017	−0.016	−0.018**	−0.011	−0.006	−0.004	0.001	−0.011	−0.017***	−0.023**	−0.018
化纤	0.029	0.029	0.029	0.121***	0.093***	0.093***	0.093***	0.077***	0.065***	0.052***	0.043***	0.030	0.022	0.023
橡塑	0.048**	0.048**	0.048**	0.008*	0.009*	0.009**	0.005	−0.001	−0.008**	−0.008**	−0.008**	−0.012***	−0.008**	−0.006
非金属	0.006	0.006	0.006	−0.001	0.001	−0.001	0.001	−0.001	−0.003	−0.004	−0.008**	−0.008**	−0.004	−0.001
黑色金属	−0.01	−0.01	−0.01	0.036***	0.022***	0.030***	0.045***	0.044***	0.032***	0.026**	0.015*	0.009	0.007	0.012
有色金属	0.026	0.026	0.026	0.042***	0.041***	0.044***	0.050***	0.038***	0.023***	0.005	0.007	0	−0.001	0.015
金属制品	0.046***	0.046***	0.046***	0.016**	0.011**	0.011**	0.012**	0.006	0.004	0.000	−0.001	−0.005	−0.004	−0.004
通用	−0.025	−0.025	−0.025	−0.018	−0.012	−0.010	−0.007	−0.004	−0.004	−0.002	−0.008	−0.008	−0.005	−0.002
专用	0.076**	0.076**	0.076**	0.007	0.003	0.011	0.023***	0.032***	0.030***	0.025**	0.013	−0.001	−0.003	0.004
交通	0.008	0.008	0.008	0.008	0.009	0.019***	0.031***	0.031***	0.017***	0.002	−0.008	−0.013**	−0.010	−0.008
电气	0.007	0.007	0.007	0.024***	0.030***	0.037***	0.048***	0.040***	0.036***	0.028***	0.017***	0.007	0.004	0.004
通信	−0.001	−0.001	−0.001	0.011	0.009	0.019***	0.024***	0.019***	0.011**	0.001	−0.008	−0.012	−0.009	−0.097
仪器	0.102***	0.102***	0.102***	0.033***	0.021***	0.023***	0.031***	0.039***	0.038***	0.040***	0.048***	0.029***	0.023***	0.013
工艺	0.035	0.035	0.035	−0.007	−0.007	−0.007	−0.008	0.002	0.000	0.001	0.000	−0.007	−0.004	−0.001

资料来源:作者自制。

下降的趋势,但也有某些行业,如饮料、服装、木材等几个行业,近年来出现转出份额扩大的趋势,且显著性一直持续到 2015 年。发生转出的行业大多数为劳动密集型行业,转出过程一直持续到了 2013 年或 2014 年,符合要素禀赋理论的预期和其他的经济信息。

图 3.1 至图 3.27 是长江经济带上、中、下游各具体行业检验结果显著的系数所代表的历年转移份额的变动,由于通用业历年交叉项系数都不显著,因此没有作图。从图中可以更加直观地看出长江经济带各区域外向型制造业的转移过程及趋势。

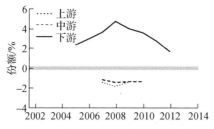

图 3.1　长江经济带外向型电气业 2002 年至 2015 年转移情况

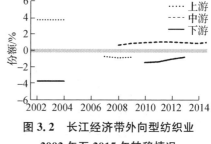

图 3.2　长江经济带外向型纺织业 2002 年至 2015 年转移情况

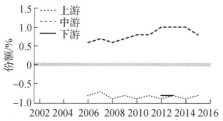

图 3.3　长江经济带外向型非金属业 2002 年至 2015 年转移情况

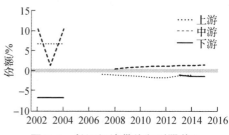

图 3.4　长江经济带外向型服装业 2002 年至 2015 年转移情况

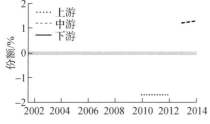

图 3.5　长江经济带外向型工艺业 2002 年至 2015 年转移情况

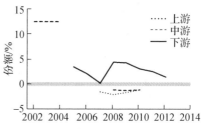

图 3.6　长江经济带外向型黑色金属业 2002 年至 2015 年转移情况

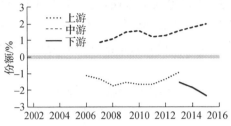

图 3.7 长江经济带外向型化工业
2002 年至 2015 年转移情况

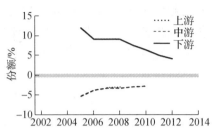

图 3.8 长江经济带外向型化纤业
2002 年至 2015 年转移情况

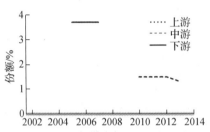

图 3.9 长江经济带外向型家具业
2002 年至 2015 年转移情况

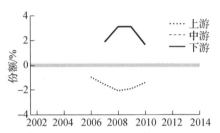

图 3.10 长江经济带外向型交通业
2002 年至 2015 年转移情况

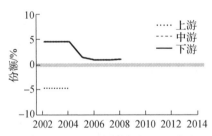

图 3.11 长江经济带外向型金属制品业
2002 年至 2015 年转移情况

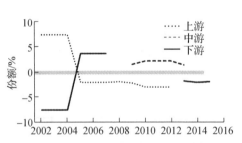

图 3.12 长江经济带外向型木材业
2002 年至 2015 年转移情况

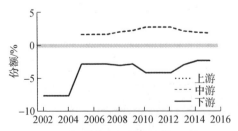

图 3.13 长江经济带外向型皮革业
2002 年至 2015 年转移情况

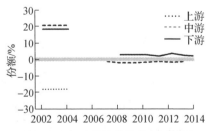

图 3.14 长江经济带外向型石油业
2002 年至 2015 年转移情况

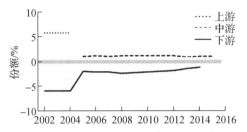

图 3.15 长江经济带外向型食品加工业
2002 年至 2015 年转移情况

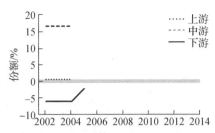

图 3.16 长江经济带外向型食品制造业
2002 年至 2015 年转移情况

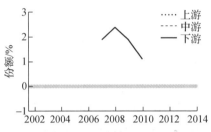

图 3.17 长江经济带外向型通信业
2002 年至 2015 年转移情况

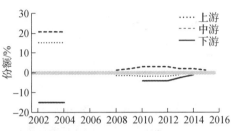

图 3.18 长江经济带外向型文教业
2002 年至 2015 年转移情况

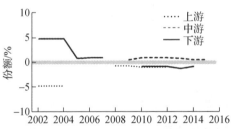

图 3.19 长江经济带外向型橡塑业
2002 年至 2015 年转移情况

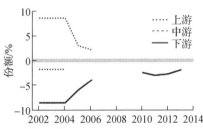

图 3.20 长江经济带外向型烟草业
2002 年至 2015 年转移情况

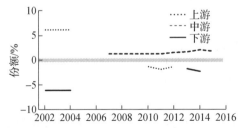

图 3.21 长江经济带外向型医药业
2002 年至 2015 年转移情况

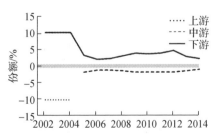

图 3.22 长江经济带外向型仪器业
2002 年至 2015 年转移情况

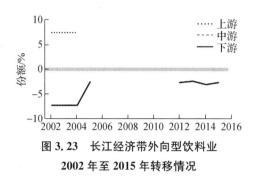

图 3.23　长江经济带外向型饮料业
2002 年至 2015 年转移情况

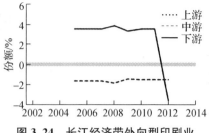

图 3.24　长江经济带外向型印刷业
2002 年至 2015 年转移情况

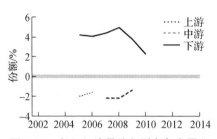

图 3.25　长江经济带外向型有色金属业
2002 年至 2015 年转移情况

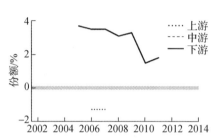

图 3.26　长江经济带外向型造纸业
2002 年至 2015 年转移情况

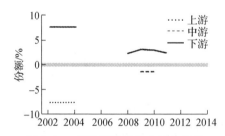

图 3.27　长江经济带外向型专用业
2002 年至 2015 年转移情况

注：凡是检验结果不显著的，就没有在图中标出。

第五节　小结与讨论

本章运用长江经济带 11 个省市的二位码行业数据，检验了 2002 年至 2015 年长江经济带上、中、下游制造业及外向型制造业的转入、转出情况。从长江经济带制造业整体产业转移情况来看，样本期间内，上游地区基本没有承接产业转移，而是普遍呈现出制造业向外转出的现象；中游地区承接了制造业较大规模的转入；下游地区存在制造业的转入和转出并存的现象，且转移份额和变动幅度比上、中游地区更大。

不过，长江经济带上游和中游地区在2002年至2004年也存在服装、皮革、木材、家具、印刷、橡胶等行业的较大份额的转入情况，而下游地区在这段时期内存在这些行业的较大份额的转出情况，这意味着在这一阶段，上、中游承接了包括下游地区在内的一定规模的产业转移。进一步分析，可能是受长江经济带在该时期各省市地价、工资等生产要素价格变动的影响。

外向型制造业的转移情况总体上与整体产业转移情况相似，结果显示，在样本期间，上游地区基本没有承接外向型制造业的转移；相反，在若干行业出现了外向型制造业的向外转移，特别是2006年至2012年期间，2013年后外移趋势减缓。中游地区则在样本期间承接了外向型制造业较大规模的转入，高潮出现在2011年左右，不过大多数行业的转移势头延续到了2015年；转入的行业大多为劳动密集型行业，部分技术密集型行业在2010年前有部分转出。下游地区在2012年前出现了外向型制造业的普遍转入，进一步巩固了其在我国外向型经济中的重要地位，不过除了仪器业外，转入过程均未延续；同时，部分劳动密集型行业出现了外向型制造业的转出，且该趋势具有持续性。

还需注意，从某些行业来看，上、中、下游外向型制造业转移情况与整体制造业转移情况略有冲突。具体来看，在上游地区，石油业在2002年至2004年整体产业呈现转入趋势，而外向型石油业呈现转出趋势，不过从2005年开始外向型石油业的转移趋势就不显著了；烟草业在2002年至2006年整体产业转移呈现转出趋势，而外向型烟草业呈现转入趋势，直到2007年才不再显著。

在中游地区，黑色金属业在2008年至2010年整体产业呈现转入趋势，而外向型黑色金属业呈现转出趋势，直到2010年后才不再显著；有色金属业在2007年至2009年、专用业在2009年至2010年均呈现出与黑色金属业类似的转移趋势，即整体产业呈现转入趋势，而外向型制造业则呈现转出趋势；印刷业的整体产业转移从2008年开始呈现显著转入趋势，而外向型印刷业从2005年开始一直呈现显著的向外转出趋势，直到2013年才不再显著。

在下游地区，金属制品业从2005年开始呈现显著转出趋势，但是外向型金属制品业在2005年至2008年呈现显著转入趋势；有色金属业在2005年至2010年呈现转出趋势，而外向型有色金属业在这一期间呈现转入趋势；橡塑业在样本期间一直显著地向外转移，而外向型橡塑业在2002年至2007年呈现显著的转入趋势，直到2008年后才呈现转出趋势；石油业虽有部分转入，但大体上表现为产业转出，而外向型石油业呈现出较为持续和显著的转入趋势；类似地，专用业大体上呈现向外转出趋势，而外向型专用业在2002年至2004年和2008年至2011年呈现显著的转入趋势。

纵观上述制造业与外向型制造业转移方向之间的冲突,可以归纳出其基本的现象是:不论各区域上述制造业整体是转出还是转入,外向型制造业大体均从上、中游转出,而向下游转入。这些产生冲突的行业绝大多数为重化工业行业。这印证了长江经济带下游在发展外向型重化工业行业方面的引领地位。

本章的结论与有关文献的结论基本是相符的。总体而言,在样本期间,长江经济带下游地区继续保持着制造业出口中心的地位,向中、上游的转移有限,与孔翔(2013)的结论一致;相比上游,中游地区正在以较快的速度承接外向型制造业的转入;上游地区的外向型制造业则有一定程度的转出。李春梅(2015)也指出,中部地区受惠于2004年以来的区际产业转移,而西南地区受惠微小。

《意见》指出,要"在着力推动下游地区产业转型升级的同时",引导部分产业向长江中、上游地区转移,并"推动产业协同合作、联动发展"。从已有文献和上述分析可知,一方面,即使是长三角地区,其外向型工业整体而言在全球价值链中的地位也并不高(Dallas,2014),亟须实现功能升级;另一方面,虽然有部分省市具备在某些行业成功承接长三角外向型工业转移的可能和条件,但长江经济带中、上游地区不可能通过大量承接下游外向型工业企业来完全复制长三角地区的外向型经济发展模式。因为这种转移进程面临着不少障碍。正如王思文(2015)所说,到目前为止,我国东部地区产业转移黏性仍然存在,东中西部大规模产业转移的条件还不成熟,在相当长时期内,通过产业转移来调整产业结构、实现区域协调发展还很困难。杨菊萍(2015)也发现,2008年金融危机爆发前,长三角地区集群企业的迁移多以长三角内部的迁移为主;2008年以后,选择整体迁移的比例增加,整体迁移与生产部门迁移的比例都达到1/3以上,但迁移的距离却更短了,多为从本市的中心区域向外围区域迁移。

在行业方面,Christ等(2011)指出,内陆地区出口的陆地运输成本、时间延迟和不确定性都远高于沿海地区;但相比农产品,金属制品及其他高附加值制品的单位出口运输成本及时间成本要低得多。因此,在上、中游发展某些附加值较高的高技术的外向型制造业是可行的,但对大多数行业则不适宜。

最重要的是,根据习近平提出的"共抓大保护、不搞大开发"的战略思想,长江经济带上、中游承接重化工业行业,尤其是外向型重化工业行业会带来严重的污染转移问题,特别是仍会将污染向下游扩散。因此,长江经济带下游地区大规模的外向型制造业,不可能完全单纯地依靠向上、中游地区转移,只有通过在某些资本、技术密集型行业的世界市场上取得强有力的竞争地位,并结合"一带一路"倡议的推行,利用产业链分工、战略联盟等具体的形式联动中、上游外向型制造业的发展,才能够实现《意见》中"全面提升长江经济带开放型经济水平"的要求。换言之,在部分外向型工业转移的条件下,长江经济带上、中、下游的工业经过科学定位、合理布局,通过分工协作的方式能更有效地进入世界市场进行竞争,或者说完成以全球化为导向的价值链升级(周密,2013),是可以做到的。

从理论上分析,本章分析的结果表明,不论从转移规模还是转移方向来看,依靠产业转移这种区际经济传递手段不能有效地调整长江经济带的外向型工业布局,也不能充分发挥长三角对长江经济带构建外向型工业布局的引领作用。寻找这种引领作用的发挥途径,需要进一步考察和分析其他的区际经济联系形式。

参考文献

BRÜLHART M, 2011. The spatial effects of trade openness: a survey[J]. Review of World Economics, 147(1): 59 – 83.

CHANG G N, JIANG C L, CHANG K, et al, 2013. Land Prices and Intracountry Industrial Relocation in China: Theory and the Yangtze Delta Area Case[J]. The Chinese Economy, 46(2): 54 – 73.

CHRIST N, FERRANTINO M J, 2011. Land transport for export: the effects of cost, time, and uncertainty in sub-Saharan Africa[J]. World Development, 39(10): 1749 – 1759.

DALLAS M P, 2014. Manufacturing paradoxes: foreign ownership, governance, and value chains in China's light industries[J]. World Development, 57: 47 – 62.

DEICHMANN U, LALL S V, Redding S J, et al, 2008. Industrial location in developing countries[J]. The World Bank Research Observer, 23(2): 219 – 246.

EZCURRA R, RODRIGUEZ-POSE A, 2013. Does economic globalization affect regional inequality? A cross-country analysis[J]. World Development, 52: 92 – 103.

Ito A I, 2014. Industrial Agglomeration and Dispersion in China: Spatial Reformation of the "Workshop of the World"[J]. China Economic Policy Review, 3(1): 1450001.

LIAO H F, CHAN R C K, 2011. Industrial relocation of Hong Kong manufacturing firms: towards an expanding industrial space beyond the Pearl River Delta[J].

GeoJournal,76(6):623-639.

NOTTEBOOM T,2012. Challenges for container river services on the Yangtze River:a case study for Chongqing[J]. Research in Transportation Economics,35(1):41-49.

RUAN J Q,ZHANG X B,2014."Flying geese" in China:The textile and apparel industry's pattern of migration[J]. Journal of Asian Economics,34:79-91.

YANG C,2012. Restructuring the export-oriented industrialization in the Pearl River Delta,China:Institutional evolution and emerging tension[J]. Applied Geography,32(1):143-157.

胡安俊,孙久文,胡浩,2014.产业转移:理论学派与研究方法[J].产业经济评论,13(1):1-9.

孔翔,2013.中国外向型加工制造业区位与区域创新研究[M].北京:经济科学出版社.

李春梅,2015.中国区际产业转移绩效实证研究——产业结构优化视角[M].北京:中国社会科学出版社.

林桂军,黄灿,2013.出口产业向中西部地区转移了吗:基于省际面板数据的经验分析[J].国际贸易问题(12):3-14.

刘红光,刘卫东,刘志高,2011.区域间产业转移定量测度研究:基于区域间投入产出表分析[J].中国工业经济(6):79-88.

王思文,2015.中国区际产业转移的微观基础及动力机制研究[M].北京:中国社会科学出版社.

魏后凯,白玫,2009.中国企业迁移的特征、决定因素及发展趋势[J].发展研究(10):9-18.

肖雁飞,万子捷,廖双红,2014.沿海外向型产业区际转移定量测评及空间特征分析:基于2002、2007年区域间投入产出表[J].经济地理,34(6):124-129.

许德友,2015.中国出口型产业转移:基于时间-空间-行业的分析[J].国际经贸探索,31(8):54-64.

杨本建,毛艳华,2014.产业转移政策与企业迁移行为:基于广东产业转移的调查数据[J].南方经济(3):1-20.

杨菊萍,2015.集群企业的迁移决策、行为与绩效[M].杭州:浙江大学出版社.

周密,2013.后发转型大国价值链的空间重组与提升路径研究[J].中国工业经济(8):70-82.

周正柱,孙明贵,2013.商务成本变动对企业迁移决策影响的实证研究[J].上海经济研究,25(6):82-93.

第四章 长江经济带双向开放的跨区域带动作用研究

第一节 研究背景

在绪论中已提到,2016年印发的《纲要》对长江经济带的战略定位有所变化,体现了"共抓大保护、不搞大开发"的指导思想。为了在一定程度上解决长江经济带环境保护与外向型经济发展之间的矛盾,一方面需要从技术创新角度追求产业的升级;另一方面则需要从工业布局调整入手,在"保护和修复长江生态环境"的同时实现陆海的双向开放与东中西的协调发展。

为了规划这种调整,需要评估长江经济带外向型经济当前的发展状况、产业转移情况及其对经济带内各区域的带动作用。在第二、第三章,本书先后分析了长江经济带外向型制造业的布局状况及其区域间转移情况,本章将研究其跨区域的带动作用。鉴于长江经济带的公用事业行业基本无出口,采掘业不存在布局调整问题,且制造业是中国产业体系的核心部分,本章从长江经济带制造业出口的视角来进行上述评估。

对于跨区域的产业联系,有多种研究方法,如灰色关联度方法、复杂网络分析方法、空间计量方法、区域间投入产出方法等。根据研究目的、可得数据等因素比较利弊,本章采用区域间投入产出方法进行分析,通过构建长江经济带区域间投入产出模型,来估算长江经济带上、下游制造业出口对长江经济带内其他区域制造业的带动作用。已有不少学者运用区域间投入产出模型分析了中国区域间的产业联系(张亚雄等,2008;张鹏等,2012;刘卫东等,2014;Liu et al,2015),本章采用的方法与其相似。

之所以选择分析长江经济带上游和下游的带动作用,是因为《纲要》提出,除了"发挥上海及长江三角洲地区的引领作用"外,还要"将云南建设成为面向南亚东南亚的辐射中心",并"打造重庆西部开发开放重要支撑和成都、武汉、长沙、南昌、合肥等内陆开放型经济高地"。显然,上游是除下游之外的开放重点。此外,长江经济带沿江省市的新型工业化水平差距悬殊,上海、江苏、浙江和重庆处于新型工业化高级阶段,其他省市均处于新型工业化中级阶段(孙智君等,2014),因此,长三角和重庆将在长江经济带陆海双向开放的外向型工业布局中处于引领地位。

区域间投入产出模型主要是以区域间的商品流数据为基础而构建的,是分析区际经济传递的主要手段。在上一章中,本书分析了产业转移这种区际经济传递形式在长江经济带的实际情况,认为从转移规模和转移方向等角度来看,它不能作为长三角对构建长江经济带外向型工业布局发挥引领作用的主要途径。本书认为,在长江经济带各省市均处于新型工业化中后期阶段、生产要素较为充裕且流动自由、区域间产业转移规模有限的背景下,区域间商品和服务贸易是最重要的区际经济传递方式,也是长三角发挥引领作用的主要途径。本章就是通过构建长江经济带区域间投入产出表,来从行业层面量化分析区际经济传递的规模,评估这种引领作用。

还需指出的是,按照长江经济带战略定位的要求开发具有全球影响力的内河经济带,必然要求在长江沿岸发展对运输成本敏感、对环境压力较大的重化工业(刘志彪,2017)。世界范围内发展较为成功的内河经济带主要有欧洲的莱茵河经济带和美国的田纳西河经济带,两者的产业结构也均以重化工业为主(马静等,2016;谢世清,2013)。这并非巧合,其是由重化工业对水源、运输、能源、环境的要求所决定的(梁仁彩,2010)。因此,长江经济带内重化工业布局的调整,是实现其战略定位的重要一环;制造业内的重化工业行业,是本章乃至本书分析的重点。

下文中,本章在第二节运用可得数据构建了长江经济带区域间投入产出模型;在第三节,利用该模型估算了长江经济带上、下游制造业出口在长江经济带内的跨区域带动能力和带动产出规模;在第四节,从制造业布局角度分析了如何在修复长江生态环境的要求下维持和提升上述跨区域带动能力。

第二节　长江经济带区域间投入产出模型的构建

一、区域间投入产出模型概述

区域间投入产出模型是以传统投入产出模型为原型,结合各地区投入产出模型构造而成的,是用以衡量不同地区之间相互关联的一种技术分析方法。随着对现实区域贸易情况所做的假设的不断改变,区域间投入产出模型种类逐渐多样化。不过,目前最主要的区域间投入产出模型是 IRIO 模型和 MRIO 模型。

IRIO 模型即是 Isard(1951)将投入产出分析方法运用到区域经济空间联系研究中所创建的区域间投入产出模型(Interregional Input-Output Model)。该模型建立在不同地区相同产品不同质的假定基础上。因此,该模型按地区对所有产品部门进行划分,从而构造出分区域、分部门的区域内部和区域之间的贸易矩阵(张亚雄等,2008)。假设模型中存在 m 个不同区域,各个区域拥有相同的部门数量,为 n 个,且各地区部门分类方法和口径一致(陈锡康等,2011)。表 4.1 即为 IRIO 模型的基本形式。

表 4.1　区域间投入产出表的基本形式

		中间使用						最终使用			总产出
		区域 1		...	区域 m			区域 1	...	区域 m	
		部门 1	...	部门 n	...	部门 1	...	部门 n			
中间投入	区域 1 部门 1	x_{11}^{11}	...	x_{1n}^{11}	...	x_{11}^{1m}	...	x_{1n}^{1m}	F_1^{11}	...	F_1^{1m}	X_1^1
	⋮	⋮		⋮		⋮		⋮	⋮		⋮	⋮
	部门 n	x_{n1}^{11}	...	x_{nn}^{11}	...	x_{n1}^{1m}	...	x_{nn}^{1m}	F_n^{11}	...	F_n^{1m}	X_n^1
	⋮	⋮		⋮		⋮		⋮	⋮		⋮	⋮
	区域 m 部门 1	x_{11}^{m1}	...	x_{1n}^{m1}	...	x_{11}^{mm}	...	x_{1n}^{mm}	F_1^{m1}	...	F_1^{mm}	X_1^m
	⋮	⋮		⋮		⋮		⋮	⋮		⋮	⋮
	部门 n	x_{n1}^{m1}	...	x_{nn}^{m1}	...	x_{n1}^{mm}	...	x_{nn}^{mm}	F_n^{m1}	...	F_n^{mm}	X_n^m
最初投入		V_1^1	...	V_n^1		V_1^m	...	V_n^m				
总投入		X_1^1	...	X_n^1		X_1^m	...	X_n^m				

资料来源:作者自制。

其中，x_{ij}^{pq} 表示 q 地区 j 部门对 p 地区 i 部门中间投入的消耗或使用；F_i^{pq} 表示 q 地区对 p 地区 i 部门产品的最终需求；V_j^q 表示 q 地区对 j 部门的最初投入，X_i^p 和 X_j^q 分别表示 p 地区 i 部门和 q 地区 j 部门的总产出。区域间投入产出表与传统投入产出表一样，包含了三个象限：第Ⅰ象限是中间消耗矩阵，第Ⅱ象限是最终需求流量矩阵，第Ⅲ象限是最初投入流量矩阵。不过，与传统投入产出表不同的是，区域间投入产出表是将所有部门按区域进行划分，并且需要详细的区域间产品流动信息来编制每个区域、每个部门的投入、产出结构（张敏等，2008）。因此，区域间投入产出表的内容比传统投入产出表丰富，横向来看，区域间投入产出表反映了每一个区域、每一个部门的产品在各个区域、各个部门中的消耗以及各个区域对该地区该部门产品的最终需求；纵向来看，区域间投入产出表记录了每一个区域、每一个部门产品生产对各个区域、各个部门的中间投入的消耗，以及各区域、各部门的最初投入。

对于中间投入部分，IRIO 模型详细记录了区域内部和区域之间部门产品对各地区、各部门产品的消耗和使用数据。与传统的投入产出模型的中间投入矩阵相类似，区域间投入产出模型的中间投入矩阵的对角线上的子矩阵表示某地区内部各部门产品的投入和消耗情况；而非对角线上的子矩阵则表示某地区各部门产品在其他地区各部门的消耗情况。不同地区的最终需求子矩阵构成了地区间投入产出表的最终需求部分，这一部分详细记录了各个地区、各个部门的产品在每个地区的最终使用量。同样地，最初投入部分也由各地区的最初投入子矩阵构成，反映了各地区的各项初始投入报酬（陈锡康等，2011）。因此，IRIO 模型的行平衡关系式可以写为：

$$X_i^p = (x_{i1}^{p1} + \cdots + x_{in}^{p1}) + (x_{i1}^{p2} + \cdots + x_{in}^{p2}) + \cdots + (x_{i1}^{pm} + \cdots + x_{in}^{pm}) +$$

$$F_i^{p1} + \cdots + F_i^{pm} = \sum_{q=1}^{m}\sum_{j=1}^{n} x_{ij}^{pq} + \sum_{q=1}^{m} F_i^{pq} \tag{4.1}$$

列平衡关系式可以写为：

$$X_j^q = (x_{1j}^{1q} + \cdots + x_{nj}^{1q}) + (x_{1j}^{2q} + \cdots + x_{nj}^{2q}) + \cdots + (x_{1j}^{mq} + \cdots + x_{nj}^{mq}) + V_j^q$$

$$= \sum_{p=1}^{m}\sum_{i=1}^{n} x_{ij}^{pq} + V_j^q \tag{4.2}$$

IRIO 模型的行平衡关系式可用矩阵形式简单表达为：

$$X = AX + F \tag{4.3}$$

其中，$A = \begin{bmatrix} A^{11} & \cdots & A^{1m} \\ \vdots & \ddots & \vdots \\ A^{m1} & \cdots & A^{mm} \end{bmatrix}$，$A^{pq}$ 表示 q 地区对 p 地区的直接消耗系数矩阵；$F = (F^1, F^2, \cdots, F^m)^T$，表示各地区的最终需求向量；$X = (X^1, X^2, \cdots, X^m)^T$，表示各地区

的总产出向量。IRIO模型可以计算某一地区最终需求增加时,对其他关联地区的总产出的影响。但值得注意的是,方程的数量会随着地区总数 m 的增加呈指数增长,相应地,基础数据的需求量也必然呈指数增加,这就大大增加了地区间投入产出表的编制难度以及方程的求解难度(陈锡康等,2011)。在实证工作中,IRIO模型的编制是建立在庞大的基础数据之上的,需要用每个区域、每个部门详细的投入、产出结构来编制地区间投入产出系数矩阵,对数据的需求量增加的同时,数据准确性的要求也会提高,这就需要投入大量的人力、物力和时间,因此区域间投入产出表研制起来相当困难。

随后,Chenery(1953)和 Moses(1955)改变了 IRIO 模型关于产品不同质的基本假设,相继构建了多区域投入产出模型(Multiregional Input-Output Model),即 MRIO 模型(张亚雄等,2012)。该模型与 IRIO 模型在对区域间贸易的处理方式上存在差异,MRIO 模型将投入系数与贸易系数分离,从而便利了区域间投入产出表的编制。在 IRIO 模型中,区域之间的贸易部分是由各个地区、各个部门具体的中间投入和最终使用构成的,因此,该模型需要充分调查并详细记录各个地区、各个部门产品的流动数据;而 MRIO 模型则假定不同地区间的同种产品是同质的,并按部门计算区域之间的贸易系数(陈锡康等,2011)。对于部门 i,$X_{i\cdot gh}$ 表示区域 h 的部门 i 的产品是由区域 g 流入的。区域间贸易系数,又称供应系数,被定义为 $c_{i\cdot gh}=\dfrac{X_{i\cdot gh}}{T_i^h}$(其中 $T_i^h=\sum_{g=1}^{m} X_{i\cdot gh}$),表示来自区域 g 部门 i 的产品投入占区域 h 的总流入的比例。也就是说,MRIO 模型假设区域 h 各部门对部门 i 产品的消耗中由区域 g 提供的比例保持不变。这一理想化假设大大降低了对数据的处理,更加便利了地区间投入产出表的研制。

接着,定义贸易系数对角阵为 $\hat{c}_{gh}=\begin{pmatrix} c_{1\cdot gh} & \cdots & 0 \\ \vdots & \ddots & \vdots \\ 0 & \cdots & c_{n\cdot gh} \end{pmatrix}$;各地区直接消耗系数矩阵为 $A^1, A^2, \cdots, A^m$,并定义 $A=\begin{pmatrix} A^1 & \cdots & O \\ \vdots & \ddots & \vdots \\ O & \cdots & A^m \end{pmatrix}$;各地区总产出向量为 $X^1, X^2, \cdots, X^m$,并定义 $X=(X^1, X^2, \cdots, X^m)^{\mathrm{T}}$;各地区最终需求向量为 $F^1, F^2, \cdots, F^m$,并定义 $F=(F^1, F^2, \cdots, F^m)^{\mathrm{T}}$。则 MRIO 模型可简单地写为:

$$CAX+CF=X \quad (4.4)$$

其中,$C=\begin{pmatrix} \hat{c}_{11} & \cdots & \hat{c}_{1m} \\ \vdots & \ddots & \vdots \\ \hat{c}_{m1} & \cdots & \hat{c}_{mm} \end{pmatrix}$。MRIO 模型对 IRIO 模型最大的改进在于对区域间贸

易系数的处理,它不需要直接编制繁杂的每个区域、每个部门的投入矩阵,只需要各部门产品在每个地区之间的流量数据,这使得区域间投入产出表的研制更加方便。MRIO 模型也因此成为目前认可度较高的区域间投入产出模型,很多国家和地区都会用此来建立区域间投入产出模型。

二、编制方法

考虑数据的可得性,本章应用的是由 Chenery(1953)和 Moses(1955)提出的 MRIO 模型。

如前文所述,MRIO 模型的基本形式为式(4.4)。该式中,C 为区域间贸易系数矩阵;A 为直接消耗系数矩阵;F、X 分别为最终需求向量和总产出向量。由于缺乏相应的海关数据来区分进口产品的性质,参考刘强等(2002)、Miller 等(2009),本章将净出口(出口减进口)视为最终需求的组成部分。

应用 MRIO 模型的核心是编制区域间贸易系数矩阵,本章采用非调查法中的引力模型法进行编制。该方法由 Leontief 等(1963)提出,采用公式(4.5)计算区域间各部门产品的贸易量:

$$X_{i\cdot gh} = \frac{X_{i\cdot go} X_{i\cdot oh}}{X_{i\cdot \infty}} Q_{i\cdot gh} \quad (g \neq h) \tag{4.5}$$

其中,$X_{i\cdot gh}$ 为部门 i 产品从区域 g 到区域 h 的流出量;$X_{i\cdot \infty}$ 为所有区域部门 i 的总产出;$X_{i\cdot go}$、$X_{i\cdot oh}$ 分别为区域 g 部门 i 的总产出和区域 h 部门 i 的总需求;$Q_{i\cdot gh}$ 为部门 i 从区域 g 到区域 h 的贸易参数,称为摩擦系数。

考虑数据的可得性,对于农业和工业部门,本章主要参考 Ihara(1979)提出的方法计算摩擦系数,该方法假定区域间的某部门全部产品流量的分配比例近似于其中重要产品的分配比例,因而可以用后者代替前者。用公式表示为:

$$Q_{i\cdot gh} = \frac{H_{i\cdot gh}}{\frac{H_{i\cdot go} H_{i\cdot oh}}{H_{i\cdot \infty}}} \cdot \delta_{i\cdot gh} \quad (g \neq h) \tag{4.6}$$

其中,$H_{i\cdot gh}$ 为部门 i 中某重要产品从区域 g 到区域 h 的运输量;$H_{i\cdot go}$ 为区域 g 该产品的总发送量;$H_{i\cdot oh}$ 为区域 h 该产品的总到达量;$H_{i\cdot \infty}$ 为所有区域该产品的总发送量;$\delta_{i\cdot gh}$ 是参考 Leontief 等(1963)的设定加入的常数,当区域 g 的国内区外流出、区域 h 的国内区外流入均不为 0 时取值为 1,反之为 0。

由于服务业的区际流量统计资料难以得到,本章参照 Leontief 等(1963)提出的简单解法估算服务业的摩擦系数,其公式为:

$$Q_{i\cdot gh} = b_i \cdot \delta_{i\cdot gh} \quad (g \neq h) \tag{4.7}$$

对于部门 i,

$$b = \frac{X_{oo} - \sum_{r=1}^{m} X_{rr}}{\sum_{g=1}^{m}\sum_{h=1}^{m} \frac{X_{go}X_{oh}\delta_{gh}}{X_{oo}}} \quad (\delta_{gh}=0,当 g=h 时) \tag{4.8}$$

其中,X_{rr} 表示区域 r 消耗本区域部门 i 的产出量。

得到区域间贸易量 $X_{i\cdot gh}$ 后,可据此计算区域间贸易系数矩阵 C_{gh}。C_{gh} 由对角矩阵 $\hat{c}_{gh}$ 组成,$\hat{c}_{gh}$ 对角线上的元素 $c_{i\cdot gh}$ 由式(4.9)计算得出:

$$c_{i\cdot gh} = \frac{X_{i\cdot gh}}{\sum_{g=1}^{m} X_{i\cdot gh}} \tag{4.9}$$

其中,$c_{i\cdot gh}$ 称为区域间交易系数,等于部门 i 产品从区域 g 到区域 h 的流出量占区域 h 该部门全部产品流入量的比例。

式(4.4)中,A、X、F 均可从各区域的投入产出表中找到数据,求出 C 后,即可根据式(4.4)得到初步的区域间投入产出模型。

三、构建过程

本章的长江经济带区域间投入产出模型是在 2012 年中国地区投入产出表的基础上构建的。在区域设置上,分为长江经济带上游、中游、下游和国内其他地区四个区域。

投入产出核算采用分级核算制度,尽管国家统计局制定了统一的编制方法,但全国表和各地区表依据的基础资料存在差异,全国表并不等于各省、自治区、直辖市表的简单汇总(国家统计局国民经济核算司,2016)。同时,为了尽可能保留地区表的统计信息(李强等,2007),在归并过程中,本章全部采用将省市投入产出表合并为区域投入产出表的方法,没有采用全国表拆分或求差的方法;编成初步的区域间投入产出表后也没有按照全国表的总量和部门间关系进行调整。

同样,为了尽可能保留地区投入产出表的信息以供分析,归并后仍保持各地区投入产出表 42 个产品部门的划分,其中包括 1 个农业部门、4 个采掘业部门、19 个制造业部门、3 个公用事业部门、15 个服务业部门。

在编制区域间贸易系数矩阵时,本章的商品流量数据主要来自《2012 年全国铁路统计摘要》,该书提供了 2012 年国家铁路行政区域间 14 种具体货物和"其他货物"的运输量。表 4.2 反映了本章确定的投入产出表行业部门与铁路运输具体货物种类之间的对应关系。其他的工业部门对应于"其他货物"。上文已提到,服务业未采用这种方法进行估算。

上述归并过程中,由于缺少调查数据,将省市间的"国内省外流出""国内省外流入"合并为区域间的"国内区外流出""国内区外流入"较为困难,因为需要剔除各区域内省市间的流动数据。有的研究,如许宪春等(2008),受基础资料的制约,没有剔除区域内的贸易量。本章采取的方法是根据上述铁路货物运输数据和表 4.2 的对应关系,计算各区域各部门合并省市间流动数据时需要缩减的百分比,再据以调整。

表 4.2 产品部门与货物种类之间关系

部门名称	货物名称
农林牧渔产品和服务	木材、粮食、棉花
煤炭采选产品	煤炭
石油和天然气开采产品	石油
金属矿采选产品	金属矿石
非金属矿和其他矿采选产品	非金属矿石、磷矿石、盐
石油、炼焦产品和核燃料加工品	焦炭
化学产品	化肥及农药
非金属矿物制品	矿物性建筑材料、水泥
金属冶炼和压延加工品	钢铁及有色金属

资料来源:作者自制。

归并完成后,可以得到直接消耗系数矩阵 A、最终需求向量和总产出向量 F、X。接着,本章根据式(4.6)计算了农业和工业部门的摩擦系数,根据式(4.7)计算了服务业部门的摩擦系数,根据式(4.5)计算了区域间各部门产品的贸易量,并根据式(4.9)得到了区域间贸易系数矩阵 C。最后,根据式(4.4)得到了初步的长江经济带区域间投入产出表。

各省市的投入产出表本身存在误差,且上述估算方法必然导致新的误差。根据通行的处理方法,本章采用 RAS 法对初步得到的投入产出表进行行向和列向的调整。这种调整等价于对区域间贸易系数矩阵 C 和直接消耗系数矩阵 A 的调整,在调整过程中仍保持 C 的各列的列和为 1。将调整后仍存在的行向误差纳入"其他"项,就可得到平衡的长江经济带区域间投入产出表。

第三节 长江经济带上、下游制造业出口的跨区域带动作用

一、分析方法

利用区域间投入产出表分析区域间的产业联系,需要建立各区域各部门最终需求与总产出、最初投入与总产出之间的联系,也即产业的跨区域后向、前向联系。如上文所述,本章主要从制造业出口视角进行分析,并将净出口视为最终需求的一部分,没有研究进口投入品的区域间产业联系。因此,本章主要分析长江经济带上、下游的制造业出口对经济带内其他区域制造业的后向联系。

对 MRIO 模型的基本形式(4.4)略加变形,可得[①]:

$$X=(I-CA)^{-1}CF \quad (4.10)$$

式(4.10)揭示了最终需求 F 与总产出 X 之间的关系。计算最终需求增加引起总产出变化时有两种情况(Miller et al,2009;陈锡康等,2011):第一种情况是,区域 g 增加的最终需求不限于在区域 g 生产,此时 $\Delta X=(I-CA)^{-1}C\Delta F$,意味着区域 g 增加的最终需求通过区域间贸易系数矩阵 C 分配到了不同的区域;第二种情况是,增加的最终需求确定是由区域 g 生产,相当于初始增加的最终需求已经被分配,此时 $\Delta X=(I-CA)^{-1}\Delta \widetilde{F}$。

为便于分析,令 $U=(I-CA)^{-1}C$,其元素 $u_{ij,gh}$ 表示区域 h 的部门 j 增加 1 个单位(人民币)最终需求时,对区域 g 的部门 i 增加的需求;令 $L=(I-CA)^{-1}$,其元素 $l_{ij,gh}$ 表示区域 h 的部门 j 增加 1 个单位在本地生产的最终需求时,对区域 g 的部门 i 增加的需求。这反映了区域 h 的部门 j 的最终需求的跨区域(及跨行业)带动作用。

在利用区域间投入产出表研究跨区域的后向产业联系时,通常运用的是区域间影响力系数。例如,张亚雄等(2008)定义的区域间影响力系数为:

---

① 本节所用的 C、A 均采用 RAS 法进行了调整,为简便起见,没有增加标记来与上文区分。

$$IBL = \frac{\sum_i b_{ij}^{pq}}{\frac{1}{17 \times 3} \sum_p \sum_q \sum_i \sum_j b_{ij}^{pq}} \tag{4.11}$$

其中，IBL 表示区域间产业后联（影响力）系数，b_{ij}^{pq} 相当于本章中的 $l_{ij\cdot gh}$，p、q 代表区域，i、j 代表部门，17、3 代表 17 个部门、3 个区域。该系数反映了某区域某部门增加 1 个单位最终需求时，对各区域各部门产生的全部投入需求。该系数再除以算术平均的所有区域所有部门的投入需求，可便于比较某区域各部门的跨区域影响力的大小。

本章主要研究长江经济带上、下游的 17 个制造业部门[①]出口对长江经济带内其他区域制造业的带动作用，不需要分析某部门的最终需求对所有区域所有部门的全部投入需求，也不需要对某区域各部门的上述影响力系数进行比较[②]，因而不需要计算影响力系数。

二、不确定产地的区域制造业出口的带动作用

上文已提到，本章构建的长江经济带区域间投入产出模型将净出口视为最终需求的一部分。从可得数据角度来看，不确定产地与确定产地的出口分别相当于"按经营单位所在地划分的"（或"按发货人所在地划分的"）出口和"按境内目的地/货源地划分的"出口。但由于包含上述不同划分口径的同期海关统计数据无法得到，因而本节只能运用投入产出表数据计算带动效应，不能运用实际出口数据测算带动的产出。

表 4.3 列出了根据 2012 年长江经济带区域间投入产出表计算的长三角制造业出口（在其他条件不变的情况下，每个行业均增加 1 个单位时）对上、中游的带动效应。其中，"直接效应"指的是该区域该部门分配的长三角同部门的出口，等于区域间贸易系数矩阵 C 中的元素 $c_{i\cdot gh}$，此时 h 为长三角，g 为长江经济带上游或中游，i 为 17 个制造业部门之一；"间接效应"指的是由于长三角制造业各部门出口导致该区域该部门累积增加的需求，等于 $\sum_{j=6}^{22} u_{ij\cdot gh}$，此时 h 为长三角，g 为长江经济带上游或中游，i、j 均为 17 个制造业部门之一；"综合效应"等于直接效应加上间接效应，意味着该区域该部门由于长三角制造业各部门增加出口而增加的产出。

[①] 除去了废品废料业及金属制品、机械和设备修理业。

[②] 本章采用 2015 年分地区分行业出口交货值数据估算制造业出口带动规模的大小并进行比较，较为直观，因而没有参照刘起运（2002）的方法计算按最终产品量加权调整的影响力系数。

表 4.3 长三角制造业出口对长江经济带上、中游制造业的带动效应

行业	直接效应		间接效应		综合效应	
	上游	中游	上游	中游	上游	中游
食品和烟草	0.100 6	0.163 6	0.217 1	0.344 0	0.317 7	0.507 6
纺织	0.030 8	0.103 8	0.087 5	0.283 1	0.118 3	0.386 9
服装	0.028 7	0.120 9	0.045 8	0.186 9	0.074 5	0.307 8
木材家具	0.055 8	0.122 7	0.094 8	0.198 7	0.150 6	0.321 4
造纸印刷文教	0.047 7	0.106 1	0.104 9	0.223 5	0.152 6	0.329 6
石油炼焦	0	0.102 0	0.037 7	0.186 2	0.037 7	0.288 2
化工	0.037 4	0.144 3	0.341 0	0.710 7	0.378 4	0.855 0
非金属制品	0.007 9	0.273 3	0.037 1	0.433 4	0.045 0	0.706 7
金属加工	0.055 8	0.176 6	0.339 8	0.833 7	0.395 6	1.010 3
金属制品	0.041 2	0.089 0	0.084 1	0.170 1	0.125 3	0.259 1
通用设备	0.049 1	0.086 7	0.109 3	0.182 7	0.158 4	0.269 4
专用设备	0.042 8	0.136 1	0.066 9	0.200 7	0.109 7	0.336 8
交通运输设备	0.076 6	0.113 1	0.151 6	0.210 8	0.228 2	0.323 9
电气机械	0.037 6	0.125 8	0.084 4	0.268 3	0.122 0	0.394 1
通信设备	0.050 0	0.053 7	0.209 5	0.193 0	0.259 5	0.246 7
仪器仪表	0.028 4	0.057 1	0.038 7	0.075 4	0.067 1	0.132 5
其他产品	0.052 0	0.150 1	0.059 3	0.169 8	0.111 3	0.319 9

资料来源:作者计算。

先看直接效应,也就是直接分配至该区域的部分长三角出口。上游的直接效应值基本在 0.10 以下;中游则多在 0.10 至 0.20 之间,最高的几个行业依次为非金属制品、金属加工、食品和烟草、其他产品、化工。再看间接效应,它反映了长三角出口对产业链上游的带动作用,上游效应值最高的几个行业依次为化工、金属加工、食品和烟草、通信设备;中游效应值最高的几个行业依次为金属加工、化工、非金属制品、食品和烟草、纺织。加总为综合效应后,上游效应值最高的几个行业依次为金属加工、化工、食品和烟草、通信设备、交通运输设备;中游效应值最高的几个行业依次为金属加工、化工、非金属制品、食品和烟草、电气机械。加总上、中游的综合效应,效应值最高的几个行业依次为金属加工(1.41)、化工(1.23)、食品和烟草(0.83)、非金属制品(0.75)、交通运输设备(0.55)、电气机械(0.52)、通信设备(0.51)。

进一步分析,首先,长三角出口对中游的带动作用远超过上游,这主要是由地理位置和经济发展水平决定的;其次,对上、中游有明显带动作用的行业相对集中,从加总上、中游综合效应值后最高的各行业来看,除了食品和烟草业外,其余均属于重化工业行业,这是以长三角为龙头的外向型产业链,反映了长江经济带目前的工业发展阶段和比较优势所在。

表4.4列出了根据2012年长江经济带区域间投入产出表计算的长江经济带上游制造业出口(在其他条件不变的情况下,每个行业均增加1个单位时)对中、下游的带动效应。加总为综合效应后,中游效应值最高的几个行业依次为金属加工、化工、食品和烟草、电气机械、纺织;下游效应值最高的几个行业依次为化工、通信设备、金属加工、纺织、仪器仪表。加总中、下游的综合效应,效应值最高的几个行业依次为化工(2.64)、金属加工(2.05)、纺织(1.70)、通信设备(1.69)、电气机械(1.52)、仪器仪表(1.22)、通用设备(1.17)。与长三角制造业出口的带动作用比较,长江经济带上游带动的各项效应值都较大,且地理位置较远的下游反而更大一些,这一方面说明其出口的跨区域后向联系较强,另一方面也说明上游地区本身的工业体系不完整,需要中、下游提供较多的配套,特别是后者。从行业来看,加总中、下游的综合效应后效应值最高的行业除了重化工业行业外,还包括劳动密集型的纺织业以及仪器仪表等普通制造业。当然,长江经济带上游的制造业出口值比长三角小得多,因而整体上看其带动作用仍是相当有限的。

表4.4 长江经济带上游制造业出口对中、下游制造业的综合效应

行业	直接效应		间接效应		综合效应	
	中游	下游	中游	下游	中游	下游
食品和烟草	0.223 8	0.107 7	0.408 3	0.240 1	0.632 1	0.347 8
纺织	0.157 1	0.313 8	0.337 2	0.887 0	0.494 3	1.200 8
服装	0.178 8	0.252 4	0.246 9	0.401 3	0.425 7	0.653 7
木材家具	0.175 6	0.162 6	0.253 6	0.276 3	0.429 2	0.438 9
造纸印刷文教	0.155 2	0.209 1	0.273 8	0.458 4	0.4290	0.667 5
石油炼焦	0.026 8	0.148 4	0.104 4	0.311 4	0.131 2	0.459 8
化工	0.064 3	0.206 2	0.599 8	1.765 0	0.664 1	1.971 2
非金属制品	0.086 4	0.011 9	0.184 3	0.093 8	0.270 7	0.105 7
金属加工	0.081 4	0.152 6	0.728 5	1.082 8	0.809 9	1.235 4
金属制品	0.132 0	0.223 8	0.214 8	0.463 4	0.346 8	0.687 2
通用设备	0.129 5	0.254 4	0.228 0	0.561 1	0.357 5	0.815 5

续表

行业	直接效应		间接效应		综合效应	
	中游	下游	中游	下游	中游	下游
专用设备	0.195 9	0.191 8	0.263 1	0.298 6	0.459 0	0.490 4
交通运输设备	0.164 0	0.218 4	0.266 0	0.431 0	0.430 0	0.649 4
电气机械	0.187 8	0.308 3	0.330 8	0.690 6	0.518 6	0.998 9
通信设备	0.081 8	0.276 5	0.222 5	1.105 4	0.304 3	1.382 2
仪器仪表	0.091 1	0.436 2	0.110 0	0.587 2	0.201 1	1.023 4
其他产品	0.213 6	0.181 2	0.234 5	0.208 0	0.448 1	0.389 2

资料来源:作者计算。

三、确定产地的区域制造业出口的带动作用

本部分接着分析确定产地的长江经济带上、下游制造业出口的跨区域带动能力。从可得数据角度来看,假设相关投入产出关系自 2012 年以来基本未变,则可以利用《中国工业统计年鉴 2016》中 2015 年[①]分地区分行业企业的出口交货值数据估算上述跨区域带动能力的规模,即具体能带动的制造业产出及其份额[②]。

《中国工业统计年鉴 2016》的制造业行业划分与投入产出表的行业划分有区别,需要将前者部分合并得到后者,需要合并的行业的对应关系如表 4.5 所示。

表 4.5　制造业行业对应关系

投入产出表行业	工业统计年鉴行业
食品和烟草	食品加工、食品制造、烟草、饮料
服装	服装、皮革
木材家具	木材加工、家具
造纸印刷文教	造纸、印刷、文教
化工	化纤、化学原料、橡塑、医药
金属加工	黑色金属加工、有色金属加工
交通运输设备	汽车、运输设备

资料来源:作者自制。

---

① 考虑投入产出表的适用年份,本节采用 2015 年的数据计算带动能力。
② 出口交货值从工业企业角度统计交给外贸部门或自营出口的产品价值,统计口径不同于投入产出表所用的海关总署统计数据,但相对接近于"按境内目的地/货源地划分的"出口。

这种估算和比较可以从两个角度进行:从发生制造业出口的带动区域或从被带动的区域。表4.6从前者角度估算了长江经济带上、下游制造业出口的带动能力,其中,"带动力"表示出口区域该部门1个单位的出口对长江经济带内其他区域的制造业各部门增加的需求。例如,长三角制造业部门 j 出口对上、中游的带动力等于 $\sum_{g=1}^{2}\sum_{i=6}^{22}l_{ij\cdot gh}$,此时 h 为长三角,g 为长江经济带上游或中游,i 为17个制造业部门之一。再将带动力乘以2015年长三角部门 j 出口交货值,可得"带动产出"。

首先比较表4.6中长江经济带上游对中、下游以及下游对上、中游的带动力,上游制造业出口带动力最高的几个行业依次为服装、电气机械、交通运输设备、仪器仪表、通信设备;下游依次为交通运输设备、通信设备、电气机械、通用设备、化工,绝大部分属于重化工业行业,但也有服装这样的劳动密集型行业。同时,与上文的分析一致,上游制造业出口的带动力在所有制造业行业均明显高于下游。但是,若考虑出口规模,则上游制造业出口的带动产出是非常有限的,带动产出值最高的几个行业依次为通信设备、交通运输设备、化工、金属加工,其余行业均小于100亿元。而下游制造业出口带动产出值最高的几个行业依次为通信设备、电气机械、金属加工、化工、交通运输设备,通信设备带动产出超过了5 000亿元。由此可见,不论上、下游,带动产出最高的行业都属于重化工业行业。这印证了上文的分析。

从被带动的区域角度进行分析,可以计算其制造业产出所受带动的规模及其占该区域同行业工业销售产值的比例,从而衡量带动能力的相对大小或外向型产业链的相对重要性。表4.7列出了长江经济带上、中游制造业产出所受长三角制造业出口的带动规模。以上游为例,2015年部门 i 被带动产出可以表示为 $\sum_{j=6}^{22}l_{ij\cdot gh} \cdot E_{j\cdot h}$,此时 h 为长三角,g 为长江经济带上游,i、j 均为17个制造业之一,$E_{j\cdot h}$ 为长三角2015年部门 j 的出口交货值;再除以上游2015年部门 i 的工业销售产值就得到"占比"。

表4.6 长江经济带上、下游制造业出口的带动能力

行业	上游对中、下游		下游对上、中游	
	带动产出/亿元	带动力	带动产出/亿元	带动力
食品和烟草	40.407 9	0.218 7	93.066 4	0.163 2
纺织	17.420 4	0.467 9	464.289 9	0.243 1
服装	49.200 6	0.593 7	663.532 9	0.235 3

续表

行业	上游对中、下游		下游对上、中游	
	带动产出/亿元	带动力	带动产出/亿元	带动力
木材家具	2.115 0	0.428 1	205.813 3	0.248 6
造纸印刷文教	25.432 7	0.466 7	366.291 9	0.245 3
石油炼焦	0.008 6	0.172 0	6.842 1	0.058 7
化工	114.958 9	0.389 6	1 032.790 0	0.270 4
非金属制品	7.409 8	0.299 3	87.575 9	0.232 6
金属加工	104.470 4	0.326 6	1 121.440 0	0.267 3
金属制品	10.035 0	0.440 5	386.525 4	0.267 6
通用设备	46.212 1	0.525 2	730.003 2	0.285 4
专用设备	44.134 1	0.547 5	361.377 2	0.268 9
交通运输设备	207.834 0	0.578 5	973.559 5	0.331 5
电气机械	42.867 7	0.581 2	1 315.940 0	0.316 4
通信设备	2 326.487 00	0.794 2	5 043.020 0	0.318 0
仪器仪表	8.116 8	0.568 4	178.423 1	0.269 5
其他产品	4.613 1	0.484 6	44.162 6	0.243 9

资料来源:作者计算。

从表4.7来看,上游被带动产出值最高的几个行业依次为通信设备、金属加工、化工、食品和烟草、电气机械;被带动产出占比最高的几个行业依次为通信设备、金属加工、仪器仪表、纺织、化工,前四个超过了10%。除了重化工业行业以外,纺织业和仪器仪表的被带动作用也比较明显,占比均超过了10%。中游被带动产出值最高的几个行业依次为金属加工、化工、通信设备、电气机械、非金属制品;被带动产出占比最高的几个行业依次为通信设备、金属加工、化工、石油炼焦、纺织,前三个超过了10%。与表4.6的分析相对照,虽然长三角制造业出口中带动产出最高的全部为重化工业行业,但通过区域间产业链的传递,上、中游若干劳动密集型行业(纺织业)和普通制造行业(仪器仪表)也受到了较强的带动作用。当然,重化工业行业内部的产业链仍占据主导地位。

表 4.7　长江经济带上、中游制造业产出所受长三角制造业出口的带动规模

行业	上游		中游	
	被带动产出/亿元	占比	被带动产出/亿元	占比
食品和烟草	196.162 6	0.015 8	308.403 6	0.014 4
纺织	122.673 9	0.108 8	398.800 6	0.080 4
服装	35.059 0	0.037 8	143.379 5	0.027 1
木材家具	47.727 3	0.037 3	98.718 5	0.030 1
造纸印刷文教	126.664 3	0.069 4	268.855 9	0.054 4
石油炼焦	89.405 8	0.074 6	216.263 9	0.091 8
化工	858.935 5	0.093 2	1 983.207 0	0.101 5
非金属制品	62.371 9	0.011 7	408.938 3	0.037 5
金属加工	881.833 0	0.122 8	2 338.319 0	0.139 2
金属制品	106.866 8	0.056 0	210.998 4	0.046 6
通用设备	157.175 2	0.056 9	260.083 5	0.045 4
专用设备	56.936 8	0.031 0	159.764 7	0.027 2
交通运输设备	174.340 7	0.018 3	237.369 4	0.018 4
电气机械	188.601 6	0.070 1	595.969 8	0.055 5
通信设备	1 136.873 0	0.151 1	1 072.300 0	0.153 0
仪器仪表	31.996 9	0.109 4	60.239 0	0.080 3
其他产品	10.479 5	0.034 0	28.948 3	0.058 3

资料来源:作者计算。

表4.8列出了长江经济带中、下游制造业产出所受上游制造业出口的带动规模。中游被带动产出值最高的几个行业依次为通信设备、金属加工、化工、电气机械、交通运输设备;被带动产出占比最高的行业除了通信设备业达到3.68%以外,其余均在1%以下。下游被带动产出值最高的几个行业依次为通信设备、化工、金属加工、电气机械、通用设备;被带动产出占比最高的几个行业除了通信设备业达到4.41%以外,其余也均在1%以下。因此,可以说除了通信设备业以外,中、下游制造业产出所受上游制造业出口的带动作用微乎其微。

表 4.8　长江经济带中、下游制造业产出所受上游制造业出口的带动规模

行业	中游		下游	
	被带动产出/亿元	占比	被带动产出/亿元	占比
食品和烟草	34.148 1	0.001 6	22.194 4	0.001 9
纺织	14.493 4	0.002 9	40.588 4	0.003 1
服装	9.378 1	0.001 8	16.972 2	0.001 7
木材家具	4.892 2	0.001 5	6.492 7	0.001 5
造纸印刷文教	23.549 2	0.004 8	44.954 8	0.005 5
石油炼焦	14.963 0	0.006 3	34.535 5	0.007 4
化工	119.057 1	0.006 1	346.283 1	0.008 4
非金属制品	27.702 2	0.002 5	30.876 8	0.004 3
金属加工	124.077 5	0.007 4	187.628 6	0.009 7
金属制品	19.909 4	0.004 4	48.825 2	0.005 2
通用设备	22.040 7	0.003 8	59.923 1	0.003 9
专用设备	13.995 8	0.002 4	20.893 5	0.002 5
交通运输设备	35.877 3	0.002 8	59.291 3	0.002 8
电气机械	56.290 9	0.005 2	135.294 8	0.005 6
通信设备	257.569 2	0.036 8	1 169.846 0	0.044 1
仪器仪表	5.128 5	0.006 8	37.618 3	0.008 4
其他产品	2.923 0	0.005 9	3.510 5	0.005 3

资料来源：作者计算。

第四节　小结与讨论

一、研究小结

本章运用可得数据，构建了长江经济带区域间投入产出模型，并据此估算了长江经济带上、下游制造业外向型产业链在长江经济带内的跨区域带动能力和带动

产出规模。

结果显示,综合不确定和确定产地的区域制造业出口需求的分析,长江经济带上、下游制造业出口带动力和带动产出值最高的基本为通信设备、化工、金属加工、交通运输设备等重化工业行业,但也有纺织、食品和烟草等个别劳动密集型行业。

上游制造业出口的带动力较高,但由于出口规模小,带动产出值是非常有限的;下游制造业出口的带动产出值较高。从被带动角度来看,上、中游受长三角制造业出口带动产出占比超过本区域行业总产出10%的行业分别有4个、3个,除了重化工业行业以外,上游的个别劳动密集型行业(纺织业)和普通制造行业(仪器仪表)也受到了较强的带动作用。而中、下游受上游制造业出口带动产出占比除了通信设备业分别达到3.68%和4.41%外,其余均在1%以下。

"一带一路"倡议实施数年来,已取得较大成效,特别是在对沿线国家基础设施的投资方面。但由于世界经济环境不佳,在货物贸易方面增长并不显著。因此,虽然长江经济带上、中游制造业出口增长相对较快,但尚不足以对长江经济带上述的制造业外向型产业链格局产生重要的影响。换言之,以长三角为龙头的重化工业外向型产业链在相当长时期内仍将是长江经济带制造业出口及其跨区域带动能力的主要承担者,也是实现长江经济带战略定位的重点所在。

从理论上分析,按照本书的定义,长三角与长江经济带上游出口的跨区域带动作用反映了长江经济带区域间的垂直分工关系;长江经济带各区域的制成品出口则反映了区域间的水平分工关系。从规模上来看,长三角制造业总体出口规模远大于长江经济带上、中游,反映了水平分工关系的不平衡性,但长江经济带上、中游也有若干制造业行业的出口有较大规模,是其区域外向型经济竞争力的基础所在;上、中游受长三角制造业出口带动产出占比较高的行业,其比例远超过承接长三角外向型制造业转移涉及的产出份额,中、下游通信设备业受上游出口带动的情况也是如此,说明在样本期间,区域间货物与服务流动是比产业转移重要得多的区际经济传递形式,且水平分工的不平衡性短期内不易改变。因此,在相当长时期内,垂直分工仍在长江经济带区域间分工关系中占据重要的地位,是长三角发挥引领作用的主要路径。

二、制造业布局调整的原则

正如本章第一节所指出的,长江流域环境保护与长江经济带外向型经济发展之间存在着矛盾。根据制造业出口跨区域带动产出能力的大小评估最重要的区域经济传递形式只是问题的一个方面。依据"共抓大保护、不搞大开发"的指导思想,在长江经济带外向型工业布局构建的过程中,要在充分权衡后选择适当的区际经

第四章 长江经济带双向开放的跨区域带动作用研究

济传递形式,在保护和修复长江生态环境的同时实现长江经济带的双向开放与协调发展。具体地说,鉴于制造业,尤其是重化工业巨大的环境污染负荷,应该以何种原则规划制造业,特别是其中的重化工业行业的布局调整。

本书认为,一个简单的原则是在控制污染物总量不变等条件下,使污染物流经长江的加权总距离最小化。梁仁彩(2010)指出,应严格控制在水源上游布置排放有毒废水的企业,因为废水直接排入江河和渗入地下,下游沿岸的城市、居民点和工厂的水源就会遭受污染和破坏。但现实是严峻的,例如在长江经济带上游的成渝经济区内,约46%的化工项目集中分布在沱江和岷江一带,约42%的化学工业沿长江干流布局(张厚明等,2017)。这些污染均会逐步向中、下游扩散。周冯琦等(2016)的检验结果表明,长江上游的支流水环境变化对长江干流的水环境质量存在直接和重大的影响。刘鹤等(2012)在分析中国石化产业布局时认为,无论是从石化产业的上、下游产业联系来看,还是从污染的集中治理来看,集聚都是石化产业空间组织的重要原则,石化产业临海布局具有合理性。周冯琦等(2016)在分析长江经济带化学工业布局时引用了上述观点,指出长江经济带的化学工业应进一步向长三角沿海地区集聚,在其他区域按市场容量适度布局一些炼厂。

本书认为,上述原则可以推广至制造业的其他行业,特别是重化工业行业。其中污染负荷较大、进口原材料依赖程度较高的行业和企业应该进一步向长三角沿海地区集聚,而其他行业和企业则可以主要根据市场原则选择区位。刘志彪(2017;2019)也有类似的对策建议。此外,考虑上、中游西向贸易运输方式的高成本(中欧班列),在发展外向型经济时,上、中游应主要推动产品附加值较高、污染负荷较小的高技术制造业集聚。还需指出的是,重化工业企业的选址具有很强的路径依赖特征,迁移成本很高。因此,上文所说的集聚并非建议将上、中游重化工业企业迁移至长三角沿海地区,而是在提高产业集中度的基础上将相关产能进行转移。

在推动长江经济带外向型制造业布局调整的主体方面,本书认为,除了中央和沿江省市政府的政策引导外,可以借助重化工业行业中的央企等大型企业的整合来推动长江经济带制造业布局的调整。在世界范围内,重化工业行业均为寡头垄断行业,中国相应行业的集中度还不够高,通过整合,一是可以形成世界级的寡头企业,在世界市场提高竞争能力;二是可以在长江经济带通过企业内的布局调整实现经济带的制造业布局调整,达到长江经济带的战略定位;三是有利于充分利用长江的"黄金水道"等综合交通体系加强区域间的互相带动和协调发展;四是有利于双向开放,可以统筹利用东西向的国际贸易通道。经过上述调整,长江流域的环境将得到保护和改善,长三角与长江经济带上、中游间的货物和服务流动将得到增加,区际经济联系更加紧密,区域间的水平分工和垂直分工关系也将进一步深化和提升。行业层面的具体建议将在第八章讨论。

参考文献

CHENERY H,1953. Reginal Analysis[C]// CHENERY H,Clark P,Pinna V. The Structure and Growth of The Italian Economy. Rome:U. S. Mutual Security Agency.

IHARA T,1979. An economic analysis of interregional commodity flows[J]. Environment and Planning A:Economy and Space,11(10):1115-1128.

ISARD W,1951. Interregional and regional input-output analysis:a model of a space-economy[J]. The Review of Economics and Statistics,33(4):318-328.

LEONTIEF W,STROUT A,1963. Multiregional input-output analysis[M]// Structural Interdependence and Economic Development. London:Palgrave Macmillan UK:119-150.

LIU W D,LI X,LIU H G,et al,2015. Estimating inter-regional trade flows in China:a sector specific statistical model[J]. Journal of Geographical Sciences,25(10):1247-1263.

MILLER R,BLAIR P,2009. Input-output Analysis:Foundations and Extensions[M]. 2nd ed. Cambridge:Cambridge University Press.

MOSES L N,1955. The Stability of Interregional Trading Patterns and Input-Output Analysis[J]. American Economic Review,45(5):803-832.

陈锡康,杨翠红,2011. 投入产出技术[M]. 北京:科学出版社.

国家统计局国民经济核算司,2016. 2012中国地区投入产出表[M]. 北京:中国统计出版社.

李强,齐舒畅,伊藤俊秀,等,2007. 中国经济的地区间投入产出表(1987)[C]// 市村真一,王慧炯. 中国经济区域间投入产出表. 北京:化学工业出版社.

梁仁彩,2010. 工业区与工业布局研究[M]. 北京:经济科学出版社.

刘鹤,金凤君,刘毅,2012. 中国石化产业空间组织的演进历程与机制[J]. 地理研究,31(11):2031-2043.

刘起运,2002. 关于投入产出系数结构分析方法的研究[J]. 统计研究,19(2):40-42.

刘强,冈本信广,2002.中国地区间投入产出模型的编制及其问题[J].统计研究,19(9):58-64.

刘卫东,唐志鹏,陈杰,等.2014.2010年中国30省区市区域间投入产出表[M].北京:中国统计出版社.

刘志彪,2017.重化工业调整:保护和修复长江生态环境的治本之策[J].南京社会科学(2):1-6.

刘志彪,2019.运输带变黄金带:长江经济带高质量发展新定位[J].南通大学学报(社会科学版),35(1):27-33.

马静,邓宏兵.2016.国外典型流域开发模式与经验对长江经济带的启示[J].区域经济评论(2):145-151.

孙智君,戚大苗,2014.长江经济带沿江省市新型工业化水平测度[J].区域经济评论(5):88-95.

铁道部统计中心,2014.2012年全国铁路统计摘要[M].北京:中国铁道出版社.

谢世清,2013.美国田纳西河流域开发与管理及其经验[J].亚太经济(2):68-72.

许宪春,李善同,2008.中国区域投入产出表的编制与分析(1997年)[M].北京:清华大学出版社.

张厚明,秦海林,2017.长江经济带"重化工围江"问题研究[J].中国国情国力(4):38-40.

张敏,范金,周应恒,2008.省域内多地区投入产出表的编制和更新:江苏案例[J].统计研究,25(7):74-81.

张鹏,丘萍,2012.我国区域间经济溢出效应评价及机制研究[M].北京:中国社会科学出版社.

张亚雄,刘宇,李继锋,2012.中国区域间投入产出模型研制方法研究[J].统计研究,29(5):3-9.

张亚雄,赵坤,2008.北京奥运会投资对中国经济的拉动影响:基于区域间投入产出模型的分析[J].经济研究,43(3):4-15.

周冯琦,程进,陈宁,等,2016.长江经济带环境绩效评估报告[M].上海:上海社会科学院出版社.

第五章 长江经济带外向型制造业与环境的协调度研究

第一节 研究背景

之前的章节已提到,2016年印发的《纲要》对长江经济带的战略定位为:生态文明建设的先行示范带、引领全国转型发展的创新驱动带、具有全球影响力的内河经济带、东中西互动合作的协调发展带。由于长江流域环境污染状况日益严重,在指导思想上,《纲要》指出,要"把保护和修复长江生态环境摆在首要位置""共抓大保护、不搞大开发",这与建设具有全球影响力的内河经济带和东中西互动合作的协调发展带存在着矛盾的一面,它反映了长江经济带外向型经济发展的要求与环境污染现状之间的矛盾。

为了提出有助于解决上述矛盾、实现长三角引领作用的政策建议,本书第三、四两章分析了长江经济带区域间经济联系的不同方式,从区域经济活动的协调和区域经济决策的角度进行研究。本章将重点研究长江经济带外向型制造业发展与环境污染之间的关系。因此,需要评估长江经济带各省市近年来在外向型经济发展与环境保护这两个主要的战略定位方向的兼容性状况及其变动。本章采用耦合协调度模型和2009年至2015年数据,对各省市外向型制造业发展与环境污染状况的协调关系进行了评估。采掘业区位难以移动,长江经济带的公用事业行业极少有出口,且制造业是中国产业体系的核心部分,因而本章以制造业出口及其带动产出的发展状况来代表外向型工业及外向型经济的发展状况。上述评估有助于本书规划长江经济带外向型制造业布局的调整方向,这种调整应同时有利于长江环境的保护与长江经济带外向型经济的发展。

经济与环境的耦合度模型是由吴跃明等（1996）建立的。在此基础上，廖重斌（1999）提出了经济与环境耦合协调发展模型，且该模型在近年来得到了广泛应用，如马丽等（2012）、李国敏等（2015）。此外，在评估制造业出口跨区域带动的产出时，本章依据第四章编制的长江经济带区域间投入产出表进行了计算。

由于二位码行业层次的数据不全，无法运用耦合协调发展模型进行研究。本章的第四节只能采用描述统计方法分析重庆、江西、江苏三省市的各工业行业的各类污染排放量及其与工业销售产值、出口交货值之间的比例关系，并进行比较。这二省一市分别位于长江经济带的上、中、下游，具有较强的代表性，能够印证耦合协调发展模型研究的结论并在行业层面上加以细化。

第二节　研究方法

一、指标体系的建立

进行耦合协调度分析的前提是建立合理的指标体系。为了分析长江经济带战略定位中存在的主要冲突，本章建立外向型制造业发展与环境污染状况两个子系统对长江经济带各省市进行评估。在外向型制造业发展子系统中，本章主要分析长江经济带沿线省市制造业直接出口及被本区域或长三角出口带动产出的状况，以此反映其外向型制造业发展情况；在环境污染状况子系统中，本章从工业废水、废气、二氧化硫、烟粉尘、固体废物五个方面进行衡量。子系统和指标的设置参见表5.1。由于指标计算使用了2012年各省市的地区投入产出表，并考虑数据可得性，数据范围从2009年取至2015年。

表 5.1　长江经济带外向型制造业与环境耦合模型的指标设置

子系统	指　　标
外向型制造业发展	制造业出口交货值
	制造业出口交货值与工业销售产值之比
	制造业被带动出口值
	制造业被带动出口值与工业销售产值之比

续表

子系统	指　标
环境污染状况	流域工业废水污染 流域工业废气污染 流域工业二氧化硫污染 流域工业烟粉尘污染 流域工业固体废物污染

资料来源：作者自制。

因为计算被带动出口值需要运用各省市 2012 年的地区投入产出表及本章在此基础上编制的长江经济带区域间投入产出表，所以行业划分按 2012 年中国地区投入产出表的 19 个制造业行业除去废品废料业及金属制品、机械和设备修理业确定。出口交货值、工业销售产值数据来自历年的《中国工业统计年鉴》。

被带动出口值分为被本地区制造业出口带动的制造业产出与被长三角制造业出口带动的产出（长三角三省市的该指标只有前者）。之所以未考虑长江经济带上、中游制造业出口对其他区域制造业的带动作用，是因为通过计算发现，这种带动作用对各区域来说微乎其微，可以忽略不计。

具体来看，某地区制造业出口的带动值通过该省市 2012 年地区投入产出表计算得到。首先由该表得出完全消耗系数矩阵，矩阵中的元素表示为满足最终需求（本章只分析其中的出口）的对各部门产品的直接消耗和间接消耗之和；其次根据出口交货值与该矩阵计算出该省市制造业出口对各制造业部门的直接消耗和间接消耗之和，即本地区制造业出口对本地区制造业的带动出口值。

计算长江经济带上、中游制造业产出受长三角制造业出口的带动规模时，则需运用上述长江经济带区域间投入产出表。编制区域间投入产出表时，本书应用的是 MRIO 模型，该模型的基本形式为：$CAX+CF=X$，变形后可得 $X=(I-CA)^{-1}CF$。当计算确定产地的最终需求的跨区域跨行业带动作用时，使用的公式为 $\Delta X=(I-CA)^{-1}\Delta \bar{F}$（陈锡康等，2011）。为简便起见，令 $L=(I-CA)^{-1}$，其元素 $l_{ij \cdot gh}$ 表示区域 h 的部门 j 增加 1 个单位在本地生产的最终需求时，对区域 g 的部门 i 增加的需求。这反映了区域 h 的部门 j 的最终需求的跨区域（及跨行业）带动作用。以上游为例，某年制造业被带动产出可以表示为 $\sum_{i=6}^{22}\sum_{j=6}^{22} l_{ij \cdot gh} \cdot E_{j \cdot h}$，此时 h 为长三角，g 为长江经济带上游，i、j 均为 17 个制造业部门之一，$E_{j \cdot h}$ 为长三角该年部门 j 的出口交货值。在上游的 4 个省市之间，根据当年制造业出口交货值之比分配上述带动产出值；再加上该省市当年本地制造业出口的带动值后，除以该年该省市制造业的工业销售产值就得到占比。

工业废水、废气、二氧化硫、烟粉尘、固体废物的总量数据均来自各省市历年统计年鉴。本章考虑的环境污染状况是长江经济带全流域的情况,而非仅仅是某省市的情况。主要原因是,考虑到长江流域的多雨气候,长江经济带沿线各省市的各类污染均会通过雨水携带的途径向下游转移,污染长江干流和沿线省市。前文梁仁彩(2010)和周冯琦等(2016)也指出了这一点。本章的指标设定中体现了这一点,以某省某年"流域工业废气污染"指标为例,将其设定为:

$$AP = \frac{IE \times DIST}{AREA} \tag{5.1}$$

其中,AP 表示该省该年流域工业废气污染,IE 表示该省该年工业废气排放总量,$DIST$ 表示该省最主要长江或其支流的港口至长江口的航线距离,数据来自长江航道局发布的长江航道里程表;$AREA$ 表示该省面积,数据来自各省年鉴。式(5.1)的含义为:某省工业发展造成的流域污染与其到长江口的距离成正比,与其面积成反比。表5.1中的五个污染指标均按类似方式处理。

二、耦合协调度模型

外向型制造业与环境耦合模型中,各指标的效应函数为:

$$\begin{cases} e_{ij} = \dfrac{x_{ij} - \min x_{ij}}{\max x_{ij} - \min x_{ij}}, & e_{ij} \text{为正效应}, \\ e_{ij} = \dfrac{\max x_{ij} - x_{ij}}{\max x_{ij} - \min x_{ij}}, & e_{ij} \text{为负效应} \end{cases} \tag{5.2}$$

其中,e_{ij} 为子系统 i 指标 j 的效应值,反映指标达成目标的满意程度,$0 \leq e_{ij} \leq 1$,$e_{ij}=0$ 时最不满意,$e_{ij}=1$ 时最满意;x_{ij} 为(当年)子系统 i 指标 j 的值;$\max x_{ij}$ 为(当年)子系统 i 指标 j 的最大值;$\min x_{ij}$ 为(当年)子系统 i 指标 j 的最小值。

各子系统的综合效应反映该子系统内所有指标对子系统的综合贡献,计算公式为:

$$E_i = \sum_{j=1}^{m} a_{ij} e_{ij}, a_{ij} \geq 0 \text{ 且 } \sum_{j=1}^{m} a_{ij} = 1 \tag{5.3}$$

其中,a_{ij} 为子系统中各指标的权重。为了增加权重设置的客观性,参考马丽等(2012)、李国敏等(2015)等文献中的方法。本章通过主成分分析法确定各指标权重,具体做法为:对子系统内各指标进行主成分分析;用初始因子载荷矩阵中的数据除以主成分(均只提取了一个主成分)对应的特征值的平方根,得到各指标的系数;将各指标系数除以系数之和,得到该指标权重。

参考李国敏等(2015),本章的耦合函数设定为:

$$C=\frac{(E_1\times E_2)^{1/2}}{(E_1+E_2)/2} \tag{5.4}$$

其中,C 为两个子系统之间的耦合度,耦合度等于各子系统综合效应的几何平均值与算术平均值之比。当各子系统的综合效应相等,即发展程度相当、系统最优化时,耦合度达到最大值 1;当耦合度为最小值 0 时,说明子系统之间处于无序状态。参考有关文献,本章将耦合度值分为四段进行定性分析:$0 \leqslant C \leqslant 0.3$,低水平耦合阶段;$0.3 < C \leqslant 0.5$,拮抗阶段;$0.5 < C \leqslant 0.8$,磨合阶段;$0.8 < C \leqslant 1$,高水平耦合阶段。

耦合度主要反映外向型制造业发展与环境两个子系统间的协调程度。协调度则可以反映外向型制造业与环境的整体功能和综合发展水平。本章的协调度模型设定为:

$$T=(\alpha E_1 \times \beta E_2)^{1/2} \tag{5.5}$$

$$D=(C\times T)^{1/2} \tag{5.6}$$

其中,T 为综合协调指数,反映外向型制造业发展与环境的整体发展水平;α、β 为权数,由于长江经济带的建设需要同样重视外向型制造业的发展与环境的保护,本章取 $\alpha=\beta=0.5$。D 为协调度,它是耦合度与综合协调指数的几何平均值,可以更全面地评价全系统的发展状况。参考有关文献,本章将协调度值也分为四段进行定性分析:$0 \leqslant D \leqslant 0.3$,低水平协调阶段;$0.3 < D \leqslant 0.5$,中等水平协调阶段;$0.5 < D \leqslant 0.8$,高度协调阶段;$0.8 < D \leqslant 1$,极度协调阶段。

第三节 统计结果与分析

一、耦合度结果及分析

表 5.2 列出了 2009 年至 2015 年长江经济带各省市外向型制造业发展与环境污染之间的耦合度值。2015 年,外向型制造业与环境处于高水平耦合阶段的省市有上海、江苏、浙江、江西;处于磨合阶段的有安徽、湖南、湖北、四川、贵州;没有省市处于拮抗阶段;处于低水平耦合阶段的有重庆、云南。可以看出,考虑长江经济带上游环境污染对下游的影响之后,耦合度呈现出自下游向上游的梯度分布,下游的工业污染排放量虽然较大,但由于在较短的距离内排放入海,没有形成流域内污

染的扩散，因而是与其外向型制造业的发展水平相适应的；相对应地，上游的重庆和云南虽然工业污染排放总量不大，但考虑到向下游的污染扩散，与其外向型制造业发展水平处于严重不协调的状态。

表 5.2 长江经济带各省市外向型制造业与环境的耦合度

年份	2009	2010	2011	2012	2013	2014	2015
上海	0.989 8	0.989 3	0.986 5	0.982 5	0.982 2	0.981 1	0.980 7
江苏	0.999 7	0.997 2	0.983 1	0.9815	0.994 2	0.989 9	0.991 7
浙江	0.949 6	0.953 1	0.947 5	0.958 4	0.963 2	0.969 1	0.969 1
安徽	0.520 6	0.517 9	0.632 1	0.701 7	0.690 1	0.760 5	0.731 7
江西	0.757 1	0.775 2	0.790 1	0.820 6	0.765 5	0.816 5	0.821 8
湖北	0.544 6	0.583 5	0.631 7	0.621 8	0.595 0	0.560 2	0.596 4
湖南	0.375 9	0.402 5	0.495 3	0.575 8	0.603 9	0.598 8	0.610 6
重庆	0.009 9	0.007 7	0.889 5	0.819 3	0.731 7	0.573 7	0.003 5
四川	0.542 1	0.640 7	0.748 7	0.816 5	0.873 5	0.739 1	0.612 9
贵州	0.304 0	0.379 4	0.349 8	0.585 5	0.335 6	0.292 6	0.505 2
云南	0.104 9	0.091 5	0.111 9	0.069 0	0.092 6	0.050 3	0.002 5

资料来源：作者计算。

2009 年至 2015 年，大多数省市的耦合度未发生明显变化。安徽、江西、湖南的耦合度处于不断的提升过程中，湖南的耦合度从拮抗阶段上升为磨合阶段，江西的耦合度从磨合阶段上升为高水平耦合阶段，这说明长江经济带中游近年来外向型制造业的快速发展与其环境状况是基本协调的。四川、贵州曾分别达到高水平耦合阶段、磨合阶段，但不够稳定。云南始终处于低水平耦合阶段。变化最大的是重庆，2009 年至 2010 年处于低水平耦合阶段；2011、2012 年飞跃式达到了高水平耦合阶段，比较原始数据可知，这主要得益于那两年重庆外向型制造业的超高速增长；但随着增长速度的下降，重庆在 2013、2014 年降为磨合阶段，并在 2015 年回到了低水平耦合阶段。从本章的指标设定方法来看，重庆市由于地处上游、面积较小，对工业污染是非常敏感的，如果外向型制造业不能够迅速增长，或是工业污染排放量上升稍快，就很容易陷入两个子系统的严重不协调状态。

二、协调度结果及分析

表5.3列出了2009年至2015年长江经济带各省市外向型制造业发展与环境污染之间的协调度值,协调度评价了两个子系统的综合发展水平。2015年,下游的上海、江苏、浙江处于高度协调阶段;处于中等水平协调阶段的有安徽、江西;其余省市均处于低水平协调阶段。这基本与耦合度的结果一致,但江西、湖北、湖南、四川、贵州的评价比耦合度的评价至少要低一个档次,说明这些省市虽然两个子系统之间相对协调,但整体发展水平还不够高。

表5.3 长江经济带各省市外向型制造业与环境的协调度

年份	2009	2010	2011	2012	2013	2014	2015
上海	0.654 1	0.652 8	0.645 4	0.636 7	0.636 3	0.634 1	0.633 2
江苏	0.625 4	0.612 6	0.580 4	0.581 6	0.601 8	0.589 3	0.583 7
浙江	0.585 9	0.590 5	0.583 1	0.597 7	0.604 7	0.613 7	0.613 7
安徽	0.245 6	0.238 8	0.279 7	0.316 6	0.324 8	0.357 9	0.339 2
江西	0.384 8	0.389 1	0.378 6	0.400 2	0.374 3	0.403 3	0.397 4
湖北	0.254 9	0.269 1	0.267 2	0.268 5	0.267 6	0.245 5	0.261 2
湖南	0.157 6	0.165 0	0.201 4	0.239 4	0.263 6	0.259 2	0.266 1
重庆	0.001 0	0.001 0	0.220 0	0.260 0	0.242 0	0.193 1	0.001 0
四川	0.250 0	0.286 7	0.330 9	0.376 8	0.433 2	0.343 0	0.276 4
贵州	0.123 6	0.150 1	0.112 6	0.163 1	0.086 5	0.088 4	0.159 2
云南	0.047 5	0.041 0	0.038 7	0.023 8	0.032 8	0.020 4	0.001 0

资料来源:作者计算。

从时序来看,2009年至2015年,大多数省市的协调度比较稳定。安徽、湖南的协调度稳定上升,安徽的协调度由低水平协调阶段上升为中等水平协调阶段。四川的协调度波动较大,2011年至2014年间曾达到中等水平协调阶段,但在2015年又回落到低水平协调阶段。湖北、湖南、重庆、贵州、云南均始终处于低水平协调阶段。与耦合度的结果比较,江西、湖北、湖南、四川、贵州的协调度相对较低,这主要受其外向型制造业发展水平限制。重庆的协调度虽有较大波动,但始终处于低水平协调阶段,这与其耦合度的波动反映出的情况有着一致性。

第四节 二位码行业层面的分析

在这一部分,本章运用2015年数据对重庆、江西、江苏三省市二位码行业的工业[①]污染排放量及其与工业销售产值、出口交货值之间的比例关系进行了分析。

一、三省市的污染排放状况

本节首先研究重庆、江西、江苏三省市2015年各工业行业的各类污染情况,并对三省市情况进行分析、比较。其中重点是调整后污染排放量的分析,以工业废水污染排放为例,各省市经过调整的各行业工业废水污染排放量的公式如下:

$$AP_{ij} = \frac{IE_{ij} \times DIST_i}{AREA_i} \tag{5.7}$$

其中,AP_{ij}表示 i 省2015年 j 行业流域工业废水污染;IE_{ij}表示 i 省2015年 j 行业工业废水排放量;$DIST_i$ 表示 i 省最主要长江或其支流的港口至长江口的航线距离;$AREA_i$ 表示 i 省面积。式(5.7)的含义为:某省某行业造成的流域工业废水污染与该省到长江口的距离成正比,与该省面积成反比。

表5.4是在不考虑上、中游工业污染排放向下游扩散的情况下,重庆、江西、江苏三省市2015年工业分行业污染排放量。总体来看,三省市食品加工、食品制造、饮料、纺织、木材、造纸、石油、化工、医药、化纤、橡塑、非金属、黑色金属、有色金属、交通、电气、通信、电力热力行业的各类污染排放都比较高,特别是重化工业行业的化工、非金属、黑色金属、交通、电气、通信行业。如:三省市黑色金属行业除固体废物外其他四类污染排放量基本都达到了10 000万吨(亿立方米),江西省和江苏省尤其突出,其中江苏省该行业的烟粉尘污染排放量为249 952万吨;三省市黑色金属行业的二氧化硫污染最为严重,三省市都超过了20 000万吨,江苏省该行业的二氧化硫污染排放量为112 191万吨;三省市黑色金属行业的烟粉尘污染排放量都超过了30 000万吨,江苏省该行业的烟粉尘污染排放量为249 952万吨,三省市该行业的烟粉尘污染排放量均位于各类污染排放量之首;三省市的非金属行业的

[①] 为便于与其他文献比较,在分析各行业污染排放量时,采用了各省统计年鉴的行业分类;且除了制造业行业外,还增加了电力、热力的生产和供应业,该行业的污染排放量也很高。

表 5.4 三省市工业分行业污染排放量

行业	重庆					江西					江苏				
	废水	废气	二氧化硫	烟粉尘	固体	废水	废气	二氧化硫	烟粉尘	固体	废水	废气	二氧化硫	烟粉尘	固体
食品加工	1 993.42	31.86	3 581.48	1 666.37	0.38	2 231.50	105.70	4 651.00	4 880.00	0.00	6 013.16	253.51	7 800.00	4 657.00	0.00
食品制造	799.57	72.90	4 090.76	2 340.70	0.04	1 208.11	48.27	5 795.00	5 418.00	0.00	3 064.59	74.89	4 270.00	1 414.00	0.00
饮料	1 025.80	18.04	2 986.51	913.76	0.02	1 299.77	38.45	3 313.00	1 640.00	0.00	7 808.55	114.01	7 041.00	3 168.00	0.00
烟草	16.01	42.83	201.58	58.82	0.00	21.96	20.78	463.00	352.00	0.00	91.42	43.44	58.00	231.00	0.00
纺织	442.76	22.51	4 876.43	965.05	0.00	1 620.07	47.32	1 769.00	1 864.00	0.00	44 326.05	472.77	40 906.00	15 564.00	0.00
服装	31.61	0.51	63.22	9.82	0.01	243.07	7.17	162.00	160.00	0.00	1 507.85	35.65	1 660.00	716.00	0.00
皮革	50.13	2.61	1 802.60	81.03	0.00	457.94	4.69	493.00	393.00	0.00	794.40	31.18	1 775.00	946.00	0.00
木材	18.40	13.80	709.29	738.38	0.00	467.56	273.61	2 929.00	23 496.00	0.00	350.17	221.17	9 199.00	30 020.00	0.00
家具	4.78	4.78	80.97	83.66	0.00	57.61	14.14	34.00	445.00	0.00	36.77	0.34	8.00	45.00	0.00
造纸	4 793.02	130.96	7 862.32	1 632.17	0.03	11 577.39	125.19	26 358.00	5 195.00	0.00	16 272.34	882.22	18 763.00	4 334.00	0.00
印刷	15.57	39.16	166.68	8.10	0.00	88.40	11.67	328.00	343.00	0.00	143.17	34.83	124.00	181.00	0.00
文教	0.00	4.98	0.00	7.12	0.00	111.08	3.01	123.00	75.00	0.00	238.77	14.10	238.00	891.00	0.00
石油	370.12	21.19	1 591.53	358.22	0.00	1 366.18	182.02	15 828.00	1 756.00	0.00	5 045.01	1 157.12	36 824.00	10 830.00	0.00
化工	3 329.39	726.78	31 558.09	12 696.12	0.00	6 925.67	1 104.23	32 204.00	27 457.00	0.00	34 556.19	3 215.33	77 406.00	33 724.00	0.00
医药	1 075.37	58.23	4 260.20	948.53	0.00	2 386.95	68.62	4 295.00	3 014.00	0.00	5 066.69	190.17	3 305.00	1 812.00	0.00
化纤	1 524.41	122.30	2 453.73	3 550.64	0.00	2 223.14	76.25	4 918.00	2 033.00	0.00	5 995.13	456.98	14 310.00	4 026.00	0.00

续表

行业	重庆					江西					江苏				
	废水	废气	二氧化硫	烟粉尘	固体	废水	废气	二氧化硫	烟粉尘	固体	废水	废气	二氧化硫	烟粉尘	固体
橡塑	140.57	114.91	3 094.88	1 562.21	0.00	397.28	25.92	1 903.00	2 267.00	0.00	1 232.65	278.22	5 815.00	2 164.00	0.00
非金属	1 008.63	3 943.70	136 367.95	72 865.66	0.03	3 500.50	5 876.19	165 712.00	156 063.00	0.00	2 773.22	5 027.77	52 097.00	87 278.00	0.00
黑色金属	315.57	944.07	26 967.40	31 241.17	0.39	10 598.31	4 061.01	86 751.00	120 101.00	0.00	10 645.22	21 559.70	112 191.00	249 952.00	0.00
有色金属	359.42	78.35	7 398.05	1 037.18	0.18	3 768.90	798.79	35 439.00	12 564.00	0.00	1 013.91	288.09	3 406.00	7 191.00	0.00
金属制品	407.36	67.50	1 431.46	554.07	0.00	602.02	80.84	1 516.00	1 532.00	0.00	5 951.48	1 300.51	8 813.00	7 007.00	0.00
通用	283.26	51.05	87.47	466.81	0.00	218.16	23.62	277.00	671.00	0.00	2 427.59	625.68	2 143.00	2 964.00	0.00
专用	54.51	8.47	4.89	57.70	0.00	155.28	33.98	284.00	513.00	0.00	935.56	153.87	732.00	1 598.00	0.00
交通	1 369.34	903.14	696.92	1 343.62	0.00	886.48	15.97	454.00	304.00	0.00	3 548.10	655.35	1 193.00	4 126.00	0.00
电气	142.42	118.14	349.33	311.25	0.00	566.07	105.02	643.00	825.00	0.00	2 225.07	556.84	1 193.00	972.00	0.00
通信	1 235.36	67.71	9.93	71.94	0.00	2 594.36	117.20	325.00	237.00	0.00	15 274.76	1 997.83	1 405.00	1 325.00	0.00
仪器	31.73	6.22	2.46	8.42	0.00	161.64	1.83	105.00	201.00	0.00	571.94	34.26	225.00	1 092.00	0.00
废弃资源	15.46	57.79	52.63	174.74	0.00	271.20	32.51	1 223.00	1 219.00	0.00	292.75	69.70	655.00	262.00	0.00
电力热力	1 122.10	2 200.63	145 058.33	43 375.77	0.90	438.48	3 361.38	73 695.00	24 935.00	0.00	3 377.13	18 066.41	268 353.00	89 093.00	0.00

注：(1) 其中"固体"表示"固体废物污染"，下同。
(2) "废水""废气""二氧化硫""烟粉尘""固体废物"的单位分别为"万吨""亿立方米""万吨""万吨""万吨"，下同。
(3) 数据为作者计算。

二氧化硫和烟粉尘在各类污染排放量中最高。总体来看,江苏省重化工业行业的各类污染排放量位于三省市前列,主要是因为江苏省的重化工业行业比其他两省市发达,相应地,重化工业的污染排放量也较高。

表5.5是三省市2015年各行业污染排放量排序表,如表所示,三省市污染排放量最高的4个行业都是非金属、黑色金属、电力热力、化工行业,这4个行业除电力热力外都属于重化工业行业,体现了发展外向型重化工业行业与环境保护之间的矛盾。污染排放量排在第5到8位的行业,重庆市为造纸、有色金属、化纤、食品加工行业;江西省为有色金属、造纸、木材、石油行业;江苏省为纺织、石油、木材、造纸行业,说明重庆、江西、江苏三省市这些行业的环境污染较为严重。而污染排放量排在最后4位的行业,重庆市为专用、服装、仪器、文教行业;江西省为服装、家具、仪器、文教行业;江苏省为废弃资源、印刷、烟草、家具行业。

总体来看,各行业污染排放量的排序大致是:非金属、电力热力、黑色金属、化工、纺织、造纸、石油、有色金属、木材、化纤、食品加工、饮料、食品制造、金属制品、医药、通信、橡塑、交通、通用、电气、皮革、服装、专用、废弃资源、仪器、文教、烟草、印刷、家具。这与傅帅雄(2016)的行业排序结果是基本一致的。

在没有考虑上、中游工业污染排放向下游扩散的情况下,重庆、江西各行业的各类污染排放量绝大多数要低于江苏。这主要受各省市有关行业生产规模的影响,与杨树旺等(2016)的结果是一致的。限于篇幅,表格没有列出。有关统计显示,对于各工业行业污染排放量,重庆高于江苏的有交通行业的废气污染,有色金属、医药、烟草行业的二氧化硫污染,印刷行业的废气和二氧化硫污染,家具行业的废气、二氧化硫和烟粉尘污染,食品制造行业的烟粉尘污染,其他行业的各类污染排放量都低于江苏;江西高于江苏的主要有家具、非金属、有色金属行业的四类工业污染,造纸、印刷、医药、废弃资源行业的二氧化硫和烟粉尘污染,木材行业的废水和废气污染,食品制造行业的二氧化硫污染,其他行业的各类污染排放量基本都低于江苏。

表5.6是在考虑上、中游工业污染排放向下游扩散的情况下,重庆、江西、江苏三省市2015年工业分行业污染排放量的比较。考虑上、中游的污染扩散后,重庆、江西的各项污染排放显著提升,大部分行业污染与江苏省不相上下,特别是重庆市,经过调整后的各行业污染不仅显著提高,而且大部分都超过了江苏省。这主要是因为重庆位于长江上游地区,离入海口的距离较远,再加上市域面积较小,因此调整后的各行业污染相对较高。相比之下,江西省经过调整后的各行业污染并没有明显超过江苏省。

表 5.5　三省市各行业污染排放量排序

重庆			江西			江苏		
行业	三类合计	行业	废气	三类合计	行业	废气	三类合计	行业	废气
非金属	210 242.24	非金属	3 943.7	325 275.50	非金属	5 876.19	372 788.22	黑色金属	21 559.70
电力热力	189 556.2	电力热力	2 200.63	217 450.31	黑色金属	4 061.01	360 823.13	电力热力	18 066.41
黑色金属	58 524.14	黑色金属	944.07	99 068.48	电力热力	3 361.38	145 686.19	非金属	5 027.77
化工	47 583.6	交通	903.14	66 586.67	化工	1 104.23	142 148.22	化工	3 215.33
造纸	14 287.51	化工	726.78	51 771.90	有色金属	798.79	100 796.05	通信	1 997.83
有色金属	8 794.65	造纸	130.96	43 130.39	木材	273.61	52 699.01	金属制品	1 300.51
化纤	7 528.78	化纤	122.30	26 892.56	石油	182.02	39 569.17	石油	1 157.12
电气	7 241.27	电气	118.14	18 950.18	造纸	125.19	39 369.34	造纸	882.22
食品加工	7 231.03	橡塑	114.91	12 421.11	通信	117.20	24 331.13	交通	655.35
食品制造	6 284.24	有色金属	78.35	11 762.50	食品加工	105.70	21 771.48	通用	625.68
纺织	6 284.1	食品制造	72.90	9 695.95	电气	105.02	18 470.16	电气	556.84
医药	4 926.06	通信	67.71	9 174.14	金属制品	80.84	18 017.55	纺织	472.77
饮料	4 797.67	金属制品	67.50	6 252.77	化纤	76.25	18 004.76	化纤	456.98
橡塑	3 409.88	医药	58.23	5 253.07	医药	68.62	11 610.91	有色金属	288.09
交通	2 392.89	废弃资源	57.79	4567.28	食品制造	48.27	10183.69	橡塑	278.22
金属制品	2 319.87	通用	51.05	3 650.02	纺织	47.32	9 211.65	食品加工	253.51

长三角引领长江经济带构建外向型工业布局研究

续表

重庆				江西				江苏			
行业	三类合计	行业	废气	行业	三类合计	行业	废气	行业	三类合计	行业	废气
皮革	1 933.75	烟草	42.83	通信	3 156.36	饮料	38.45	交通	8 867.10	木材	221.17
木材	1 466.07	印刷	39.16	废弃资源	2 713.20	专用	33.98	食品制造	8 748.59	医药	190.17
通信	1 317.22	食品加工	31.86	电气	2 034.07	废弃资源	32.51	通用	7 534.59	专用	153.87
通用	837.54	纺织	22.51	交通	1 644.48	橡塑	25.92	电气	4 390.07	饮料	114.01
电气	803.00	石油	21.19	皮革	1 343.94	通用	23.62	服装	3 883.85	食品制造	74.89
烟草	276.40	饮料	18.04	通用	1 166.16	烟草	20.78	皮革	3 515.40	废弃资源	69.70
废弃资源	242.83	木材	13.80	专用	952.28	交通	15.97	专用	3 265.56	烟草	43.44
印刷	190.35	专用	8.47	烟草	836.96	家具	14.14	仪器	1 888.94	服装	35.65
家具	169.41	仪器	6.22	印刷	759.40	印刷	11.67	文教	1 367.77	印刷	34.83
专用	117.09	文教	4.98	服装	565.07	服装	7.17	废弃资源	1 209.75	仪器	34.26
服装	104.66	家具	4.78	家具	536.61	皮革	4.69	印刷	448.17	皮革	31.18
仪器	42.61	皮革	2.61	仪器	467.64	文教	3.01	烟草	380.42	文教	14.10
文教	7.12	服装	0.51	文教	309.08	仪器	1.83	家具	89.77	家具	0.34

注：（1）表中"三类合计"是指"废水""二氧化硫"和"烟粉尘"三类污染排放量的合计。
（2）各省市的"固体废物污染"排放量相对于其他类工业污染可以忽略不计，因此，表中没有包含该类污染排放量。
（3）数据为作者计算。

表 5.6 三省市工业分行业污染排放量的比较(调整后)

行业	重庆比江苏				江西比江苏			
	废水	废气	二氧化硫	烟粉尘	废水	废气	二氧化硫	烟粉尘
食品加工	2.77	1.05	3.84	2.99	0.52	0.59	0.84	1.47
食品制造	2.18	8.15	8.02	13.85	0.55	0.90	1.91	5.38
饮料	1.10	1.32	3.55	2.41	0.23	0.47	0.66	0.73
烟草	1.46	8.25	29.08	2.13	0.34	0.67	11.21	2.14
纺织	0.08	0.40	1.00	0.52	0.05	0.14	0.06	0.17
服装	0.18	0.12	0.32	0.11	0.23	0.28	0.14	0.31
皮革	0.53	0.70	8.50	0.72	0.81	0.21	0.39	0.58
木材	0.44	0.52	0.65	0.21	1.87	1.74	0.45	1.10
家具	1.09	117.63	84.69	15.56	2.20	58.39	5.97	13.88
造纸	2.46	1.24	3.51	3.15	1.00	0.20	1.97	1.68
印刷	0.91	9.41	11.25	0.37	0.87	0.47	3.71	2.66
文教	0.00	2.96	0.00	0.07	0.65	0.30	0.73	0.12
石油	0.61	0.15	0.36	0.28	0.38	0.22	0.60	0.23
化工	0.81	1.89	3.41	3.15	0.28	0.48	0.58	1.14
医药	1.78	2.56	10.79	4.38	0.66	0.51	1.82	2.34
化纤	2.13	2.24	1.43	7.38	0.52	0.23	0.48	0.71
橡塑	0.95	3.46	4.45	6.04	0.45	0.13	0.46	1.47
非金属	3.04	6.56	21.90	6.99	1.77	1.64	4.47	2.51
黑色金属	0.25	0.37	2.01	1.05	1.40	0.26	1.09	0.67
有色金属	2.97	2.28	18.17	1.21	5.22	3.89	14.61	2.45
金属制品	0.57	0.43	1.36	0.66	0.14	0.09	0.24	0.31
通用	0.98	0.68	0.34	1.32	0.13	0.05	0.18	0.32
专用	0.49	0.46	0.06	0.30	0.23	0.31	0.54	0.45
交通	3.23	11.53	4.89	2.72	0.35	0.03	0.53	0.10
电气	0.54	1.78	2.45	2.68	0.36	0.26	0.76	1.19
通信	0.68	0.28	0.06	0.45	0.24	0.12	0.32	0.25
仪器	0.46	1.52	0.09	0.06	0.40	0.07	0.66	0.26
废弃资源	0.44	6.94	0.67	5.58	1.30	0.65	2.62	6.53
电力热力	2.78	1.02	4.52	4.07	0.18	0.26	0.39	0.39

注:(1)"重庆比江苏""江西比江苏"分别指的是重庆、江西的污染排放量除以江苏相应的污染排放量,下同。

(2)数据为作者计算。

具体来看,调整后,重庆市的食品加工、食品制造、饮料、烟草、家具、造纸、医药、化纤、非金属、有色金属、交通、电力热力行业的四类污染都超过了江苏省,其中非金属行业的四类污染尤其突出,分别是江苏省的3.04到21.9倍。重庆市的化工、橡塑、电气行业的废气、二氧化硫和烟粉尘排放都超过了江苏省,且大多超过江苏省的2倍,分别是江苏省的1.78到6.04倍。江西省经过调整后的各行业污染排放虽有增长,但是整体情况与调整前一致,大部分行业的各类污染仍低于江苏省,少数行业高于江苏省,具体来看,江西省的家具、非金属、有色金属行业的四类污染高于江苏省,分别是江苏省的1.64到58.39倍;其他高于江苏省的行业污染有废弃资源的废水、二氧化硫、烟粉尘,食品制造、烟草、造纸、印刷、医药的二氧化硫和烟粉尘,木材行业的废水、废气,食品加工、化工、橡塑行业的烟粉尘,黑色金属行业的废水,分别是江苏省的1.47到11.21倍。

不过,即使经过了地理调整,重庆和江西仍有一些行业的污染排放量低于江苏。对于重庆市,服装、木材、石油、专用、通信行业的四类污染都低于江苏省,特别是石油、专用、通信行业,经过调整后的污染排放量仍然较低。对于江西省,饮料、纺织、服装、皮革、文教、石油、化纤、金属制品、通用、专用、交通、通信、仪器和电力热力行业的四类污染都低于江苏省,特别是纺织业的四类污染基本只有江苏省的0.1。

二、三省市污染排放量与工业销售产值、出口交货值之比的比较

工业污染排放量主要是工业规模的反映,因此,进一步的研究需要排除规模的影响,考虑环境效益。本节接着分析重庆、江西、江苏三省市的各制造业行业的各类污染排放量与工业销售产值、出口交货值之间的比例关系,并对三省市进行比较。杨文举等(2016)采用数据包络分析的方法研究了长江上游地区工业的环境绩效。但除上述三省市外其他省市二位码行业层次的数据难以获得,无法应用该方法。所以本节直接用各类污染排放量与该行业工业销售产值、出口交货值之比进行比较的方法来反映三省市各行业与产能相对应的环境效益。

其中涉及的被出口带动值是运用各省市2012年的地区投入产出表及本书在此基础上编制的长江经济带区域间投入产出表计算出来的,所以这一部分的行业划分是按2012年中国地区投入产出表的行业口径①。其中,以工业废水污染排放为例,各省市调整前的各行业各类污染排放量与工业销售产值、出口交货值之间关系的公式分别为:

---

① 如第四章所述,所用的投入产出表包括19个制造业行业,计算被出口带动值时除去了废品废料业及金属制品、机械和设备修理业。限于数据可得性,本部分的计算结果也没有列出"其他制造产品业"。

第五章 长江经济带外向型制造业与环境的协调度研究

$$IEQ_{ij} = \frac{IE_{ij}}{Q_{ij}} \tag{5.8}$$

$$IEE_{ij} = \frac{IE_{ij}}{E_{ij} + BE_{ij}} \tag{5.9}$$

调整后的各行业各类污染排放量与工业销售产值、出口交货值之间关系的公式分别为：

$$APQ_{ij} = \frac{AP_{ij}}{Q_{ij}} \tag{5.10}$$

$$APE_{ij} = \frac{AP_{ij}}{E_{ij} + BE_{ij}} \tag{5.11}$$

式(5.8)和式(5.9)中，IEQ_{ij}、IEE_{ij} 分别表示调整前 i 省 2015 年 j 行业工业废水排放量与工业销售产值、出口交货值的比值，IE_{ij} 表示 i 省 2015 年 j 行业工业废水排放量，Q_{ij}、E_{ij}、BE_{ij} 分别表示 i 省 2015 年 j 行业的工业销售产值、出口交货值和被带动出口值。其中，被带动出口值分为被本地区制造业出口带动的制造业产出与被长三角制造业出口带动的产出（长三角三省市的该指标只有前者），后者表示为 $BE_{ij} = \sum_{i=6}^{22}\sum_{j=6}^{22} l_{ij \cdot gh} \cdot E_{j \cdot h}$。式(5.10)与式(5.11)中，$APQ_{ij}$、$APE_{ij}$ 分别表示调整后 i 省 2015 年 j 行业流域工业废水排放量与工业销售产值、出口交货值的比值，AP_{ij} 表示 i 省 2015 年 j 行业流域工业废水污染，即经过地理调整后的废水排放量，Q_{ij}、E_{ij}、BE_{ij} 仍分别表示 i 省 2015 年 j 行业的工业销售产值、出口交货值和被带动出口值。

而在考虑上、中游工业污染排放向下游扩散的情况下，表 5.7、5.9 分别是三省市各制造业行业污染排放量与工业销售产值、出口交货值之比；表 5.8、5.10 分别是三省市 2015 年工业污染排放量与工业销售产值、出口交货值之比的比较。

如表 5.8、5.10 所示，在考虑污染的扩散后，重庆、江西的各项环境效益指标与江苏的差距进一步拉大。特别是重庆，由于地处上游，考虑工业污染排放向下游的扩散后，只有专用、通信行业的二氧化硫污染排放量与工业销售产值之比，通信业的二氧化硫污染排放量与出口交货值之比低于江苏，其他各项指标的大部分或绝大部分超过了江苏指标值的 10 倍甚至更高；江西的情况相对稍好，与江苏指标的差距只略有扩大。

不过，就重庆、江西的少数二位码行业而言，即使经过了地理调整，仍然具有较好的环境效益。对于重庆，通信业的二氧化硫污染排放量与工业销售产值、出口交货值之比均低于江苏。这说明集聚于重庆的外向型通信设备产业集群产生了较大的规模经济效应，不仅具有在国际市场的产品竞争力，而且环境效益也较高。对于江西，食品烟草业的废水排放量、纺织业的废水和二氧化硫排放量、服装业的二氧化硫排放量、造纸印刷文教业的废气排放量、金属加工业的废气排放量、金属制品

表 5.7 三省市工业污染排放量与工业销售产值之比（调整后）

行业	重庆					江西					江苏				
	废水	废气	二氧化硫	烟粉尘	固体	废水	废气	二氧化硫	烟粉尘	固体	废水	废气	二氧化硫	烟粉尘	固体
食品烟草	0.074	0.003	0.209	0.096	0.000	0.008	0.000	0.022	0.019	0.000	0.008	0.000	0.009	0.004	0.000
纺织	0.066	0.003	0.726	0.144	0.000	0.007	0.000	0.007	0.008	0.000	0.021	0.000	0.020	0.008	0.000
服装	0.008	0.000	0.174	0.008	0.000	0.002	0.000	0.002	0.001	0.000	0.001	0.000	0.002	0.001	0.000
木材家具	0.004	0.003	0.144	0.150	0.000	0.004	0.002	0.022	0.179	0.000	0.001	0.000	0.012	0.039	0.000
造纸印刷文教	0.252	0.009	0.421	0.086	0.000	0.047	0.001	0.107	0.022	0.000	0.013	0.001	0.015	0.004	0.000
石油	0.155	0.009	0.665	0.150	0.000	0.014	0.002	0.157	0.017	0.000	0.008	0.002	0.058	0.017	0.000
化工	0.091	0.015	0.617	0.280	0.000	0.014	0.001	0.049	0.040	0.000	0.006	0.001	0.013	0.006	0.000
非金属	0.026	0.100	3.450	1.843	0.000	0.006	0.010	0.292	0.275	0.000	0.002	0.004	0.037	0.062	0.000
金属加工	0.013	0.020	0.682	0.640	0.000	0.012	0.004	0.102	0.110	0.000	0.003	0.006	0.030	0.066	0.000
金属制品	0.020	0.003	0.070	0.027	0.000	0.004	0.001	0.010	0.010	0.000	0.003	0.001	0.005	0.004	0.000
通用	0.012	0.002	0.004	0.020	0.000	0.001	0.000	0.002	0.004	0.000	0.001	0.000	0.001	0.001	0.000
专用	0.004	0.001	0.000	0.004	0.000	0.001	0.001	0.003	0.005	0.000	0.001	0.000	0.000	0.001	0.000
交通	0.027	0.018	0.014	0.027	0.000	0.034	0.001	0.017	0.012	0.000	0.003	0.001	0.000	0.004	0.000
电气	0.004	0.003	0.009	0.008	0.000	0.001	0.000	0.001	0.001	0.000	0.000	0.000	0.000	0.000	0.000
通信	0.011	0.001	0.000	0.001	0.000	0.010	0.001	0.001	0.001	0.000	0.003	0.000	0.000	0.000	0.000
仪器	0.006	0.001	0.001	0.001	0.000	0.006	0.000	0.004	0.007	0.000	0.001	0.000	0.000	0.001	0.000

资料来源：作者自制。

表5.8 三省市工业污染排放量与工业销售产值之比的比较（调整后）

行业	重庆比江苏				江西比江苏			
	废水	废气	二氧化硫	烟粉尘	废水	废气	二氧化硫	烟粉尘
食品烟草	9.23	13.94	23.16	21.50	0.94	1.47	2.49	4.36
纺织	3.07	14.61	36.59	19.03	0.32	0.87	0.37	1.04
服装	5.27	6.93	80.66	8.12	1.20	0.70	0.75	1.31
木材家具	8.35	11.70	11.97	3.81	7.78	7.44	1.84	4.56
造纸印刷文教	19.38	12.62	28.18	20.46	3.62	0.77	7.18	5.32
石油	19.50	4.87	11.49	8.79	1.71	0.99	2.71	1.02
化工	14.62	27.85	46.29	50.72	2.19	2.65	3.70	7.18
非金属	12.85	27.71	92.48	29.50	3.11	2.88	7.84	4.41
金属加工	4.48	3.62	22.98	9.70	4.00	0.72	3.43	1.67
金属制品	6.03	4.57	14.31	6.97	1.22	0.75	2.07	2.63
通用	12.81	8.96	4.48	17.29	1.49	0.63	2.15	3.76
专用	7.27	6.87	0.83	4.50	2.65	3.53	6.20	5.13
交通	8.87	31.68	13.43	7.49	11.03	1.08	16.80	3.25
电气	7.85	26.01	35.90	39.26	2.19	1.62	4.63	7.30
通信	3.82	1.60	0.33	2.56	3.42	1.18	4.66	3.60
仪器	9.60	31.42	1.89	1.33	10.01	1.89	16.54	6.52

资料来源：作者自制。

表5.9 三省市工业污染排放量与出口交货值之比(调整后)

行业	重庆					江西					江苏				
	废水	废气	二氧化硫	烟粉尘	固体	废水	废气	二氧化硫	烟粉尘	固体	废水	废气	二氧化硫	烟粉尘	固体
食品烟草	1.765	0.076	4.998	2.292	0.000	0.076	0.003	0.226	0.195	0.000	0.142	0.004	0.160	0.079	0.000
纺织	0.249	0.013	2.738	0.542	0.000	0.050	0.001	0.055	0.058	0.000	0.073	0.001	0.068	0.026	0.000
服装	0.043	0.002	0.975	0.047	0.000	0.003	0.000	0.003	0.002	0.000	0.003	0.000	0.004	0.002	0.000
木材家具	0.029	0.023	0.984	1.024	0.000	0.014	0.008	0.081	0.654	0.000	0.003	0.002	0.064	0.209	0.000
造纸印刷文教	1.187	0.043	1.982	0.407	0.000	0.112	0.001	0.256	0.054	0.000	0.035	0.002	0.040	0.011	0.000
石油	—	—	—	—	—	0.034	0.005	0.393	0.044	0.000	0.227	0.052	1.656	0.487	0.000
化工	0.433	0.073	2.952	1.339	0.000	0.038	0.004	0.138	0.111	0.000	0.033	0.003	0.070	0.029	0.000
非金属	0.502	1.963	67.893	36.277	0.000	0.069	0.116	3.271	3.081	0.000	0.021	0.038	0.392	0.657	0.000
金属加工	0.046	0.070	2.353	2.210	0.000	0.040	0.014	0.339	0.369	0.000	0.009	0.017	0.092	0.205	0.000
金属制品	0.144	0.024	0.505	0.196	0.000	0.018	0.002	0.046	0.047	0.000	0.013	0.003	0.019	0.015	0.000
通用	0.042	0.008	0.013	0.069	0.000	0.004	0.000	0.006	0.014	0.000	0.003	0.001	0.002	0.003	0.000
专用	0.025	0.004	0.002	0.026	0.000	0.005	0.001	0.010	0.018	0.000	0.003	0.001	0.001	0.003	0.000
交通	0.057	0.038	0.029	0.056	0.000	0.018	0.000	0.009	0.006	0.000	0.001	0.000	0.001	0.004	0.000
电气	0.037	0.031	0.092	0.082	0.000	0.003	0.001	0.003	0.004	0.000	0.002	0.000	0.001	0.000	0.000
通信	0.004	0.004	0.004	0.004	0.000	0.012	0.000	0.001	0.001	0.000	0.002	0.000	0.001	0.000	0.000
仪器	0.037	0.007	0.003	0.010	0.000	0.011	0.000	0.007	0.014	0.000	0.002	0.000	0.001	0.003	0.000

注:(1)"—"表示该项无数据,下同。
(2)数据为作者计算。

表 5.10 三省市工业污染排放量与出口交货值之比的比较(调整后)

行业	重庆比江苏				江西比江苏			
	废水	废气	二氧化硫	烟粉尘	废水	废气	二氧化硫	烟粉尘
食品烟草	12.42	18.74	31.15	28.91	0.53	0.83	1.41	2.46
纺织	3.39	16.17	40.48	21.05	0.68	1.87	0.81	2.23
服装	15.16	19.93	231.86	23.33	1.11	0.65	0.70	1.21
木材家具	10.72	15.01	15.36	4.89	5.33	5.10	1.26	3.13
造纸印刷文教	33.79	22.01	49.13	35.67	3.20	0.68	6.35	4.70
石油	0.00	0.00	0.00	0.00	0.15	0.09	0.24	0.09
化工	13.26	25.26	41.98	46.00	1.16	1.41	1.96	3.81
非金属加工	24.07	51.91	173.22	55.25	3.31	3.07	8.35	4.69
金属加工	4.97	4.02	25.54	10.79	4.30	0.78	3.69	1.80
金属制品	11.02	8.35	26.14	12.73	1.41	0.86	2.39	3.04
通用	16.48	11.52	5.77	22.24	1.73	0.73	2.49	4.37
专用	15.57	14.71	1.78	9.65	3.41	4.53	7.97	6.59
交通	17.14	61.20	25.94	14.46	5.47	0.53	8.33	1.61
电气	33.30	110.36	152.31	166.57	2.62	1.94	5.55	8.75
通信	2.98	1.25	0.26	2.00	8.12	2.81	11.06	8.56
仪器	20.28	66.38	4.00	2.82	6.24	1.18	10.30	4.06

资料来源:作者自制。

业的废气排放量与工业销售产值或出口交货值之比低于江苏,这些行业大多为劳动密集型行业,体现了江西的产业竞争力与环境效益优势所在。

在考虑上、中游工业污染排放向下游扩散的情况下,下面具体来看三省市工业污染排放量与工业销售产值、出口交货值之比的情况。首先分析重庆市。在调整工业污染排放量与工业销售产值之比指标上,除专用业、通信业的二氧化硫污染排放量低于江苏外,其他行业均远高于江苏,大部分行业甚至高出江苏10倍以上,具体有造纸印刷文教业、化工业、非金属业的废水、废气、二氧化硫、烟粉尘,食品烟草业、纺织业、电气业的废气、二氧化硫和烟粉尘,木材家具业和交通业的废气、二氧化硫,石油业的废水、二氧化硫,通用业的废水、烟粉尘,服装业、金属加工业、金属制品业的二氧化硫,仪器业的废气。特别是化工业的二氧化硫和烟粉尘、服装业和非金属业的二氧化硫分别是江苏的46.29、50.72、80.66和92.48倍,这表明重庆市这几类制造业行业的环境效益显著低下。

在调整工业污染排放量与出口交货值之比指标上,重庆市各制造业行业更是远高于江苏,只有通信业的二氧化硫排放量与出口交货值之比低于江苏,且除通信业的废气、废水、烟粉尘,仪器业和专用业的二氧化硫、烟粉尘,通用业的二氧化硫,金属制品业的废气,金属加工业的废水、废气,木材家具业的烟粉尘,纺织业的废水排放量与出口交货值之比是江苏的10倍以下外,其他行业均超过江苏10倍。特别是非金属业和电气业的废气、二氧化硫、烟粉尘,化工业的二氧化硫、烟粉尘,纺织业、服装业和造纸印刷文教业的二氧化硫,交通业和仪器业的废气均超过了江苏省的40倍。

总体而言,重庆市通信业的环境效益相对较好,可以适当发展外向型制造业,而其他行业的环境效益显著低下。因此,重庆市需要继续完善污染治理措施,整治环境污染现状,并根据自身特点和优势调整和落实产业的发展规划。

其次分析江西省。在调整工业污染排放量与工业销售产值之比指标上,江西省纺织业的废水、废气、二氧化硫低于江苏省,且纺织业的烟粉尘也只是江苏的1.04倍,说明纺织业是江西省环境效益最高的行业。服装业的废气、二氧化硫低于江苏,其他两类污染与江苏也大体相当,为1.20和1.31倍,说明江西省的服装业环境效益比较高。不过,除以上行业外,江西省大部分行业的污染排放量与工业销售产值之比还是普遍高于江苏,其中超过江苏5倍的有交通业和仪器业的废水、二氧化硫,造纸印刷文教业和专用业的二氧化硫、烟粉尘,木材家具业的废水、废气,化工业和电气业的烟粉尘,非金属业的二氧化硫。特别是交通业和仪器业的废水、二氧化硫甚至超过江苏10倍,分别为11.03、16.80、10.01和16.54倍,这表明江西省的交通业和仪器业造成的污染较为严重,环境效益较为低下。

在调整工业污染排放量与出口交货值之比指标上,江西省石油业的四类污染都低于江苏省,且只占江苏的0.09到0.24,说明该行业是江西省环境效益最高的行业。

服装业的废气、二氧化硫低于江苏,其他两类污染分别是江苏的1.11和1.21倍,大体与江苏相当;纺织业的废水、二氧化硫低于江苏,其他两类污染分别是江苏的1.87和2.23倍,大约是江苏的2倍;食品烟草业的废水、废气低于江苏,其他两类污染分别是江苏的1.41和2.46倍,说明江西省的服装业、纺织业、食品烟草业的环境效益较高。不过,除以上行业外,江西省大部分行业的污染排放量与工业出口交货值之比普遍高于江苏,其中,造纸印刷文教业、金属加工业、金属制品业、通用业和交通业除了废气低于江苏外,其他三类污染都比江苏高,因此,江西这几类行业的环境效益相对较差。而电气、通信、仪器、专用、非金属、化工、木材家具等行业的四类污染均高于江苏,说明江西省的这些行业的环境污染较为严重,环境效益较差。

总体而言,江西省的纺织业、服装业的环境效益较高,适合发展外向型制造业;专用业污染略微偏高,也能够发展外向型制造业;交通业、仪器业的污染较高,需要在完善污染治理措施的基础上确定发展路径和规模;石油业虽然环境效益较高,但江西发展外向型石油业有较大问题,本书将在第八章进一步分析。

最后分析江苏省。在调整工业污染排放量与工业销售产值之比指标上,江苏省几乎都低于其他两省,不过通信业的二氧化硫污染是重庆的3倍,纺织业的废水、废气、二氧化硫污染分别是江西的3.13、1.15、2.7倍,服装业的废气和二氧化硫分别是江西的1.43和1.33倍,造纸印刷文教业、金属加工业、金属制品业、通用业的废气污染超过江西,不过都在1.6倍以下。其余行业的各项污染均低于江西和重庆的指标。特别是与重庆相比的石油、化工、非金属、交通、电气、造纸印刷文教、食品烟草等行业的四类污染几乎都没达到重庆的0.1,说明江苏省的这些行业相对于重庆市有着非常明显的环境效益优势。与江西省相比,江苏省的化工业、非金属业、专用业、仪器业的四类污染几乎也只占江西的0.5以下,说明相对于江西省而言,江苏省的化工、非金属、专用、仪器等行业环境效益显著。

在调整工业污染排放量与出口交货值之比指标上,结果大致与上面类似,江苏省的绝大部分行业指标都低于重庆和江西。不过,江苏省通信业的二氧化硫污染指标是重庆的3.85倍,石油业的废水、废气、二氧化硫、烟粉尘分别是江西的6.67、11.11、4.17和11.11倍,食品烟草业的废水、废气分别是江西的1.89和1.20倍,纺织业的废水、二氧化硫分别是江西的1.47和1.23倍,服装业的废气、二氧化硫分别是江西的1.54和1.43倍,造纸印刷文教业、金属加工业、金属制品业、通用业和交通业的废气超过了江西,不过都在2倍以下。其中,石油业的四类污染分别达到江西的4.17至11.11倍,其原因是江西该行业的被带动产出值较高,改善了其出口交货值的环境效益。江苏其余行业的各项污染均低于或等于江西和重庆的指标。

总之,从环境效益角度来看,在考虑上、中游向下游扩散的情况下,江苏规划发展的各制造业行业均适于发展外向型制造业。

第五节　小结与讨论

本章从长江经济带战略定位之间的关系出发,针对发展外向型经济与保护环境之间存在的矛盾,首先建立了长江经济带外向型制造业发展与环境污染状况的耦合协调度模型;并运用2009年至2015年的数据,对长江经济带各省市两个子系统之间的耦合度和协调度进行了分析。结果显示,在考虑上游污染向下游扩散的情况下,长江经济带下游三省市的外向型制造业与环境之间的耦合度和协调度均较好;中游的安徽、江西两省相对较为协调;而上游各省市的耦合度、协调度均较低。在时序上,中游各省,特别是安徽、湖南、江西的耦合度和协调度有比较明显的上升趋势,而上游的重庆、四川则相当不稳定。这与孙欣等(2019)对于长江经济带各省市生态文明建设水平的评估结果是吻合的。其次,本章依据可得的分别位于长江经济带上、中、下游的重庆、江西、江苏三省市的数据,从二位码行业层次出发,对三省市各工业分行业进行了污染排放量及相对于工业销售产值与出口交货值的环境效益的分析。结果显示,三省市各行业污染排放量的排序大致是:非金属、电力热力、黑色金属、化工、纺织、造纸、石油、有色金属、木材、化纤、食品加工、饮料、食品制造、金属制品、医药、通信、橡塑、交通、通用、电气、皮革、服装、专用、废弃资源、仪器、文教、烟草、印刷、家具。除少数几个行业外,重化工业行业的污染排放量显然普遍高于轻工业,是长江流域工业污染的主要源头。

从相对于工业销售产值与出口交货值的环境效益来看,特别是在考虑了上、中游污染对下游的扩散后,上、中游两省市大多数制造业行业的环境效益较低,只有少数行业较好。其中,重庆市适宜发展外向型通信业;江西省适宜发展外向型纺织业、服装业。与之相比,江苏省各制造业行业的环境效益都较高,均适宜发展外向型制造业,不过,江苏省的重化工业行业的环境效益相对于其他行业,特别是劳动密集型行业来说,比江西省、重庆市更为突出,发展外向型重化工业行业的比较优势更为明显。上述三省市对长江经济带上、中、下游均具有相当的代表性。因而,江苏省在发展外向型重化工业行业方面的环境效益优势也体现了长三角在这些行业乃至长江经济带外向型工业发展方面的引领作用。

概括来说,上述研究意味着:为了实现长江经济带的战略定位,与直观见解相反,长江经济带下游虽然污染总量较为庞大,但由于靠近海洋、污染扩散较少,因而适于进一步发展外向型制造业,尤其是污染负荷较大的外向型重化工业制造业;而上游各省市则应适于发展污染负荷小、产品附加值高的外向型高技术制造业;中游各省的环境约束还有空间,仍有继续扩张外向型制造业规模的潜力,包括部分环境效益较好的劳动密集型制造业。因此,关于长江经济带外向型工业布局的构建和调整问题,本章对长江经济带外向型经济发展与环境污染之间关系的分析结论,与之前章节对长江经济带各区域之间经济联系的分析结论是基本一致的。

参考文献

陈锡康,杨翠红,2011.投入产出技术[M].北京:科学出版社.

傅帅雄,2016.生态文明取向的工业区域布局研究[M].北京:中国大百科全书出版社.

李国敏,匡耀求,黄宁生,等,2015.基于耦合协调度的城镇化质量评价:以珠三角城市群为例[J].现代城市研究,30(6):93-100.

梁仁彩,2010.工业区与工业布局研究[M].北京:经济科学出版社.

廖重斌,1999.环境与经济协调发展的定量评判及其分类体系——以珠江三角洲城市群为例[J].热带地理,19(2):171-177.

马丽,金凤君,刘毅,2012.中国经济与环境污染耦合度格局及工业结构解析[J].地理学报,67(10):1299-1307.

孙欣,宋马林,2019.长江经济带生态文明建设综合评价研究[M].北京:经济科学出版社.

吴跃明,郎东锋,张子珩,等,1996.环境—经济系统协调度模型及其指标体系[J].中国人口·资源与环境,6(2):17-18,49-50.

杨树旺,李奇明,李会琴,等,2016.长江经济带产业集聚与新型城镇化的关联和协同研究[M].北京:中国地质大学出版社.

杨文举,龙睿赟,陈婷婷,2016.长江上游地区工业环境绩效评价及优化[M].北京:科学出版社.

张亚雄,赵坤,2008.北京奥运会投资对中国经济的拉动影响:基于区域间投入产出模型的分析[J].经济研究,43(3):4-15.

周冯琦,程进,陈宁,等,2016.长江经济带环境绩效评估报告[M].上海:上海社会科学院出版社.

第六章 长三角生产者服务业对长江经济带的引领作用研究

本书第四章分析了长江经济带上、下游制造业外向型产业链在长江经济带内的跨区域带动能力和带动产出规模,不过只局限于制造业行业。服务贸易也是区际经济传递的主要形式之一,体现了区域间分工的重要方面,有必要专门研究长三角服务业对长江经济带构建外向型工业布局的引领作用。

服务业可以大体分为消费者服务业和生产者服务业。20 世纪 50 年代以来,生产者服务业在生产领域的作用由管理功能(润滑剂作用)到促进功能(生产力作用)再到今天的战略功能(推进器作用),其发展得到了越来越多国家的重视(余泳泽等,2016)。经济史也说明,市场经济的成功发展需要现代生产者服务业的引导和支撑。第一章中已指出,由于服务业区位选择特点与历史条件等原因,长三角是长江经济带生产者服务业的中心区域。因此,长江经济带外向型工业布局的构建需要长三角生产者服务业的引领。不过问题在于,长江经济带上、中、下游目前生产者服务业的发展状况具有多大的差距?长三角是否具备跨越较长的地理距离向上、中游输出生产者服务的可能性?如果具备,是哪些服务业行业具备这种可能性及能力?生产者服务业的输出如何能够引领长江经济带实现外向型工业布局的构建和调整?本章对上述问题进行了分析。

第一节 长江经济带生产者服务业发展状况分析

本节首先介绍了生产者服务业的定义,并在此定义下研究了长江经济带上、中、下游以及沿岸主要城市的生产者服务业的发展状况。接着,本节依据 11 个省市生产者服务业从业人员数计算了区位商,研究了长江经济带生产者服务业的布局状况,印证了长三角特别是上海市在多个生产者服务业行业具备引领长江经济带构建外向型工业布局的能力。

一、生产者服务业的定义

陈伟达等(2010)认为,生产者服务是指为其他商品或服务的生产者提供中间投入的服务,与满足消费者最终消费需求的消费者服务相对应,它满足的是三次产业的生产者对服务的中间使用需求。杨玲等(2010)认为,生产者服务业是指为保障生产过程的连续、工业技术的进步、产业升级以及生产效率的提高而提供的保障性服务行业。不同学者对生产者服务业的具体内涵和外延的理解不同,高春亮(2005)指出,总的看来,学者常从要素密集程度、投入产出关系两个方面界定生产者服务业。参照席强敏等(2015)及其他文献,本章将生产者服务业定义为二位码行业中的交通运输、仓储和邮政业(以下简称"交通运输业"),信息传输、软件和信息技术服务业(以下简称"信息服务业"),金融业,房地产业,租赁和商务服务业(以下简称"商务服务业"),科学研究和技术服务业(以下简称"技术服务业")六大类。

二、长江经济带生产者服务业的发展状况

(一) 长江经济带上、中、下游生产者服务业发展状况比较

从表6.1可以看出,长江经济带上、中、下游在生产者服务业的发展上存在着相当大的差距。其中,信息服务业、金融业、商务服务业的差距最为明显,这与预期是一致的。正如王可侠等(2015)指出的,主要原因一方面是上、中、下游的产业结构处于不同的演化阶段中,下游增加值中的服务业比重已经超过工业,而上、中游仍在工业化进程之中;另一方面是上、中、下游生产者服务业本身在规模、作用、质量

表6.1 长江经济带上、中、下游生产者服务业就业人数占全国比率　　　单位:%

行业	交通运输业	信息服务业	金融业	房地产业	商务服务业	技术服务业
上游	11.32	8.68	9.59	12.23	8.93	11.11
中游	12.03	9.15	12.27	10.26	6.63	10.20
下游	15.56	19.97	18.04	15.87	22.65	15.16

数据来源:根据《中国统计年鉴2017》中表4-5"按行业分城镇单位就业人员数(年底数)"计算。

等方面存在发展差距。这种差距的存在为长三角向上、中游输出生产者服务提供了可能性,尤其是上述三个差距较为明显的行业。

同时,在交通运输业、技术服务业上的就业人数占比的差距虽然不是很大,但这一指标并未反映出其中各细分行业的发展水平。在若干长三角具备先进科研能力或国际化要求较高的细分行业上,长三角也有着向上、中游输出服务的可能性。至于房地产业,上、中、下游的差距较小,而且该行业的地域性很强,一般不需要跨区域的服务输出。

(二) 长江沿岸重要城市生产者服务业发展状况比较

生产者服务业特别是高端生产者服务业(APS)倾向于集聚在大都市及其郊区。因此,一个地区的生产者服务业发展水平和输出能力主要取决于该地区的中心城市,特别是最大的城市。对于长江经济带来说,主要依靠沿岸的大城市提供生产者服务。为了分析其能力,表 6.2 列出了长江沿岸四个大城市生产者服务业就业人数占全国的比率。

表 6.2　长江经济带重要城市生产者服务业就业人数占全国比率　　单位:%

行业	交通运输业	信息服务业	金融业	房地产业	商务服务业	技术服务业
重庆	3.12	1.26	2.10	3.01	2.57	1.93
武汉	1.24	1.03	1.15	1.51	0.86	1.92
南京	1.69	3.89	0.67	1.26	1.62	1.95
上海	6.01	7.36	5.34	5.88	10.69	5.53

数据来源:根据《中国城市统计年鉴 2017》中表"中国 2016 年地级以上城市按行业分组的单位从业人员统计"计算。

表 6.2 的结果显示,上海市在信息服务业、金融业、商务服务业、技术服务业的就业人员比率都远高于其他 3 个城市,显示了其输出生产者服务的潜力。吕林等(2015)也指出,中国(上海)自由贸易试验区的建设为长江经济带破解发展难题,形成高端要素的比较优势,推动制造业服务化提供了难得的机会窗口。同处于长三角的南京市与上海市相比则相差甚远,南京市除了在信息服务业上有较高比率外,其余均未显示出向区域外输出生产者服务的潜力。重庆市的各行业就业人数比率均仅次于上海市,显然具备了作为长江上游主要服务业中心为该区域提供生产者服务的能力,而且存在向中游地区输出部分生产者服务的可能性。可见,长三角的生产者服务业对长江经济带的引领作用主要依靠的是上海市的生产者服务输出能力。

第六章　长三角生产者服务业对长江经济带的引领作用研究

就业人数反映了服务业的劳动力及人力资本的投入,但并不能体现服务业的效率和产出。本节计算了长江沿岸大城市生产者服务业增加值占全国的比率,从产出角度来评估其发展状况。表6.3的结果显示,上海市的交通运输业、金融业、房地产业、商务服务业以及技术服务业增加值占全国的比例远高于其他六大城市,显示了上海在金融、科技、信息和服务业方面的领先地位。长三角的南京市和杭州市的生产者服务业增加值占比虽与上海有一定差距,但在七大城市中排名较靠前。杭州市的信息服务业增加值占比位于七大城市之首,是我国重要的电子商务中心之一。同时,需要注意的是,重庆和成都的交通运输业、金融业及房地产业增加值占比虽与上海相差较大,但在七大城市中的排名仅次于上海市,这也表明了重庆、成都是西南地区的生产者服务业中心城市。

表6.3　长江经济带重要城市生产者服务业增加值占全国比率　　　单位:%

行业	交通运输业	信息服务业	金融业	房地产业	商务服务业	技术服务业
重庆	2.57	—	2.69	1.92	—	—
成都	1.60	2.18	2.32	1.47	2.54	2.15
长沙	0.81	1.12	0.93	0.68	1.68	1.67
武汉	1.49	—	1.59	1.60	—	—
杭州	0.98	7.91	1.61	1.43	2.06	2.12
南京	0.93	3.41	2.03	1.48	1.74	2.38
上海	3.74	7.52	7.65	4.41	8.36	6.89

数据来源:根据《中国统计年鉴2017》中表"分行业增加值",《成都统计年鉴2017》中表"历年分产业地区生产总值及构成",《长沙统计年鉴2017》中表"生产总值构成项目",《武汉统计年鉴2017》中表"分行业生产总值及指数",《杭州统计年鉴2017》中表"全市分行业生产总值构成",《江苏统计年鉴2017》中表"分市分行业地区生产总值"和《上海统计年鉴2017》中表"上海市生产总值(按三次产业分)"计算。

与就业人数的计算结果比较,上海市的金融业、技术服务业、信息服务业的增加值占比要更高一些,体现了上海在这几个行业的竞争力和服务能力。杭州没有就业人数数据,增加值的结果显示了其在信息服务业的地位。南京的交通运输业占比明显降低,金融业占比明显提升。

三、长江经济带生产者服务业的布局状况

以上关于长江经济带上、中、下游以及沿岸重要城市的生产者服务业的发展状况的研究表明,长三角生产者服务业的发展状况显著优于上、中游,尤其是上海市。接下来,本节以 11 个省市生产者服务业从业人员数、增加值来构造区位商指标,进一步研究长江经济带生产者服务业的布局状况。

(一) 以 11 个省市生产者服务业从业人员数构造的区位商

区位商可以指某区域某行业就业人员数在该区域全部行业从业人员数中所占的比重与全国该行业从业人员数在全国所有行业从业人员数中所占的比重的比值。本节将长江经济带 11 个省市的生产者服务业各行业作为研究对象,通过计算 2016 年 11 个省市生产者服务业分行业从业人员数在当地所有行业从业人员数中所占的比重与全国生产者服务业分行业从业人员数在全国所有行业从业人员数中所占的比重的比值,得出 2016 年 11 个省市各生产者服务业分行业的区位商。具体计算公式如下:

$$LQ_{ij} = \frac{L_{ij} / \sum_{j=1}^{m} L_{ij}}{\sum_{i=1}^{n} L_{ij} / \sum_{i=1}^{n} \sum_{j=1}^{m} L_{ij}} \quad (6.1)$$

其中,L_{ij} 为研究区域 i 省(市)j 行业的从业人员数;$\sum_{j=1}^{m} L_{ij}$ 为 i 省(市)所有行业从业人员数;$\sum_{i=1}^{n} L_{ij}$ 为全国 j 行业的从业人员数;$\sum_{i=1}^{n} \sum_{j=1}^{m} L_{ij}$ 为全国所有行业的从业人员数。一般地,如果区位商值大于 1,说明该生产者服务业在该省(市)构成专业化部门,集聚现象明显,布局集中,而且值越大,代表专业化程度越高;反之,如果区位商值小于 1,说明该生产者服务业在该省(市)没有构成专业化部门,不存在明显的集聚现象,布局分散或较少。

(二) 以 11 个省市生产者服务业分行业增加值构造的区位商

区位商也可以指某区域某行业产值在该区域全部行业产值中所占的比重与全国该行业产值在全国所有行业产值中所占的比重的比值。本节将长江经济带 11 个省市的生产者服务业各行业作为研究对象,通过计算 2016 年 11 个省市生产者服务业分行业增加值在当地所有第三产业增加值中所占的比重与全国生产者服务

业分行业增加值在全国所有第三产业增加值中所占的比重的比值,得出 2016 年 11 个省市各生产者服务业分行业的区位商。具体计算公式如下:

$$LQ_{ij} = \frac{Q_{ij}/\sum_{j=1}^{m}Q_{ij}}{\sum_{i=1}^{n}Q_{ij}/\sum_{i=1}^{n}\sum_{j=1}^{m}Q_{ij}} \quad (6.2)$$

其中,Q_{ij} 为研究区域 i 省(市)j 行业的增加值;$\sum_{j=1}^{m}Q_{ij}$ 为 i 省(市)所有第三产业增加值;$\sum_{i=1}^{n}Q_{ij}$ 为全国 j 行业的增加值;$\sum_{i=1}^{n}\sum_{j=1}^{m}Q_{ij}$ 为全国所有第三产业增加值。

(三) 长江经济带生产者服务业布局状况分析

从表 6.4 长江经济带 11 个省市 2016 年生产者服务业分行业区位商来看,生产者服务业最主要的集聚地区是上海市,这也与长江经济带生产者服务业发展状况相符。

表 6.4 长江经济带各省市生产者服务业分行业区位商(就业人数)

行业	交通运输业	信息服务业	金融业	房地产业	商务服务业	技术服务业
上海	1.71	2.10	1.52	1.68	3.05	1.58
江苏	0.70	0.90	0.68	0.61	0.72	0.62
浙江	0.63	0.86	1.18	0.82	1.00	0.75
安徽	0.93	0.76	1.16	0.84	0.47	0.75
江西	0.91	0.58	0.74	0.59	0.42	0.56
湖北	1.02	0.84	0.79	0.86	0.53	0.94
湖南	0.89	0.64	1.20	0.89	0.64	0.88
重庆	1.35	0.55	0.91	1.30	1.12	0.84
四川	1.08	1.15	1.04	1.04	0.73	1.14
贵州	0.81	0.57	0.78	1.17	0.59	1.00
云南	0.87	0.59	0.67	1.11	0.91	1.03

数据来源:根据《中国统计年鉴 2017》中表 4.5"按行业分城镇单位就业人员数(年底数)"计算。

总体来看,上海市的所有生产者服务业区位商都领先于长江经济带其他省市,而且数值都在 1.5 以上,说明生产者服务业在上海市是优势产业,彰显了上海市在全国的经济、科技、金融、服务中心地位。对于外向型内河经济带,出海口附近的城市往往是生产者服务业集中之地。以莱茵河经济带为例,荷兰处于莱茵河出海口位置。阿姆斯特丹是荷兰最大城市、金融与贸易中心,也是世界上最重要的贸易中心之一;鹿特丹是荷兰第二大城市,为欧洲最大的海港。莱茵河经济带的生产者服务业大多集聚在阿姆斯特丹和鹿特丹,与长江经济带的情况相同。

具体到行业层面,从金融业来看,长三角地区的区位商显著领先于中、上游地区。上海和浙江的金融业区位商分别为1.52、1.18;而中游地区的安徽和湖南两省的金融业区位商也超过了1,分别为1.16、1.20,其他省份的金融业区位商均在1以下;上游地区各省市的金融业区位商基本均不超过1。可以看出,长三角地区(主要是上海市)金融业集聚程度较高。从信息服务业来看,上海市的区位商在整个长江经济带遥遥领先,为2.10,且长三角的江苏省和浙江省信息服务业区位商也很接近1。而中游地区四省的区位商均不超过1,上游地区除了四川省为1.15外,其他省市均未达到0.60。信息服务业已成为当今世界信息产业中发展最快、技术变革最活跃、增值效益最大的一个产业,上海市信息服务业的集聚提供了向长江经济带输出服务的可能。从交通运输业来看,上海市的区位商为1.71,明显超过长江经济带其他省市,中游地区除湖北省为1.02外,其他省份均未达到1。不过值得注意的是,上游地区的重庆市和四川省交通运输业区位商较高,分别为1.35、1.08,重庆市的这一结果与其交通业和外向型交通业的区位商指标值类似,印证了重庆市是长江经济带重要的辅助交通中心。

总之,所有生产者服务业行业都明显集聚于上海市,体现了上海作为长江经济带乃至全国的生产者服务业中心的地位。

从业人数只能反映一个区域生产者服务业的要素投入,不能反映其运作效率和产出。表6.5是按增加值计算的长江经济带11个省市的生产者服务业分行业区位商,与表6.4的结果有一定区别。总的来看,上海市生产者服务业的集聚特征依然比较明显,特别是金融业的区位商仍是11个省市中最高的。浙江省的信息服务业区位商值则与表6.4相比有很大变化,集聚非常明显,区位商值超过了上海市;其他生产者服务业变化不大,除了商务服务业外,并没有呈现出集聚的现象。类似地,同属长三角的江苏省的信息服务业和商务服务业区位商值与表6.4相比有较大提升,有明显集聚,其他生产者服务业没有表现出明显的集聚。上游的重庆市和四川省明显集聚交通运输业和金融业,特别是重庆市的金融业,其区位商值明显高于表6.4,仅次于上海,四川省略低于重庆市,这就说明重庆市和四川省是长江经济带上游重要的交通枢纽和金融中心。

表 6.5 长江经济带各省市生产者服务业分行业区位商(增加值)

行业	交通运输业	信息服务业	金融业	房地产业	商务服务业	技术服务业
上海	0.73	1.47	1.49	0.86	1.63	1.34
江苏	0.85	1.11	0.98	0.89	1.77	0.75
浙江	0.85	1.63	0.79	0.86	1.10	0.75
安徽	0.96	0.71	0.91	0.90	1.92	0.53
江西	1.19	—	0.85	0.76	—	—
湖北	1.05	—	1.02	0.72	—	—
湖南	1.08	0.92	0.55	0.48	1.03	0.70
重庆	1.16	—	1.21	0.87	—	—
四川	1.07	—	1.10	0.75	—	—
贵州	2.18	—	0.82	0.38	—	—
云南	0.55	—	1.00	0.35	—	—

数据来源:根据《中国统计年鉴2017》中表"分行业增加值",《中国统计年鉴2017》中表"地区生产总值",《江苏统计年鉴2017》中表"分市分行业地区生产总值",《浙江统计年鉴2017》中表"按新行业和构成分的全省生产总值(2013—2016年)",《安徽统计年鉴2017》中表"按行业、产业和收入法构成分的安徽生产总值",《湖南统计年鉴2017》中表"地区生产总值构成项目表"计算。

表6.6是按增加值计算的长江经济带沿岸重要城市生产者服务业分行业区位商。同样,上海市的生产者服务业集聚现象在七大城市中依然是最明显的,特别是金融业及商务服务业。南京市在信息服务业、金融业、商务服务业和技术服务业也表现出一定的集聚特征,特别是技术服务业,区位商为1.49,排于七大城市首位。杭州市集聚着信息服务业、商务服务业和技术服务业,其中,信息服务业的区位商为4.40,将近是上海信息服务业区位商的3倍。

中游的长沙市的商务服务业和技术服务业存在集聚现象。上游的成都市的信息服务业、金融业、商务服务业和技术服务业存在集聚现象;同时,重庆市的交通运输业区位商为1.16,是七大城市中最高的。

总的来说,不论是以从业人员数还是以增加值计算的比重及区位商,都印证了上海市生产者服务业中心的地位,尤其是金融业、技术服务业和商务服务业。同时,使用增加值计算的指标显示,长三角的江苏和浙江在信息服务业和商务服务业的集聚发展上也具有一定的规模,因此,以上海为核心的长三角的生产者服务业具有支持长江经济带外向型工业布局构建和调整的基本条件。

表6.6 长江经济带重要城市生产者服务业分行业区位商(增加值)

行业	交通运输业	信息服务业	金融业	房地产业	商务服务业	技术服务业
上海	0.73	1.47	1.49	0.86	1.63	1.34
南京	0.58	2.13	1.27	0.92	1.09	1.49
杭州	0.55	4.40	0.89	0.80	1.14	1.18
武汉	0.91	—	0.97	0.97	—	—
长沙	0.70	0.96	0.80	0.59	1.44	1.43
成都	0.95	1.29	1.37	0.87	1.50	1.27
重庆	1.16	—	1.21	0.87	—	—

数据来源:根据《中国统计年鉴2017》中表"分行业增加值"、《成都统计年鉴2017》中表"历年分产业地区生产总值及构成"、《长沙统计年鉴2017》中表"生产总值构成项目"、《武汉统计年鉴2017》中表"分行业生产总值及指数"、《杭州统计年鉴2017》中表"全市分行业生产总值构成"、《江苏统计年鉴2017》中表"分市分行业地区生产总值"和《上海统计年鉴2017》中表"上海市生产总值(按三次产业分)"计算。

第二节 长三角与荷兰生产者服务业对比分析

在第二章中,本书通过比较长三角与荷兰的工业,特别是外向型工业发展的有关数据,来分析长三角发挥引领作用的条件。作为流域经济带下游及入海口所在地的三角洲地区,除了适宜成为石化等重化工业行业的集聚地之外,更重要的是发挥流域经济带的生产者服务中心的作用,尤其是金融业和航运服务业。服务业区位选择的规律之一是,金融业集中的城市大多是贸易港口,因为金融业是海运业发展的保障(魏后凯,2006)。荷兰在莱茵河经济带的发展历程中就起到了这样的作用。因此,本节将根据可得数据,对比分析长三角和荷兰的生产者服务业的发展状况,进一步评估长三角在生产者服务业方面发挥引领作用的条件。

一、从业人数对比

依据可得数据,表6.7比较了上海市、浙江省与荷兰在生产者服务业行业的从业人数。很明显,所有行业中上海、浙江的就业人数之和均远超过荷兰,尤其是交通运输、仓储和通信业,房地产业,企业管理、租赁和商务服务业。差距相对较小的是金融业、科学研究和技术服务业,上海、浙江 2016 年从业人数之和分别只约为荷兰的 3.22 倍、1.53 倍,体现了荷兰的服务业优势所在。当然,从业人员数只反映了生产者服务业的要素投入及经营规模大小,并不能充分反映其国际竞争力。

表 6.7 生产者服务业从业人数对比　　　　　　单位:万人

行业	上海市		浙江省		荷兰	
	2016	2017	2016	2017	2016	2017
交通运输、仓储和通信业	138.33	141.86	231.49	256.74	64.60	—
金融业	36.42	35.54	48.61	50.50	26.40	—
房地产业	50.01	51.88	45.16	49.28	6.50	—
科学研究和技术服务业	45.75	48.55	42.83	47.52	57.80	—
企业管理、租赁和商务服务业	133.18	140.13	102.15	188.79	44.50	—

数据来源:《国际统计年鉴 2018》《上海统计年鉴 2018》《浙江统计年鉴 2018》;其中将荷兰的运输与储存、信息和通信业归并为交通运输、仓储和通信业;将上海市与浙江省的交通运输、仓储和邮政业,信息传输、软件和信息技术服务业归并为交通运输、仓储和通信业;将荷兰的专业和技术业归并为科学研究和技术服务业;将荷兰的企业管理和商务服务业与上海市和浙江省的租赁和商务服务业归并为企业管理、租赁和商务服务业。

二、主要生产者服务业企业对比

巨型的服务业企业集中体现了一个区域生产者服务业的竞争力。表 6.8 列出了 2017 年总部注册地在长三角与荷兰的全球五百强中的服务业企业。先从企数个数来看,荷兰有 5 家,长三角有 11 家,数量超过荷兰一倍。再分行业来看,荷兰 5 家企业中有 4 家为金融企业,资产总额约为 23 220 亿美元;长三角有 5 家金融企业,资产总额约达到 29 309 亿美元,超过了荷兰。荷兰的另一家五百强服务企业为人力资源行业(任仕达控股公司),长三角没有相应的五百强企业。长三角的其余 6 家企业包括:2 家物流企业、2 家房地产企业、1 家电子商务企业、1 家零售企业,分布行业较广。总体来看,长三角的巨型服务业企业的数量、规模在国际上已经有一定地位,包括金融、电子商务、物流等多种行业,具有一定的支持长江经济带外向型制造业发展的能力;但与荷兰的同类企业相比,国际化程度较低,主要业务集中于国内,即在国际市场的竞争力有限。再结合第二章中长三角与荷兰的地理、

表 6.8 2017 年长三角与荷兰全球五百强服务业企业

排名 2017	排名 2016	企业名称	地区	营业额 百万美元	营业额 比上年增长/%	利润额 百万美元	利润额 比上年增长/%	资产额/百万美元	雇员人数
139	147	荷兰全球保险集团	荷兰	65 437.1	11.3	2 783.1	475.9	475 411.9	28 318
171	163	荷兰国际集团	荷兰	56 347.3	1.9	6 159.1	12.0	1 013 302.1	54 302
450	477	任仕达控股公司	荷兰	26 233.5	14.7	711.7	9.5	11 723.0	37 930
472	409	Achmea 公司	荷兰	24 872.0	−6.1	242.4	—	109 205.1	14 582
492	472	荷兰合作银行	荷兰	23 812.4	−6.6	1 701.0	105.4	724 052.6	43 810
168	171	交通银行	中国上海	57 711.4	8.9	10 390.3	2.7	1 387 938.3	94 085
220	252	中国太平洋保险(集团)股份有限公司	中国上海	47 318.8	17.7	2 169.4	19.5	179 856.3	101 887
227	245	上海浦东发展银行股份有限公司	中国上海	46 295.2	13.8	8 138.1	1.8	942 450.9	54 263
252	277	绿地控股集团有限公司	中国上海	42 970.1	15.4	1 337.2	23.2	130 303.0	33 473
270	348	物产中大集团	中国浙江	40 928.6	31.2	330.7	2.0	13 197.8	19 071
295	383	友邦保险	中国上海	38 330.0	35.9	6 120.0	47.0	215 691.0	20 000
300	462	阿里巴巴集团	中国浙江	37 770.8	60.6	9 673.1	49.1	113 979.4	66 421
335	366	中国远洋海运集团有限公司	中国上海	34 667.8	16.6	1 404.3	−5.7	109 043.9	100 550
410	411	国泰人寿保险股份有限公司	中国上海	28 804.5	9.6	1 192.8	27.7	204 963.2	39 822
427	485	苏宁易购集团股份有限公司	中国江苏	27 805.7	24.3	623.3	487.8	24 151.8	121 102
464	459	阳光龙净集团有限公司	中国上海	25 605.1	8.2	452.5	184.2	45 226.7	20 105

数据来源:《国际统计年鉴 2018》。

经济与工业数据对比,可以发现,长三角的巨型服务业企业的规模相对仍然偏小,仍需要进一步提高市场集中度与国际化程度,以支撑长三角乃至长江经济带的外向型制造业在国际上的竞争地位。此外,长三角在电子商务等新兴服务业的发展上具有一定的优势,要充分加以运用。

三、专利与货运数据对比

根据数据可得性,本节继续比较长三角与荷兰的专利、货运数据。表6.9、表6.10分别列出了长三角与荷兰的专利申请数量,显然,两者不在一个数量级上。长三角2016年专利申请量达到了荷兰的393.82倍。虽然荷兰与中国的专利申请制度不同,而且专利并不能完全反映研发活动的质量和效率,但这种巨大的差距毕竟说明了长三角在科技服务方面的规模和能力。

表6.9 长三角专利申请数量

指标	上海		江苏		浙江		长三角	
	2016	2017	2016	2017	2016	2017	2016	2017
国内专利申请受理量/项	119 937	131 740	512 429	514 402	393 147	377 115	1 025 513	1 023 257
国内发明专利申请受理量/项	54 339	54 630	184 632	187 005	93 254	98 975	332 225	340 610
国内实用新型专利申请受理量/项	51 836	60 925	192 636	219 503	199 244	191 372	443 716	471 800
国内外观设计专利申请受理量/项	13 762	16 185	135 161	107 894	100 649	86 768	249 572	210 847
国内专利申请授权量/项	64 230	72 806	231 033	227 187	221 456	213 805	516 719	513 798
国内发明专利申请授权量/项	20 086	20 681	40 952	41 518	26 576	28 742	87 614	90 941
国内实用新型专利申请授权量/项	34 101	39 942	117 827	126 482	123 744	114 311	275 672	280 735
国内外观设计专利申请授权量/项	10 043	12 183	72 254	59 187	71 136	70 752	153 433	142 122

数据来源:《上海统计年鉴2018》《浙江统计年鉴2018》《江苏统计年鉴2018》。

表6.10 荷兰专利申请数量

指标	2015	2016
专利申请总数量/项	2 494	2 604
居民专利申请数量/项	2 207	2 290
非居民专利申请数量/项	287	314

数据来源:《国际统计年鉴2018》。

表6.11比较了荷兰与长三角的铁路、公路、水路与航空的货运量。长三角已全面地超越了荷兰。其中,公路货运量的差距最大,长三角2017年公路货运量为荷兰的4.3倍。长三角铁路、水路、航空货运量也均超过荷兰一倍以上。当然,这首先反映了长三角工业规模的巨大,同时,也体现了长三角提供航运服务的能力。

表6.11 交通运输业货运量 单位:万吨

运输方式	铁路运输		公路运输		水路运输 (内陆水运和海运)		航空运输	
	2016	2017	2016	2017	2016	2017	2016	2017
荷兰	4 000	3 800	73 000	74 500	90 000	91 000	200	200
长三角	9 128	9 705	290 220	320 578	205 747	228 800	434.61	478.19

数据来源:荷兰统计局、《上海统计年鉴2018》《浙江统计年鉴2018》《江苏统计年鉴2018》。其中长三角的数据由《上海统计年鉴2018》《浙江统计年鉴2018》《江苏统计年鉴2018》计算得到。

总之,长三角与荷兰之间依据可得的生产者服务业数据的比较说明,长三角的生产者服务业在总体规模上已相当庞大,超过荷兰相应行业的规模;且行业分布完整,部分新兴服务业发展较快,特别是电子商务及科技服务业,具备为长江经济带构建外向型工业布局服务的能力。不过,相较于长三角的经济、工业规模和外向型工业发展的要求,其生产者服务业各行业仍需进一步提高市场集中度和国际化程度,以提高国际竞争力。

第三节 长三角生产者服务业的引领作用分析

上节研究表明,长三角主要是上海市的生产者服务业较为发达,可以引领长江经济带生产者服务业的发展。本节进一步探究了长三角生产者服务业向上、中游输出的可能性及行业选择。

一、长三角生产者服务业输出的可能性

关于生产者服务业对制造业效率提升的作用,有诸多的文献为证,本章不在此赘述。长三角生产者服务业要发挥其对长江经济带上、中游制造业和服务业的引

领作用,促进其效率的提升,就必须能够向上、中游地区有效地输出其服务。与工业产品相同,生产者服务业的输出(或空间溢出)也受到地理距离带来的阻力的影响。长江经济带东西跨度达到 2 000 千米以上,整体而言,长三角生产者服务业对上、中游的输出面临着较大的空间障碍,必须进行具体的分析。

相关的研究文献主要有两种视角。一种是从产业经济学角度出发,运用空间面板计量模型,研究城市生产者服务业的空间溢出效应。席强敏等(2015)运用地级及以上城市数据进行计量检验,结果显示:100 千米范围内的空间溢出效应最强,当距离超过 350 千米后溢出效应呈现明显的下降。余泳泽等(2016)运用地级城市数据进行检验,结果显示:空间外溢效应存在具有空间衰减特征的地理边界,200 千米以内为空间外溢的密集区域,500 千米为空间外溢的"半衰"距离,省界对空间外溢效应的发挥具有一定的阻碍作用。

武汉到上海的公路距离约为 830 千米,到南京的距离约为 540 千米。按照上文的结果,长三角向长江中、上游输出生产者服务是相当困难的。不过,上述两篇文献的样本基本由地级城市组成,余泳泽等(2016)的样本还未包含副省级以上城市。计量检验结果反映的是平均效应,因而,对上海这样的超大城市,其空间外溢效应作用距离应会长得多。进一步,不同的生产者服务行业的空间外溢效应显然是不同的,有的行业可能具有相当长的作用距离。这需要针对不同行业的生产者服务企业进行调查。

经济地理学视角的若干文献报告了此类调查的结果。Rossi 等(2007)调查了巴西的 218 条生产者服务交易联系,发现其中有 38%是跨城市的;跨城市的服务中又有 40%是跨国的,特别是来自纽约的服务,国内的服务集中于圣保罗和里约热内卢两个城市;传统行业的企业更倾向于使用跨国服务;金融、法律、管理咨询的服务更可能是跨城市和跨国的。Krmenec 等(1999)调查了 615 家美国中西部的生产者服务企业,发现会计服务、计算机服务的输出距离均可以达到 1 250 千米左右。钟韵等(2010)对广州生产者服务业企业 2008 年所做的调查显示,70%以上的客户在广州市以外,省外客户占 20.89%,港澳台客户占 7.2%,海外客户占 2.45%。上述研究均说明,生产者服务长距离输出的情况即使对发展中国家的服务业企业来说也是常见的,在某些行业更为普遍。这确认了长三角,特别是上海市为整个长江经济带输出生产者服务的可能性与前景。

二、长三角向长江经济带输出生产者服务的行业选择

从上节的分析可以看出,长三角向包括中、上游整个长江经济带输出生产者服务的可能性是存在的,但是这些服务将主要集中于某些行业或细分行业之中。在

这一部分,本节将探讨长三角输出生产者服务的行业选择。

首先是金融业。不论是经济史还是已有研究文献,结论是一致的:金融业是生产者服务业中集聚程度最高、输出距离最远的行业,在一国或一个地区内通常集中于一个城市。例如,Hanssens等(2013)的调查发现,比利时80%以上的生产者金融服务业集中于布鲁塞尔一个城市。近代以来,上海一直是中国的金融中心,并曾一度是东亚地区的金融中心;自20世纪90年代以来,作为证券、期货等各类交易所的所在地,上海为长江经济带沿线省市提供了大量的金融服务;而根据"十三五"规划,上海到2020年将基本建成与我国经济实力以及人民币国际地位相适应的国际金融中心,迈入全球金融中心前列。与目前东亚地区主要的金融中心香港、新加坡、东京相比,上海的区位条件更加优越,包括长江经济带在内的金融市场腹地更为广大,在人民币逐步实现自由兑换的条件下,有能力成为东亚地区最主要的金融中心,其输出范围完全可以达到长江经济带的上游地区。还需指出的是,生产者服务往往是综合性的,在其他生产者服务业行业的服务中常常涉及金融业务,这都有利于作为国际金融中心的上海在整个长江经济带的发展中发挥其引领作用。

正如Krmenec等(1999)、Rossi等(2007)指出的,会计服务、法律服务、管理咨询服务也具有较长的输出距离。Hanssens等(2013)发现,比利时的法律、管理咨询服务同样集中于少数位于布鲁塞尔的大企业。按照中国的行业划分,这几种服务均属于商务服务业。毫不奇怪,根据表6.1、6.2的数据,长江下游商务服务业就业人数比重远超过上、中游,上海的就业人数比重也远超过其他城市。这印证了上海作为商务服务业中心的地位。在经济地理学中有一个"入口城市"(Gateway City)的概念,即引领整个所在地区或国家进入世界市场的城市。中国幅员辽阔,上海不会是唯一的"入口城市",但其区位和经济条件决定了它将是中国最重要的"入口城市",也将是整个长江经济带主要的"入口城市"。为长江经济带提供国际化的金融和商业服务将是上海的重要功能,特别是中国(上海)自由贸易试验区成立后,在通关一体化改革、贸易和投资便利化等方面能够对长江经济带发挥较强的辐射作用(徐永林等,2017)。

长三角信息服务业的就业人数比重远超过长江经济带上、中游,上海在城市中的优势也比较明显;南京的比重略低于重庆,但远超过武汉。因而,该行业是长三角另一个可以向长江经济带输出服务的部门。商务部指出[①],长江经济带已成为我国服务外包产业集聚程度最高的地区,其中信息技术外包居主导地位(接近60%),形成了以上海、江苏、浙江等长三角地区为龙头,带动长江中、上游省市快速

---

① 人民日报2016年5月7日第2版:《长江经济带成服务外包聚集地》。

发展的产业格局,美国、欧盟、中国香港和日本是长江经济带沿线省市的主要发包市场。这说明了长三角在信息服务业上的输出能力。不过,信息服务业较易于扩散,上、中游省市在该行业快速发展的情况下,需要长三角输出的必要性会不断降低。

长三角在技术服务业以及交通运输业上的就业人数比重优势均不明显,整体上看,向长江经济带上、中游输出服务的必要性并不强。不过,上海是中国科技创新的主要中心之一。根据上海市科学学研究所(2017)的报告,上海取得了占全国1/3的国家级顶尖创新成果,获得了超过1/3的国家高水平技术奖项;同时,上海对外技术输出和创新服务能力也不断提升,2016年,上海向国内外输出技术合同额占比达69%,向外省市技术输出成交额同比增长89.6%。沈玉良等(2018)也指出,国家战略要求上海建设成为具有全球影响力的科创中心,已经不需要讨论其必要性,而需要讨论其可行性和实现路径。当实现这一目标后,上海显然将能对整个长江经济带的外向型工业提供更强大的技术服务支持。

同时,在技术服务业、交通运输业的一些细分行业及与这些行业相关的其他生产者服务业的细分行业中,长三角可能发挥重要的引领作用。汪传旭等(2014)指出,高端航运服务业在全球范围内具有垄断性和分离性,航运重心已经移到亚洲,但航运服务中心仍在欧洲,特别是伦敦,例如,目前世界上90%的海事仲裁案件都需要在伦敦仲裁。如果上海能够在航运金融、法律等高端服务业中打破欧洲的垄断,成为东亚地区的服务中心,必将对长江经济带上、中游航运业的发展起到很大的推动作用,并进而带动上、中游制造业的效率提升。关于长三角航运服务业、金融业对长江经济带外向型工业发展的引领作用,将在第三、第四节中分别进一步探讨。采用第四章编制的长江经济带区域间投入产出表量化分析长三角的生产者服务业对长江经济带上、中游的引领作用,应是适宜的。不过,按照该表行业分类,航运服务业被归入交通运输、仓储及邮政业中,无法区分开来;同时,本书在第四章中已说明,服务贸易的区域间流量是参照Leontief等(1963)提出的简单解法估算的,难以用来进行精确的量化分析。因此,本章采用其他方法研究上海生产者服务业的引领作用。

第四节　长三角航运服务的引领作用探析

一、长江"黄金水道"的优越地位

2014年国务院正式提出依托黄金水道推动长江经济带发展,打造中国经济新支撑带。根据交通部门的预测(尹维清等,2013),2020年,长江水系水路货物运输量和货物周转量将分别达到41.2亿吨、7.71万亿吨千米;2030年,将分别达到53亿吨、11.35万亿吨千米。张波等(2018)预测,2020年长江水路货运量需求将达到53.96亿吨。无疑,水路运输仍将是长江经济带东西向大宗货物运输的主要承担者。贾大山等(2015)指出,在综合运输体系中,内河运输具有运能大、占地省、能耗低、环境友好、枢纽功能强、休闲娱乐功能强、边际成本低等优点;特别是根据德国的测算,铁路、公路运输单位周转量造成的污染分别为内河运输的3.3倍、15倍。因此,在"共抓大保护、不搞大开发"思想的指导下,水运必然是长江经济带重点发展的运输方式,也是长江经济带外向型工业布局构建和调整的重要支撑。

下面对比分析长江干线货物运输量与铁路运输量,以探讨长江水运的地位和潜力。长江干线货物运输量是《长江年鉴》中"长江干线完成货物通过量"的数据,主要是指报告期内通过长江干线航道的船舶载运货物质量之和,包括干线与干线之间、支流与干线之间、干线与海上之间以及支流通过干线进入支流的运输量。为了与水运数据的口径尽量一致,长江经济带铁路货物运输量则是根据国家铁路行政区域间货物交流量计算得出,主要是将长江经济带11个省市东西向跨省铁路货物运输量进行加总。具体来说,就是将长江经济带11个省市发往本省和长江经济带其他10个省市的货运量加总,比如上海市的铁路货物运输量是上海发往上海、江苏、浙江、安徽、江西、湖北、湖南、重庆、四川、贵州、云南的运输量之和,其他省市的铁路货物运输量也依此计算。长江经济带总的铁路货物运输量即是这11个省市货运量的总和。

不过,需要注意的是,湖北与湖南、江西与安徽之间基本属于南北走向,虽然这四省也位于长江干线航运上,但是这两组省份之间较少用水运。因此,为了更好地与长江干线货物运输量相对应,计算从这几个省出发的铁路货运量时,没有加上发往南(北)方省的货运量。例如,湖北省的铁路货运量就是湖北省发往上海、江苏、浙江、安徽、江西、湖北、重庆、四川、贵州、云南的运输量之和,其中,没有加上湖北省发往湖南省的货物运输量。

总之,长江经济带铁路货物运输量大致可用以下公式表示:

$$T = \sum_{i=1}^{11} \sum_{j=1}^{11} X_{ij} \tag{6.2}$$

其中不包括湖南和湖北之间、安徽与江西之间的货运量。式(6.2)中,T 表示长江经济带铁路货物运输量;X_{ij} 表示 i 省(市)发往 j 省(市)的货物运输量;$i,j=1,2,\cdots,11$。

从上述长江干线货物运输和铁路运输统计口径来看:(1) 长江干线经过的省市有上海、江苏、安徽、江西、湖北、湖南、重庆、四川、云南,因此,这七省二市的铁路货物运输总量可视为主要与长江干线航运中"干线与干线之间"的货物运输量相对应;(2) 长江干线未经过贵州和浙江,因此,这两个省与其他各省(市)之间的铁路货物运输量可视为与长江干线航运中"支流与干线之间"的部分货运量相对应,而这两个省之间的铁路货运量可视为与长江干线航运中"支流通过干线进入支流"的部分货运量相对应;(3) 货物运输总量即是各类货物运输的加总,2012年均能查到数据的分类货物主要有煤炭,石油、天然气及制品,金属矿石,矿建材料和非金属矿石五大类。总之,长江干线货物运输和铁路运输统计之间有一定的对应关系,可以大致进行比较。

2012年和2015年长江干线货物通过量和对应的铁路货物运输量数据如表 6.12、6.13 所示。表 6.12 显示,长江干线 2012 年完成货物通过量 18 亿吨,远超过长江经济带 11 个省市 2012 年铁路货物运输总量 4.3 亿吨。从大宗货物的运输来看,水运煤炭等五大货类约占总量的 66.7%,铁路运输五大货类约占总量的 72%,前者运量均远超后者。表 6.13 显示,长江干线 2015 年完成货物通过量 21.8 亿吨,煤炭通过量 4.95 亿吨;长江经济带 11 个省市 2015 年铁路货运总量约为 3.6 亿吨,煤炭运输量为 1.4 亿吨。从以上数据可以看出,长江干线货物通过量明显超过铁路货物运输量,且两者运输量差距也在增大,体现了"黄金水道"的支撑作用。

表6.12　2012年长江干线货物通过量和对应铁路货物运输量　　单位:亿吨

货物	长江干线货物通过量	铁路货物运输量
总量	18	4.3
煤炭	4.6	1.9
石油、天然气及制品	0.8	0.2

续表

货物	长江干线货物通过量	铁路货物运输量
金属矿石	3.3	0.7
矿建材料	3	0.2
非金属矿石	0.3	0.1

注:本表数据根据《长江年鉴2013》和国家铁路行政区域间货物交流2012年数据计算。

表6.13　2015年长江干线货物通过量和对应铁路货物运输量　　单位:亿吨

货物	长江干线货物通过量	铁路货物运输量
总量	21.8	3.56
煤炭	4.95	1.4

注:本表数据根据《长江年鉴2016》和国家铁路行政区域间货物交流2015年数据计算。

由于长江干线航运统计中包含了"干线与海上之间"的货运量,不能与铁路货运量统计相对应,同时《长江年鉴》中只在长江航运总量数据中列出了"干线与海上之间"货运量及其占比,分类货物运输量中没有列出此项。因此,本节接下来将长江干线货物通过量减去"干线与海上之间"货运量后,再与铁路货物运输量相比较,其中长江干线货物运输总量根据《长江年鉴》中的"长江干线完成货物通过量"减去"干线与海上之间"货运量计算得来,而分类货物运输量则是根据货运总量数据中"干线与干线之间""支流与干线之间"以及"支流通过干线进入支流"的占比估算出来的。具体数据如表6.14、6.15所示。很明显,减去"干线与海上之间"的货运量后,长江干线货运量仍然超过铁路货运量,进一步说明了长江这一"黄金水道"在长

表6.14　2012年长江干线货物通过量(调整后)和对应铁路货物运输量　单位:亿吨

货物	长江干线货物通过量	铁路货物运输量
总量	7.5	4.3
煤炭	2	1.9
石油、天然气及制品	0.3	0.2
金属矿石	1.4	0.7
矿建材料	1.3	0.2
非金属矿石	0.1	0.1

注:(1) 本表数据根据《长江年鉴2013》和国家铁路行政区域间货物交流2012年数据计算。
　　(2) 长江干线货物通过量不包含"干线与海上之间"货运量。

表 6.15　2015 年长江干线货物通过量(调整后)和对应铁路货物运输量　单位:亿吨

	长江干线货物通过量	铁路货物运输量
总量	9.3	3.6
煤炭	2.1	1.4

注:(1) 本表数据根据《长江年鉴 2016》和国家铁路行政区域间货物交流 2015 年数据计算。
　　(2) 长江干线货物通过量不包含"干线与海上之间"货运量。

江经济带交通运输方面发挥着无可替代的作用。贾大山等(2015)指出,2012 年,长江沿线港口转运了沿江 90%的外贸运量,是流域外向型经济发展、吸引外资的重要依托;承担了沿江钢铁企业 85%的铁矿石、沿江电厂 85%的电煤运输,是重化工业布局的重要依托。

关于长江航运能力的限度,曾刚等(2016)引用了九三学社湖北省委员会的观点,提出以下两种看法:一是认为长江航运能力可以达到 14 条复线铁路水平;二是认为只要千吨级航道达到美国 60%的水平,其运输能力将达到 10 000 亿吨千米。总之,长江航运量仍有着较大的提升空间。

三峡工程蓄水后,淹没了急流滩、险滩和浅滩,显著改善了长江上游航道的通航条件;但三峡船闸设计通过能力有限,阻碍了大坝上、下游之间的运输。表 6.16 是三峡船闸 2013 年至 2017 年货运通过量及增长率。具体来看,2013 年,三峡船闸货运通过量约为 0.97 亿吨,同比增长 12.7%;2014、2015 年三峡船闸货运通过量均超过 1.2 亿吨;2016 年三峡船闸货运通过量约为 1.31 亿吨,同比增长 9.08%;2017 年,三峡船闸货运通过量达 1.38 亿吨,同比增长 5.34%,增长率显然在不断降低。表 6.17 是 2015 年三峡上游与中、下游铁路货物运输量和三峡船闸货运通过量之间的比较。由三峡上游省市发往中、下游省市的铁路货物运输量为 0.09 亿吨,中、下游省市发往三峡上游省市的铁路货物运输量为 0.25 亿吨,而三峡船闸货运通过量为 1.2 亿吨,远远超过三峡上游省市与中、下游省市之间的铁路货运量,再一次彰显了水运的重要地位。不过,上文已提到,三峡船闸货运通过量的增长率呈下降趋势,2013 年至 2017 年三峡船闸货运通过量的增长率每年约下降 1.84 个百分点,由此可估算出,三峡船闸货运通过量预计到 2019 年达到最大值,约 1.45 亿吨,显然

表 6.16　三峡船闸货运通过量及增长率

	2013	2014	2015	2016	2017
三峡船闸货运通过量/亿吨	0.97	超过 1.2	超过 1.2	1.31	1.38
同比增长率	12.7%	—	—	9.08%	5.34%

注:本表数据根据长江三峡通航管理局公开的数据整理。

表 6.17 2015 年三峡上游与中、下游铁路货物运输量和三峡船闸货运通过量

单位:亿吨

三峡上游发往中、下游的铁路货物运输量	0.09
中、下游发往三峡上游的铁路货物运输量	0.25
三峡船闸货运通过量	1.2

注:本表数据根据长江三峡通航管理局和国家铁路行政区域间货物交流 2015 年数据计算。

不能满足长江经济带外向型工业发展的要求,需要采取综合措施加以应对。

此外,虽然长江干线货物通过量远超过沿线铁路货运量,但铁路运输仍是有效的陆上运输方式之一,且铁路运输受自然条件约束小,运输能力和承载量大,运行速度快,能耗较低,安全性较高。因此,为构建和调整长江经济带的外向型工业布局,长江经济带各省市也要加强铁路的建设,特别是东西向铁路的建设。

二、上海国际航运中心对长江经济带航运业的引领作用

上海市位于长江经济带和沿海经济带的交会处,是长江经济带上经济最发达的龙头城市,对整个长江经济带有强大的引领和带动作用。长江经济带必须紧紧依靠上海国际航运中心,拓展长江干线航运功能,才能充分发挥"黄金水道"的作用。

2009 年 4 月发布的《国务院关于推进上海加快发展现代服务业和先进制造业建设国际金融中心和国际航运中心的意见》中提出,到 2020 年,要将上海基本建设成为航运资源高度集聚、航运服务功能健全、航运市场环境优良、现代物流服务高效,具有全球航运资源配置能力的国际航运中心。上海国际航运中心建设也由此成为国家战略,发展逐步加速。

2016 年 8 月 30 日,上海市印发了《"十三五"时期上海国际航运中心建设规划》,提出要从巩固上海海空枢纽港地位、基本形成现代航运服务中心、提升全球航运资源配置能力三个层次深化上海国际航运中心建设。其中,"深化上海国际航运中心建设"以服务"一带一路"倡议和长江经济带建设为目标,进一步完善物流集疏运体系;而"基本形成现代航运服务中心"是指要积极培育航运金融等高附加值航运服务市场,形成现代航运服务中心。2018 年 7 月,上海市又印发了《上海国际航运中心建设三年行动计划(2018—2020)》,提出了六大重点任务:打造世界先进的海空枢纽港,优化完善枢纽港集疏运体系,促进航运绿色、安全、高效发展,全面提升现代航运服务能级,加强区域港航发展协同,加强航运中心建设保障。

从概念上来说,国际航运中心是依托发达的腹地经济发展,具有完善的航运主业、辅业和衍生服务业功能的,国际市场上具有很强竞争力的港口城市。以上海为核心、江浙为两翼的上海国际航运中心有条件利用长江黄金水道和我国沿海航线,实现全球范围内的集装箱运输和资源中转运输。在这一过程中,上海国际航运中心可以带动长三角以及整个长江经济带参与国际市场,对长江经济带的航运业具有重要的引领作用。

上文提到,上海的高端航运服务业具有较大潜力。尤其是2013年,以综合保税区为基础的中国(上海)自由贸易试验区成立后,上海的航运服务业充分利用区域港口资源优势、政策先行享受优势及现代服务业发展的产业优势,在浦东新区的陆家嘴、外高桥、临港、临空四大重点区域逐渐呈现集聚效应(王振,2016)。例如,上海航运金融和航运保险发展迅速,依据可得数据,早在2014年,上海航运金融机构已超过2 000家,航运保险公司也接近50家,与航运保险相关的中介公司已有300多家;到2014年10月,上海船舶保险的收入已经占到全国的46%。仅就上海虹口区而言,航运企业从2007年的1 601家增长到2018年的4 642家,年均增长276家,涵盖了船公司、航运金融、交易经纪、海事仲裁等各个门类[①]。

此外,上海的航运信息业近年也取得了长足的发展,成立了一系列的机构。如1996年,上海航运交易所成立;2008年,成立了专门负责提供航运信息和决策咨询服务的上海国际航运研究中心;2013年,上海建立了波罗的海航运交易所。在运价指数方面,自1999年以来,中国/上海集装箱运价指数、中国沿海散货/煤炭运价指数、"一带一路"贸易额/货运量指数在上海航运交易所陆续发布,为航运相关企业管理风险提供了有效基准。上海海事仲裁服务水平也有一定的提升,自2009年建立上海国际航运仲裁院以来,审理的案件不断增加,上海国际仲裁中心5年中受理的仲裁案件已超过2 600件,涉及争议金额也多达200亿元(李剑等,2017)。

当然,上海高端航运服务业仍存在不足之处,在航运金融方面,船舶融资困难,保险滞后,整体规模较小;在法律法规方面,体制不够健全,政策支持力度不够;在航运信息服务方面,缺乏权威性,影响力小;在人才服务方面,高端航运服务人才严重缺乏,培养体制不完善(汪传旭等,2014)。

总之,上海市应当抓住"中国(上海)自由贸易试验区"建设这一契机,加快培育和发展高端航运服务业,包括积极拓展航运金融和法律等功能,形成更高级的航运服务业集聚区和现代航运服务体系等,巩固并提升国际航运中心地位。同时,上海作为长江经济带的龙头城市,其高端航运服务业的服务范围会覆盖长江经济带,必

---

① 《精细化发展港航北外滩区域拿下航运服务业多项之"最"》,http://www.shxwcb.com/289474.html。

将带动整个长江经济带综合航运能力的提升,并进一步推动长江经济带外向型工业布局的构建和调整。

三、长三角作为江海转运中心在"黄金水道"航运中的作用

长期以来有一种观点认为,南京长江大桥的通航净高设计太低,阻碍了海轮进入南京上游,从而阻碍了长江特别是长江中游"黄金水道"作用的发挥,需要尽快拆除大桥。在这一部分,本节从长江现有桥梁通航净高、长江各区段通航能力、标准船型的设计等角度进行分析,探讨如何发挥长三角的作用,更好地处理江海运输的衔接问题。

表6.18是长江各大桥通航净高,表中数据显示,长江各大桥的净高基本为18米和24米,只有上海的上海长江大桥、江苏的沪通长江大桥、南京栖霞山长江大桥、大胜关长江大桥、润扬大桥、江阴大桥、泰州长江大桥、苏通大桥,安徽的芜湖长江公路二桥和湖北的武汉鹦鹉洲长江大桥的净高超过24米。因此,不仅南京上游的桥梁通航净高通常不高于24米,而且南京下游也有部分桥梁净高较低。因此要充分发挥长江"黄金水道"作用,靠拆桥引导海轮入江显然是行不通的。目前南京12.5米以下深水航道已经建成,相当于使长江中、上游地区的出海口距离缩短400千米(王晓娟等,2018)。在此条件下,要想将长三角沿江港口发展成为江海运输的转运中心,必须通过具备江海通行能力的标准船型的应用,组织能够直达中游乃至上游的双向高效运输。

表6.18 长江各大桥通航净高 单位:米

	通航净高		通航净高		通航净高
上海长江大桥	70	崇启大桥	24	崇海大桥	18
沪通长江大桥	62	苏通大桥	62	江阴大桥	50
泰州长江大桥	50	扬中长江大桥	10	扬中长江二桥	18
扬中长江三桥	18	润扬大桥	50	南京长江大桥	24
南京八卦洲长江大桥	24	南京大胜关长江大桥	24	南京栖霞山长江大桥	50
大胜关长江大桥	32	马鞍山长江大桥	18	芜湖长江大桥	24
芜湖长江公路二桥	32	铜陵长江大桥	24	安庆长江大桥	24
望东长江大桥	24	九江长江大桥	24	九江长江二桥	24
黄石长江大桥	24	鄂东长江大桥	24	鄂黄长江大桥	24

续表

	通航净高		通航净高		通航净高
黄冈长江大桥	24	武汉阳逻长江大桥	24	武汉二七长江大桥	24
武汉长江二桥	24	武汉长江大桥	18	武汉鹦鹉洲长江大桥	50
武汉白沙洲长江大桥	18	武汉军山长江大桥	18	荆州长江大桥	18
枝城长江大桥	18	宜昌长江公路大桥	18	葛洲坝三江大桥	18
夷陵长江大桥	24	西陵长江大桥	18	巴东长江大桥	24
巫山长江大桥	18	奉节长江三峡公路大桥	18	万州长江大桥	24
万州长江二桥	24	江津长江大桥	18	忠县长江大桥	18
忠州长江大桥	18	丰都长江大桥	18	涪陵长江大桥	24
长寿长江大桥	18	地维长江大桥	18	李家沱长江大桥	18
石板沟长江大桥	18	鹅公岩大桥	20	鱼嘴长江大桥	18
马桑溪长江大桥	18	大佛寺长江大桥	18	朝天门长江大桥	18
泸州泰安长江大桥	18	泸州长江大桥	18	江安长江大桥	18

注：本表长江各大桥数据通过互联网搜索整理得到。

冯晖（2015）绘制了一张长江沿江港口分布及通行能力示意图，描绘了长江下、中、上游沿江重要港口及各区段可通行船舶的吨位，反映了长江沿江港口通行能力自下游至上游递减的基本趋势。从中可以看出，长江中、上游地区的航道通行能力相对较弱；武汉港上游区域，万吨级以上的大型货轮基本无法通行。不过该文可能高估了下游港口的通航吨位。

表6.19是长三角主要港口2016年货物及集装箱吞吐量，由表可知，宁波舟山港、上海港、苏州港、南京港和南通港货物及集装箱吞吐量居于长三角主要港口的前五位，南通港、无锡港、泰州港、镇江港、扬州港的货物吞吐量也超过了1亿吨。上述这些港口可以建设一系列江海转运中心港，实现长江经济带下游与中、上游的高效运输。上述港口可区分为南京港至苏州港、苏州港以下两个区段，苏州港下游通行能力更强，各港口的江海转运航线可以更倾向于长江经济带中游；苏州港上游至南京港的转运航线则可以更倾向于上游。目前，武汉新港"江海直达"航线作为长江中、上游地区首条通达江海航线，已实现武汉至上海洋山港72小时点对点直航（高惠君等，2015）。

表 6.19　长三角主要港口 2016 年货物及集装箱吞吐量

港口名称	货物吞吐量	集装箱吞吐量
宁波舟山港	9.22	2 156
上海港	7.02	3 713.3
苏州港	5.79	547.9
南京港	2.28	308.4
南通港	2.26	82.7
无锡港	1.88	50.2
泰州港	1.70	25.3
镇江港	1.31	37.3
扬州港	1.22	51
常州港	0.94	21.5

注:(1) 本表数据根据《中国港口年鉴 2017》整理。
(2) 表中货物吞吐量单位为"亿吨",集装箱吞吐量单位为"万 TEU"。
(3) 表中只列出了长江干流沿岸及出海口附近的港口。

还需指出的是,为了减少恶性竞争、发挥规模经济优势、提高运营效率,更好地发挥长三角江海转运中心的作用,还需要提高长三角港口业的市场集中度。目前,长江干流江苏区段主要港口企业情况如表 6.20 所示。从表中可知,主要港口的性

表 6.20　长江干流江苏区段主要港口企业及控股人

港口企业	实际控制人
南京港(集团)有限公司	南京国资委
镇江港务集团有限公司	连云港国资委等
江苏省扬州港务集团有限公司	连云港国资委等
泰州港务集团有限公司	泰州国资委
江苏江阴港港口集团股份有限公司	陈乐
张家港港务集团有限公司	连云港国资委等
南通港口集团有限公司	南通国资委
常州新长江港口有限公司	曹玉峰
常熟兴华港口有限公司	新加坡常熟发展集团有限公司
太仓国际集装箱码头有限公司	佳善集团有限公司

数据来源:作者搜集整理。

质有国有控股、民营、外资等几种,地方国资委控股的占大多数,但也还没有整合完成。其中,由"连云港国资委等"(由江苏部分地方国资委、国有物流企业发起)控股的港口包括镇江、扬州、张家港三个港口,市场集中度仍不够高。如果将江苏省内的国资委控股港口整合起来,即再整合南京、泰州、南通三个港口,市场集中度就可获得大幅提升;整合后的公司再在长江经济带上游通过控股、参股等形式进行江海转运相关港口、码头建设,将区域间政府协作转变为企业内部协调(王振,2016),就能在很大程度上解决上述问题。刘志彪(2019)提出,应成立国家层面的港务集团公司,整合沿长江水运资源,打通长江黄金水道。本书认为,就长三角江海转运中心的定位而言,江苏省港口的整合是当务之急,国家层面的进一步整合还要看后续的港口运作情况。

此外,江海转运中心作用的发挥有赖于标准船型的设计和应用。据统计,长江干线船舶平均吨位为 750 吨,而德国内河船舶的平均吨位是 1 395 吨,俄罗斯内河船舶的平均吨位是 1 383 吨,美国密西西比河内河船舶的平均吨位是 1 350 吨,可见主要国家内河航运船舶的平均吨位普遍大于长江船舶平均吨位(王晓娟等,2018)。我国内河运输除了存在船舶平均吨位小这一问题之外,还存在船型混杂、技术落后、安全性能差等问题,大大降低了长江航运的运输效率和质量。总之,长江干线船型标准化程度低严重制约了长江航运功能的发挥,也降低了其环境效率。为了充分发挥长江航运效益,迫切需要通过船型大型化、标准化来进一步挖掘长江黄金水道运输潜能。

然而,具体的标准船型该是什么,多大吨位的船舶更有利于发挥长江航运效率,目前并无定论。张伟等(2015)主要从通航环境、物流环境和市场环境分析了曾经辉煌的长江驳船船队退出市场的原因,认为长江干线船队重返运输市场几乎不大可能;同时通过分析密西西比河和莱茵河的案例,认为通航环境和物流环境差异是运输方式差异的最主要原因。本书认为,应具体分析长江流域的具体自然环境条件和社会经济条件,分区段实现船型的大型化和标准化。

陈庆任等(2015)认为对于干散货运输,南京港及下游对应 70 000 吨级及以上海船或江海直达船;中、下游的芜湖段最大船型在 30 000 吨级以内;南京至武汉段为 15 000 吨级江船,南京至长江上、中游段为 6 000 吨级江船。对于集装箱运输,最适宜集装箱船型为 450TEU、600TEU、800TEU 长江型及江海直达型。对于液化品运输,预计未来船舶可能达到 5 000 吨级水平(通过改变吃水,最大可装载 8 000 吨)。而长江航道局 2017 年 12 月发布的长江航道维护水深显示,上游宜宾至中游安庆(吉阳矶)段航道维护水深不超过 5 米,适宜 5 000 吨级海船通航;安庆(吉阳矶)至芜湖长江大桥段航道维护水深为 6 米,适宜 5 000 至 10 000 吨级海船通航;芜湖长江大桥至南通(天生港)段航道维护水深为 10.5 米,适宜 10 000 至

50 000 吨级海船通航;南通(天生港)至长江口段航道维护水深为 12.5 米,适宜 50 000 至 100 000 吨级海船通航。

根据前文数据,将长江干流各区段通航能力列于表 6.21。本书认为,可以根据上、中游各区段通航能力设计若干种吨位级别的、能够适应长江桥梁净高的、使用清洁能源的自航型标准船型;可以有 1 000 吨级、3 000 吨级、5 000 吨级、10 000 吨级、20 000 吨级等吨位,分别集中于长三角地区沿江的若干港口进行江海转运,以提高长江航运效率、保护长江流域生态环境,更充分地发挥"黄金水道"的作用。

表 6.21 长江干流各区段通航能力   单位:吨

	冯晖	陈庆任等	航道局
宜宾—重庆	1 000	6 000	5 000
重庆—宜昌	3 000		
宜昌—武汉	5 000		
武汉—南京	10 000	15 000—30 000	10 000
南京—苏州	80 000	70 000	10 000—50 000
苏州—长江口	150 000		50 000—100 000

注:本表数据根据冯晖(2015)、陈庆任等(2015)文中数据整理,而航道局数据则是根据长江航道局发布的长江航道维护水深数据得到。

第五节 上海市金融业的引领作用探析

第二节的研究表明,长三角的金融业、商业服务业的服务输出对长江经济带上、中游的外向型制造业及服务业的发展可能起到重要的引领作用,其中尤其突出的是上海市的金融业。从历史和国际经验看,上海市金融服务的输出范围完全可以达到长江经济带的上、中游地区。

此外,长江经济带上游特别是中游地区,缺乏区域金融中心对经济发展的引导和支持("江西发展与现代化进程跟踪研究 2015"课题组等,2015)。为弥补这一不足,一种观点是在本地发展金融业等生产者服务业,如汪本强(2016)对皖江示范区的分析。但本书认为,从金融业的服务距离和国际经验来看,与其在本地培养新的金融中心,不如充分发挥上海作为国际金融中心对长江经济带全流域的支持作用。

正如曾刚等(2016)所指出的,上海的国际金融中心建设不仅是重要的国家战略,更是对长三角、长江经济带以及整个国家经济、金融的发展具有极为重要的影响。本节在前两节的基础上,从上海证券市场中长江经济带上、中游工业上市公司的融资、并购等行为入手,进一步探析作为国际金融中心的上海市对上、中游工业发展的引领作用。

一、长江经济带上、中游在上海证券交易所上市公司的并购重组行为

表6.22是在上海证券交易所上市的上、中游工业上市公司2014年至2018年的并购重组行为。总的来看,2014年至2018年上、中游上市公司并购重组涉及的工业行业比较集中,多为重化工业行业,并购规模差距很大。从单个企业并购金额来看,黑色金属业的宝山钢铁股份有限公司并购武汉钢铁有限公司100%股权的金额达286.35亿元,化工业的四川和邦股份有限公司并购乐山和邦农业科技有限公司51%股权的金额为81.43亿元,印刷业的安徽集友新材料股份有限公司并购陕西大风印务科技股份有限公司100%股权的金额只有1.3亿元。

具体分行业来看,并购规模从大到小依次为:黑色金属、化工、医药、公用事业、汽车、电气、通信、有色金属、非金属、机械设备和印刷业。其中除了公用事业、非金属和印刷业外,其他均是重化工业行业。黑色金属业的并购规模最大,并购金额高达286.35亿元,其次是化工业,并购金额合计为135.84亿元,然后是医药业,并购金额合计为134.45亿元,与化工业尤为接近。总体看来,重化工业行业的并购规模显著大于轻工业,全部并购金额将近达到1 000亿元。这意味着,上海证券交易所为长江经济带上、中游工业行业特别是重化工业行业通过重组提高市场集中度提供了有效的途径。

同时,从长江经济带上、中游上市公司并购对象所属的地域可以看出,2014年至2018年的并购重组主要集中于上游或中游内部,特别是电气、化工、汽车和公用事业等行业所涉及的并购重组,几乎都是上、中游省市内部之间的资源整合。虽然化工业和公用事业的并购对象的地域也涉及长江经济带下游和经济带以外地区,但所占比重较小。不过,株洲时代新材料科技股份有限公司对德国采埃孚集团部分资产的并购,充分体现了上、中游企业在化工行业的若干子行业中的国际竞争力和外向型经济发展的潜力。长江经济带上、中游上市公司与长江经济带之外地区的并购重组事件也较多,集中于医药、非金属、有色金属和印刷业,被并购的企业几乎都属于长江经济带之外的地区。上述并购都提高了涉及行业的市场集中度,并提升了这些上、中游上市公司的市场地位。

当然,长江经济带上、中游上市公司的并购对象也有部分涉及下游地区的上市

表6.22 上、中游工业上市公司2014年至2018年的并购重组行为

行业	时间	公司（出口占比）	内容	并购形式	并购金额	合计	总计
电气	2018年6月	东方电气股份有限公司(7.34%)	东方日立(成都)电控设备有限公司41.24%的股权,东方电气(四川)物资有限公司100%的股权,东方电气成都智能科技有限公司100%的股权,东方电气国际合作有限公司100%的股权,东方电气集团大件物流有限公司100%的股权,东方电气集团持有的设备类资产及知识产权等无形资产,四川东汽自动控制工程有限公司95%的股权,东方电气集团财务有限公司100%的股权	股权、无形资产	67.93	67.93	975.61
	2015年9月	大唐华银电力股份有限公司(0%)	大唐华银张家界水电有限责任公司35%的股权,大唐湘潭发电有限责任公司100%的股权,大唐耒阳发电厂全部经营性资产(包括相关负债)	股权、无形资产、实物资产、其他	28.22		
公用事业	2016年4月	万鸿集团股份有限公司(0%)	百川燃气股份有限公司100%的股权	股权	40.86	124.04	
	2016年4月	安徽皖江物流(集团)股份有限公司(不详)	淮南矿业集团发电有限责任公司100%的股权,淮沪煤电有限公司50.43%的股权,淮沪电力有限公司49%的股权	股权	40.39		
	2016年5月	江西洪城水业股份有限公司(0%)	南昌公用新能源有限责任公司100%的股权,南昌市燃气集团有限公司51%的股权,南昌水业集团二次供水有限责任公司100%的股权	股权	5.78		
	2017年11月	百川能源股份有限公司(0%)	荆州市天然气发展有限责任公司100%的股权	股权	8.79		

续表

行业	时间	公司（出口占比）	内容	并购形式	并购金额	合计	总计
化工	2014年4月	四川利邦股份有限公司（9.72%）	乐山利邦农业科技有限公司51%的股权	股权	81.43		975.61
	2014年9月	株洲时代新材料科技股份有限公司（53.16%）	BOGE德国相关业务全部资产，Sorocaba Metal-Borracha e Plásticos S.A. 99.98%的股权，ZF Boge Elastmetall Australia Pty Ltd. 100%的股权，ZF Boge Elastmetall France S.A.S. 99.995%的股权，ZF Boge Elastmetall Slovakia a.s. 100%的股权，ZF Rubber & Plastics Hebron, LLC 100%的股权，采埃孚橡胶金属（上海）有限公司100%的股权	股权、无形资产、实物资产	17.80	135.84	
	2014年7月	湖北兴发化工集团股份有限公司（23.70%）	湖北泰盛化工有限公司51%的股权	股权	12.12		
	2015年4月	安徽皖维高新材料股份有限公司（15.53%）	安徽皖维膜材料有限责任公司100%的股权	股权、无形资产	3.90		
	2016年2月	通威股份有限公司（4.96%）	四川永祥股份有限公司99.9999%的股权、通威新能源有限公司100%的股权	股权	20.59		
机械设备	2015年9月	安徽国通高新管业股份有限公司（0%）	合肥通用环境控制技术有限公司100%的股权	股权	5.17	22.81	
	2015年10月	隆鑫通用动力股份有限公司（50.27%）	广州威能机电有限公司75%的股权	股权	5.78		
	2016年9月	合肥合锻机床股份有限公司（13.04%）	安徽中科光电色选机械有限公司100%的股权	股权	6.60		
	2016年12月	云南煤业能源股份有限公司（0%）	云南昆钢重型装备制造集团有限公司100%的股权	股权	5.26		

续表

行业	时间	公司（出口占比）	内容	并购形式	并购金额	合计	总计
通信	2015年7月	烽火通信科技股份有限公司(25.25%)	南京烽火星空通信发展有限公司49%的股权	股权	7.50		975.61
	2015年12月	中茵股份有限公司(0.08%)	闻泰通讯股份有限公司51%的股权	股权	18.26		
	2016年7月	泰豪科技股份有限公司(23.77%)	上海博辕信息技术服务有限公司95.22%的股权	股权	6.38	62.28	
	2017年2月	中茵股份有限公司(0.08%)	闻泰通讯股份有限公司49%的股权	股权	17.54		
	2017年2月	湖北楚天高速公路股份有限公司(0%)	深圳市三木智能技术有限公司100%的股权	股权	12.60		
汽车	2015年1月	四川西部资源控股股份有限公司(1.46%)	重庆市交通设备融资租赁有限公司57.55%的股权、重庆恒通客车有限公司59%的股权、重庆恒通电动客车动力系统有限公司35%的股权	股权	12.66	76.78	
	2015年4月	安徽江淮汽车股份有限公司(12.11%)	安徽江淮汽车集团有限公司全部资产、负债、业务及与业务、资产直接相关的员工	债权、无形资产、实物资产	64.12		
非金属	2015年6月	西南药业股份有限公司(0.08%)	哈尔滨奥瑞德光电技术股份有限公司100%的股权	股权	37.66	37.66	
印刷	2018年2月	安徽集友新材料股份有限公司(0.90%)	陕西大风印务科技股份有限公司100%的股权	股权	1.30	1.30	

续表

行业	时间	公司（出口占比）	内容	并购形式	并购金额	合计	总计
医药	2014年2月	湖北洪城通用机械股份有限公司（0%）	济川药业集团股份有限公司100%的股权	股权	56	134.45	975.61
医药	2016年8月	中珠控股股份有限公司（0%）	深圳市一体医疗科技有限公司100%的股权	股权	19		
医药	2016年10月	贵州赤天化股份有限公司（0%）	贵州圣济堂制药有限公司100%的股权	股权	19.70		
医药	2016年12月	老百姓大药房连锁股份有限公司（0%）	老百姓大药房连锁（广西）有限公司49%的股权、老百姓大药房连锁（郴州）有限公司49%的股权	股权	4.35		
医药	2017年10月	人福医药集团股份有限公司（11.91%）	Suretex Limited 100%的股权、SxWell Australia Pty Ltd 100%的股权、武汉杰士邦卫生用品有限责任公司54%的股权	股权	35.40		
有色金属	2016年5月	云南驰宏锌锗股份有限公司（0%）	新巴尔虎右旗荣达矿业有限公司49%的股权	股权	26.17	26.17	
黑色金属	2016年12月	宝山钢铁股份有限公司（10.08%）	武汉钢铁有限公司100%的股权	股权	286.35	286.35	

注：（1）"并购金额"的单位是"亿元"。
（2）"出口占比"即各公司2017年年报中分地区营业构成中的"国外"占比。
（3）本表数据根据同花顺软件资料整理。

公司,而且基本都属于通信行业。具体有烽火通信科技股份有限公司收购南京烽火星空通信发展有限公司股权,中茵股份有限公司收购闻泰通讯股份有限公司股权,泰豪科技股份有限公司收购上海博辕信息技术服务有限公司股权,湖北楚天高速公路股份有限公司收购深圳市三木智能技术有限公司股权。这说明长江经济带上、中游在电子等污染负荷小、附加价值高的高科技行业具有较好的工业基础,充分印证了前文的分析。上海的证券市场为长江经济带上、中游的这些高科技企业提供了整合长江经济带相关产业、提升市场地位、增强竞争力的路径。

从工业出口角度分析,表 6.22 显示,大部分进行了并购重组的上市公司营业收入中的出口占比较低,这是长江经济带上、中游外向型工业发展状况的反映。不过,其中的化工业、机械设备业、通信业的部分上市公司的出口占比较高,这与该行业产品附加值较高、能够克服内陆较高的贸易成本有关,也印证了上、中游地区在部分高技术产业中具有较强的国际竞争力。

在样本期间特别要重视的一次并购,是 2016 年 12 月宝山钢铁股份有限公司以 286.35 亿元并购武汉钢铁有限公司。在重化工业产能普遍过剩、深入推进供给侧改革的背景下,两家国有控股的巨型钢铁企业的合并显然提高了长江经济带乃至全国钢铁行业的市场集中度,有利于促进资源的优化配置、化解产能过剩难题、提升我国钢铁行业的综合实力;尤其是合并后企业的产能,特别是出口相关产能的转移,有利于保护长江流域的生态环境。上海的证券市场为此类的资本运作提供了有力的手段。不仅如此,2019 年 6 月 2 日,沪市上市公司马钢股份发布公告称,中国宝武对马钢集团实施重组,安徽省国资委将马钢集团 51% 的股权无偿划转至中国宝武。通过本次收购,中国宝武将直接持有马钢集团 51% 的股权,并通过马钢集团间接控制马钢股份 45.54% 的股份,成为马钢股份的间接控股股东,实际控制人将由安徽省国资委变更为国务院国资委。这次重组完全符合本书上述的分析,而且进一步打开了央企与地方国资委控股国企之间重组整合的空间。

二、长江经济带上、中游上市公司在上海证券交易所的融资行为

表 6.23 是在上海证券交易所上市的长江经济带上、中游上市公司 2014 年至 2018 年的工业分行业融资合计金额。总体而言,2014 年至 2018 年上、中游上市公司各种形式的融资额达到了 3 730 亿元,涉及的行业较多,更多地集中在重化工业行业。具体分行业来看,融资金额最大的行业是电力生产和供应业,其他融资金额从大到小的行业依次是:交通、医药、电气、化工、黑色金属、造纸、有色金属、专用、通信、燃气生产和供应、煤炭、通用、家具、饮料、食品加工、纺织服装、印刷。除医药业外,融资合计金额排在前五的行业都属于重化工业行业,融资总额分别为 691.87、

661.27、324.85、267、233.6亿元,远高于其他行业。由此可见,由于重化工业行业的固定资产投资规模较大、资金需求量高,金融市场的融资功能对这些行业的发展更加重要。从表6.23中可以看出,上海证券交易所较好地发挥了为长江经济带上、中游重化工业上市公司融资的作用。

表6.23 上、中游工业上市公司2014年至2018年的分行业融资额　　单位:亿元

行业	短期融资券	非公开定向债融资工具	公司债	可转债	首发	增发	中期票据	合计金额	总计
煤炭	20	15	12	—	—	—	—	47	
纺织服装	—	—	—	—	3.35	—	—	3.35	
电力生产和供应	521	35	20	—	39.06	85.57	1.5	702.13	
燃气生产和供应	—	—	10	—	14.38	67.86	—	92.24	
黑色金属	160	—	—	—	—	17.6	56	233.6	
化工	37	—	10	1.14	21.43	164.43	33	267	
电气	20	—	10	40	6.72	245.23	2.9	324.85	
通用	6	—	—	—	6.62	32.01	—	44.63	
专用	30	—	—	—	9.48	124.25	—	163.73	3 730
交通	72.6	15	102.5	22.17	42.27	393.13	44.2	691.87	
印刷	—	—	—	—	2.01	—	—	2.01	
家具	—	—	7.5	—	9.39	14.92	—	31.81	
造纸	131.5	—	10	—	2.55	22.91	—	166.96	
食品加工	—	—	—	3.56	11.72	—	—	15.28	
饮料	—	—	—	—	19.04	—	—	19.04	
通信	—	—	27	—	20.24	72.19	7	99.43	
医药	283	7.6	26	23.43	33.27	222.97	65	661.27	
有色金属	—	10	15	—	4.13	134.87	—	164	

注:本表数据根据同花顺软件资料整理。

三、上海期货交易所对长江经济带上、中游的金融服务

上海期货交易所成立于1999年,目前交易品种包括铜、铝、锌、铅、镍、黄金、白银、橡胶、纸浆、螺纹、线材、沥青、热卷、燃油等,在国际上的影响力正在逐渐追赶伦敦金属交易所。可以看出,其交易品种主要是有色金属等工业产品,对包括长江经济带在内的我国工业行业的资源配置有着重要作用。

如前文分析,长江经济带上、中游是我国有色金属资源最为丰富的地区,有一批

在国际上具有重要地位的有色金属企业。通过上海期货交易所提供的金融服务,这些企业逐步提高了市场竞争能力和应对国际市场冲击的能力。例如,江西铜业作为国内第一批进行期货套期保值的企业,是第一批受益于期货市场的企业。可以说,江西铜业的发展离不开期货市场,更离不开上海期货交易所的支持。20世纪90年代初,在国内三角债横行的情况下,上海期货交易所的期货交割功能解决了江西铜业的债务难题。之后,江西铜业通过成功注册上海期货交易所交割品牌,促进了企业产品质量提升、盈利能力扩大、品牌形象大幅提升。近年来,江西铜业利用期货市场锁定加工利润,并通过期限互动做大做强,连续6年跻身世界五百强行列。

尤其需要指出的是,上海期货交易所的原油期货品种对长江经济带石化业的发展具有重要意义。长江经济带尤其是长三角的石化、化学工业的主要原料是石油。中国的石油储量有限,长期仍将不能自给并依赖进口,每年要进口4亿吨以上。但是,石油长期以美元计价,国际上普遍以英国、美国有关交易所的石油期货价格为定价基准,作为主要的采购者之一,中国毫无定价权,且采购行为常常受到人民币对美元汇率的不利变动的冲击。上海期货交易所的人民币计价的原油期货品种于2018年3月26日推出,一年多以来,境内外客户的参与程度不断加深,并已出现了以上海原油期货价格为基准签订的长期合同和现货合同,说明我国对石油的定价权有所提升。这对长江经济带特别是长三角的石化、化学工业的发展是至关重要的。

此外,上海期货交易所与上海航运交易所正在联合开发研究航运指数期货。该期货推出后,将大大完善上海作为国际航运中心的航运金融服务体系,也将大大有利于长江经济带"黄金水道"的充分利用。

四、上海保险业的相关发展状况

保险业是金融业的重要组成部分,国内保险市场的平台建设一直滞后。2016年6月,上海保险交易所成立,标志着我国保险市场平台的正式建成,也进一步确立了上海作为全国保险业中心的地位。这对于长江经济带的航运服务业、制造业都具有重要的意义。

上海保险交易所自成立以来,搭建了国际再保险、国际航运保险、保险资产登记交易等业务平台。其中,国际航运保险平台主要包含航运产品注册管理与航运保单登记两大功能。据统计,截至2019年6月,国际航运保险平台已累计注册机构51家,注册产品达6 456个,登记国际航运保险保单约25万份,风险交易额达6万亿元[①]。作为金融业与航运业的主要连接点之一,上海航运保险业的快速发展

---

① 上海保险交易所三年成绩单:"保险交易"的序曲在这里奏响.上海证券报,2019年6月13日。

对长江经济带的航运业形成了有力支撑。

还需指出的是,上海航运保险业的发展目标之一是打破西方服务业跨国企业的垄断地位。比如当前,国内保险机构承保海外业务和项目普遍依赖于英国劳合社检验理赔代理人网络,且该网络已经逐渐无法满足国内保险机构的理赔需求。在此背景下,上海航运保险协会正在推动建设自主的全球航运保险服务网络。这对长江经济带的外向型航运业乃至制造业发展具有重要的提升作用。

除航运保险业外,在"共抓大保护、不搞大开发"思想的指导下,以实现环境风险成本内部化为原则的绿色保险(或生态保险)业也应在长江经济带建设中发挥应有的作用。2017年6月,国务院常务会议决定,在浙江、江西、广东、贵州、新疆五省区选择部分地方,建设各有侧重、各具特色的绿色金融改革创新试验区。五省区中有三个省属于长江经济带,可见绿色金融、绿色保险对于长江经济带的意义。上海市虽然不在创新试验区内,目前也没有着重发展绿色保险业务,但长远来看,作为中国乃至国际性的保险中心,上海必然在将来成为绿色金融、绿色保险的中心城市,为整个长江经济带提供相关的服务。

五、小结

除上文分析的证券、期货、保险等行业外,上海已经建成了类型比较齐全的金融体系,在此不能一一分析其对长江经济带的支持作用。例如,上海的银行业也是国内最为发达的,上海银行间同业拆放利率(SHIBOR)是国内金融业的利率基准,并已具有国际影响。在信贷投放方面,上海银行业对长江经济带的支持力度也很大,但数据不易获得。可得数据显示,截至2015年3月末,上海银监局辖内银行用于支持长江经济带的贷款余额达3 113.8亿元,主要用于综合立体交通走廊建设、创新驱动促进产业转型升级、经贸合作发展和长江黄金水道功能提升,其中许多项目有助于长江经济带上、中游外向型经济的发展[1]。2017年,中国建设银行上海市分行牵头组织了淮北PS电厂煤电一体化项目银团,总额达46.3亿元,期限20年,这种跨区域的授信是对长江经济带中游的直接资金支持[2]。

总之,长江经济带外向型经济的发展需要进一步发挥上海的金融业对长江经济带上、中游的辐射带动作用,除了支持工业特别是重化工业行业的发展外,在金融业方面,还要以投资、参股等形式促进上、中游省市形成多层次的地方性的金融市场体系,扩大金融市场规模,开发多样的金融产品,以提升整个长江经济带的金融服务能力。

---

[1] 上海银行业倾力支持"长江经济带"建设有成效.上海金融报,2015年6月19日。
[2] http://www.cbrc.gov.cn/shanghai/docPcjgView/423FE4528A4E48558712545EFF47D3BB/01.html。

第六节　加强长三角生产者服务业引领作用的路径

根据本章分析,长江经济带上、中、下游生产者服务业的发展存在明显的梯度。长三角特别是上海市的部分生产者服务业行业的服务输出对长江经济带上、中游的制造业和服务业的发展可能起到重要的引领作用,这是长江经济带区域间分工与区际经济传递的一个重要方面,将长期体现为长三角与长江经济带上、中游之间的服务贸易流量。本章重点分析了长三角金融业、航运服务业能够向长江经济带上、中游输出的服务。在这一节,将讨论若干加强上述引领作用的路径和政策选择。

一、进一步推动长三角产业结构转变

产业结构转型是经济发展过程的一个方面。对中国这样的大国来说,不可能像新加坡等一些城市经济体一样将生产者服务业作为经济发展的重点。通过自主创新,使制造业的产品在世界市场上具有更大的份额,甚至在若干细分行业形成垄断,始终是更加重要的经济目标,生产者服务业的发展应当首先为这个目标服务,其次才谈得上追求生产者服务业自身向世界市场的输出。

不过,具体到大国内部一个区域、一个城市的经济发展目标,就需要考虑其在区域分工体系中的地位。前面已提到,不论是发达国家还是发展中国家,通常会有一个或若干个"入口城市",通过集中提供生产者服务将国内其他地区引入世界市场:对于比利时是布鲁塞尔,对于巴西是圣保罗和里约热内卢,对于美国是纽约。

长三角中的上海历史上就是中国经济的主要"入口城市",目前它虽然已成为重要的生产者服务业中心,但距离引导包括长江经济带上、中游在内的中国内陆地区进入世界市场的功能目标还有相当大的距离,应当坚定地以成为东亚地区主要的、国际上重要的生产者服务业中心为经济发展的目标,继续转变产业结构。长三角中的江苏、浙江的区位与经济地理条件不同,可以依托上海的生产者服务业发展先进的制造业,其中的南京、杭州等大城市则是辅助性的生产者服务输出中心。

长三角已经属于市场经济较为发达的地区,产业结构的转变主要是市场自组织行为的结果,但中央和地方政府也仍然能够发挥较大的作用。现代生产者服务业是资本、人力资本密集型行业,为了促进其集聚,应当推行能够吸引资本和人力资本集中的制度和政策。在吸引金融资本方面,要继续推动各类金融市场、金融机构的建设和发展,推动跨境资本在风险可控条件下的较为自由的流动,推动货币更便捷的兑换;在吸引人力资本方面,可以积极从海外特别是海外华侨、华人中引进现代生产者服务业的人才,同时也要推动国内各类教育机构对相关专业的建设和人才培养。

二、提升长三角生产者服务业的国际竞争力

根据商务部服贸司数据,2018年,中国服务贸易逆差达2 916亿美元。其主要的逆差来源是旅行服务、运输服务、知识产权使用费等,其中,旅游服务的逆差达2 376亿美元,占服务贸易逆差总额的81.5%。此外,随着中国经济的发展与产业结构的转变、服务业的不断发展与集聚、人民币国际化进程的推进、中国转变为资本输出国,我国的生产者服务业的国际竞争力在不断提高,特别是高附加值的信息服务业和管理咨询服务业在世界市场的地位正在快速上升,而更为重要的金融及保险服务业正处在从净进口向净出口转变的转折点。

本章对长三角与荷兰的生产者服务业发展状况的比较说明,长三角的生产者服务业已经具备较大的规模和一定的国际竞争力。在上述背景下,长三角特别是其中的上海市应抓住机遇,力争在若干年内超越香港、新加坡、东京等城市,成为东亚地区最重要的生产者服务业中心城市。2016年6月,国家发改委发布的《长江三角洲城市群发展规划》中提出,要"提升上海全球城市功能";到2030年,长三角城市群"服务全国、辐射亚太的门户地位更加巩固""国际竞争力和影响力显著增强,全面建成全球一流品质的世界级城市群"。

为了实现上述目标,一方面,要在上海自贸区以及新成立的浙江、江苏自贸区的基础上逐步扩大长三角地区服务贸易的开放程度,提升服务贸易的便利化水平,改革服务贸易的管理体制,提高对服务贸易特别是金融服务贸易的监管水平,从而推动世界范围内的先进生产者服务业集聚于上海及周边地区,使其逐步替代目前包括长江经济带上、中游地区在内的内陆地区对生产者服务的进口,成为中国内陆的主要"入口城市";另一方面,借助"一带一路"倡议、长江经济带双向开放战略实施的有利时机,推动与中国制造业、建筑业出口密切相关的生产者服务业,如金融服务、信息服务、管理咨询、运输服务等,向相关国家出口,在竞争中提高自身在世界服务贸易市场上的份额。

需要强调的是,本章的分析中已经提到,长三角的生产者服务业也面临着产业整合、提高市场集中度的问题,特别是与航运相关的金融业、商业服务业,这是提升长三角生产者服务业国际竞争力的重要途径。对于国有资本占主要地位的行业,例如上文分析过的江苏的港口服务业,以及大部分金融业的子行业,应以国有资本

为主要纽带进行整合,发挥国有企业特别是央企作为区域经济主体的作用;对于其他类型资本占主要地位的行业,地方政府也可以发挥引导的作用,在保证形成有效竞争格局的前提下,鼓励以兼并重组等方式进行整合。

三、通过长三角生产者服务输出推动长江经济带的产业协同发展

长江经济带11个省市的区域生产总值、工业产值均接近全国的一半,部分制造业行业的产值超过全国的一半。不过就整体而言,沿线各省市之间产业同构化较为严重,主导产业雷同,产业链分工发展不充分,没有充分利用长江"黄金水道"的作用;同时,遍布流域的重化工业企业造成了长江流域的严重污染。要实现长江经济带的发展目标,就需要对各省市的产业进行整合,实现协同发展。

至于如何实现整合,通常的观点是利用政府的产业政策,通过在上、中游建设产业园区,承接长三角的产业转移来实现。这无疑能发挥重要的作用,不过,在市场经济条件下,应考虑如何更充分地运用市场的力量。

欧洲的莱茵河经济带是世界上最成功的外向型内河经济带。德国与荷兰的金融资本在莱茵河经济带制造业的整合和发展中起到了核心作用,即使经历了两次德、荷分属对立阵营的世界大战,也没有打断这一资本的纽带及其整合的进程,且最终实现了莱茵河全流域的先进制造业的完整布局。根据其发展经验,在推动长江经济带上、中、下游形成各产业协同发展方面,要充分发挥金融资本的作用。

长三角特别是上海市是现代生产者服务业、金融服务业的中心,也是国内外资本集聚之处,完全有条件通过向长江经济带上、中游输出金融服务等生产者服务来推动产业的整合和协同发展。例如,在当前长江经济带沿线省市的重化工业行业中,国有资本均占有相当大的比重,在新一轮国有企业改革的背景下,可以充分利用上海的金融市场与金融资本,以并购重组方式整合长江经济带沿线省市的钢铁、石油化工、汽车制造等制造业行业,形成巨型的托拉斯,并发挥规模经济效应和水运优势,在产业链分工的基础上实施优化重组和布局。宝钢与武钢、马钢的合并重组,就是这一思路的具体体现。重化工业行业尤其是石化、化学业整合之后,可以将区域间的产业转移问题转变为寡头垄断企业内的产能转移问题,特别是可以将污染负荷大的行业的出口相关产能向长三角沿海地区集中,从而可以在提高外向型工业竞争力的同时改善长江流域的环境。

当然,要想依靠长三角生产者服务的输出来引领长江经济带外向型工业布局的构建和调整,长三角特别是上海市必须完成产业结构的成功转型;上海市应当成为东亚地区最重要的生产者服务中心,其服务应具备很强的国际竞争力。这是借鉴国际经验,充分考虑现有经济、地理等条件后提出的既具有可行性也具有挑战性的发展路径。

参考文献

HANSSENS H, DERUDDER B, WITLOX F, 2013. Are advanced producer services connectors for regional economies? An exploration of the geographies of advanced producer service procurement in Belgium[J]. Geoforum, 47: 12-21.

KRMENEC A T, ESPARZA A X, 1999. Entrepreneurship and extraregional trade in the producer services[J]. Growth and Change, 30(2): 213-236.

LEONTIEF W, STROUT A, 1963. Multiregional input-output analysis[M]//Structrual Interdependence and Economic Development. London: Palgrave Macmillan UK: 119-150.

ROSSI E C, BEAVERSTOCK J V, TAYLOR P J, 2007. Transaction links through cities: "decision cities" and "service cities" in outsourcing by leading Brazilian firms[J]. Geoforum, 38(4): 628-642.

陈庆任,张伟,赵丙乾. 2015. 长江黄金水道船型发展动向[J]. 中国船检(6): 94-97,128-129.

陈伟达,冯小康,2010. 生产者服务业与制造业的互动演化研究:基于我国投入产出表的实证分析[J]. 华东经济管理,24(1):54-59.

冯晖,2015. 长江港口与城市互动发展研究:以泰州为例[J]. 城市发展研究,22(12):84-91.

高春亮,2005. 文献综述:生产者服务业概念、特征与区位[J]. 上海经济研究,17(11):64-70.

高惠君,谢燮,2015. 长江黄金水道发展战略研究[M]. 北京:人民交通出版社.

贾大山,纪永波,2015. 内河优势战略[M]. 北京:人民交通出版社.

"江西发展与现代化进程跟踪研究 2015"课题组,江西财经大学江西经济发展与改革研究院,2015. 江西发展与现代化进程跟踪研究——长江经济带专题[M]. 南昌:江西人民出版社.

李剑,姜宝,部峪佼,2017. 基于自贸区的上海国际航运中心功能优化研究[J]. 国际商务研究,38(1):41-53,96.

刘志彪,2019. 运输带变黄金带:长江经济带高质量发展新定位[J]. 南通大学学报(社会科学版),35(1):27-33.

吕林,刘芸,朱瑞博,2015.中国(上海)自由贸易试验区与长江经济带制造业服务化战略[J].经济体制改革(4):70-76.

上海市科学学研究所,2017.2017上海科技创新中心指数报告[R].上海:上海市科学学研究所.

沈玉良,彭羽,等,2018.自贸试验区建设与长江经济带开放型经济战略研究》[M].上海:上海人民出版社.

汪本强,2016.基于承接产业转移背景下皖江示范区产业结构趋同化及互动发展问题研究[M].合肥:合肥工业大学出版社.

汪传旭,等,2014.上海与长江流域航运服务业联动发展[M].上海:格致出版社.

王可侠,夏琦,2015.工业化视角下的现代服务业发展研究:以长三角地区为例[J].现代经济探讨(8):35-39.

王晓娟,等,2018.长江黄金水道功能提升与航运现代化战略研究[M].上海:上海人民出版社.

王振,2016.长江经济带蓝皮书:长江经济带发展报告(2011—2015)[M].北京:社会科学文献出版社.

魏后凯,2006.现代区域经济学[M].北京:经济管理出版社.

席强敏,陈曦,李国平,2015.中国城市生产性服务业模式选择研究:以工业效率提升为导向[J].中国工业经济(2):18-30.

徐永林,等,2017.中国(上海)自由贸易试验区与长江经济带协调发展研究[M].上海:格致出版社.

杨玲,郭羽诞,2010.中国生产者服务业与国际贸易关联度的理论与实证研究[J].经济学家(4):39-46.

尹维清,戴昌军,钱俊,2013.长江流域航运发展规划方案研究[J].人民长江,44(10):76-79.

余泳泽,刘大勇,宣烨,2016.生产性服务业集聚对制造业生产效率的外溢效应及其衰减边界:基于空间计量模型的实证分析[J].金融研究(2):23-36.

曾刚,等,2016.长江经济带协同创新研究:创新·合作·空间·治理[M].北京:经济科学出版社.

张波,马晓燕,等,2018.长江经济带立体交通走廊战略研究[M].上海:上海人民出版社.

张伟,王志芳,刘光明,2015.从轮驳退场看长江黄金水道船舶大型化[J].中国船检(8):49-53.

钟韵,闫小培,林彰平,2010.高等级中心城市生产性服务输出空间特征:基于广州商务服务企业行为的探讨[J].地理研究,29(12):2166-2178.

第七章 结论与总体政策建议

为了探索实现长江经济带生态文明建设的先行示范带、引领全国转型发展的创新驱动带、具有全球影响力的内河经济带、东中西互动合作的协调发展带的战略定位的途径,本书研究了长三角引领长江经济带构建外向型工业布局的问题。

工业可分为采掘业、制造业和公用事业三个大类。其中,采掘业的布局主要取决于矿产资源的分布位置;公用事业的布局受能源、水源的分布和集散位置影响很大,均与制造业布局的决定因素有较大的区别。同时,三个大类中,制造业在产业结构中处于核心地位,其国际竞争力决定了工业的国际竞争力水平。因而,本书的研究重点是长江经济带外向型制造业的布局,有的部分也涉及其他工业部门的布局。

本章的第一节归纳了本书实证研究部分的主要结论;第二节回顾了莱茵河经济带的发展历史与经验;第三节在总结实证研究结论与国际经验的基础上,提出了推动长三角引领长江经济带构建外向型工业布局的总体政策建议。

第一节 主要研究结论

一、外向型制造业的布局状况

本书根据长江经济带各省市制造业分行业工业销售产值和出口交货值数据,构造了11个省市制造业分行业的区位商等指标,分析了长江经济带外向型制造业的布局状况。概括地说,长江经济带外向型制造业在全国比重较大,发展潜力巨大,长三角外向型制造业在国际上也具有较重要的地位;已经形成了一批先进的外向型制造业产业集群;上、中、下游存在明显的发展梯度。其中,长三角地区的外向型制造业集聚程度较高,包括江苏、上海的外向型重化工业与浙江的外向型轻工业,在长江经济带外向型工业布局中居于引领地位。长江经济带上、中游外向型制造业规模较小,但绝大多数省市的出口产能集中的行业都同时包括劳动、资源、资本、技术密集型行业,上游的成都、重庆与中游的武汉、合肥等城市有较先进的外向型制造业产业集群,说明其存在发展外向型高技术产业的工业基础。同时,长江经济带外向型制造业的布局也存在不少问题,特别是需要研究上、中、下游外向型制造业联动发展的路径,以及应对长江流域严重污染现状提出的外向型制造业布局调整的要求。

二、外向型制造业的转移状况及前景

本书运用长江经济带11个省市的二位码行业数据,检验了2005年至2015年长江经济带上、中、下游外向型制造业的转入、转出情况。

总体而言,在样本期间,长江经济带下游地区继续保持着制造业出口中心的地位;中游地区正在以较快的速度承接外向型制造业的转入;上游地区的外向型制造业则有一定程度的转出。

从检验结果可以看出,长江经济带下游地区的外向型制造业规模很大,而上、中游承接转移的总体规模是比较小的,下游不可能完全通过向中游和其他内陆地区的转移来化解生产要素价格上升的影响。下游地区的外向型制造业只有在某些资本、技术密集型行业的世界市场上取得强有力的竞争地位,通过产业链分工、战略联盟等具体的形式联动中、上游外向型制造业的发展,才能够实现《意见》中"全面提升长江经济带开放型经济水平"的要求。

三、制造业出口的跨区域带动作用

既然长三角外向型制造业的部分转移不能从根本上推动长江经济带上、中游的开放型经济发展,本书的重点则转向分析长三角外向型制造业通过产业链分工对上、中游制造业的跨区域带动作用。比较了各种方法后,本书构建了2012年长江经济带区域间投入产出表,并依据该表分析了长三角和长江经济带上游制造业出口对其他区域制造业的跨区域带动作用,从而估算了以长三角或长江经济带上游制造业为龙头的外向型产业链的规模及其布局。

结果显示,综合不确定和确定产地的区域制造业出口需求的分析,长江经济带上、下游制造业出口带动力和带动产出值最高的基本为通信设备、化工、金属加工、交通运输设备等重化工业行业;也有纺织、食品和烟草等个别劳动密集型行业。

"一带一路"倡议实施数年来,已取得了较大成效,特别是在对沿线国家基础设施的投资方面。但由于世界经济环境不佳,在货物贸易方面增长并不显著,2016年国民经济和社会发展统计公报显示,全年货物进出口总额比2015年下降0.9%,其中出口下降1.9%;对"一带一路"沿线国家出口增长0.5%,进口增长0.4%。2017年的贸易增长较快,全年货物进出口总额比2016年增长14.2%,其中出口上升10.8%;对"一带一路"沿线国家出口增长12.1%,进口增长26.8%。

但是,美国等国家贸易保护主义的抬头,以及中美贸易战的发生,说明世界市场的争夺趋于激烈,中国对外贸易特别是出口的市场前景面临较大的不确定性。因此,虽然长江经济带上、中游制造业出口增长相对较快,但尚不足以对长江经济带上述的制造业外向型产业链格局产生重要的影响。换言之,以长三角为龙头的重化工业外向型产业链在相当长时期内仍将是长江经济带制造业出口及其跨区域带动功能的主要承担者,也是实现长江经济带各战略定位的重点所在。联合国工业发展组织(United Nations Industrial Development Organization)发布的《工业发展报告2013》也指出,对大国而言,随着人均GDP的上升,电子、化工、机械、汽车等重化工业行业的人均增加值一直在增长,不存在成为所谓"夕阳产业"的问题。在寻求长江经济带生态文明建设和外向型经济发展的途径时,应立足于上述的经济事实进行分析。

四、外向型制造业与环境的协调度研究

为了评估长江经济带各省市近年来在外向型经济发展与环境保护这两个主要的战略定位方向的兼容性状况及其变动,本书采用耦合协调度模型和2009年至2015年的数据,对各省市外向型制造业发展与环境污染状况的协调关系进行了评估。

结果显示,在考虑上游污染向下游扩散的情况下,长江经济带下游三省市的外向型制造业与环境之间的耦合度和协调度均较好;中游的安徽、江西两省相对较为协调;而上游各省市的耦合度、协调度均较低。在时序上,中游各省,特别是安徽、湖南、江西的耦合度和协调度有比较明显的上升趋势,而上游的重庆、四川则相当不稳定。

为了实现长江经济带的战略定位,与直观见解相反,长江经济带下游虽然污染总量较为庞大,但靠近长江出海口、污染扩散较少,因而适于进一步发展外向型制造业,尤其是污染负荷较大的外向型重化工业行业;而上游各省市则应发展污染负荷小、产品附加值高的外向型制造业;中游各省市的环境约束还有空间,仍有扩大外向型制造业规模的潜力。

五、长三角生产者服务业对长江经济带外向型工业布局的引领作用

根据本书的统计分析,长江经济带上、中、下游在生产者服务业的发展上存在相当大的差距,下游特别是上海具有较强的优势。其中,信息服务业、金融业、商务服务业的差距最为明显;同时,在交通运输业、技术服务业中若干细分行业上,长三角也有着向上、中游输出服务的可能性。从服务距离的角度来看,金融业和商业服务业的服务距离最长,最适于上海发挥其对长江经济带外向型工业布局的引领作用。

本书重点分析了长三角的金融业和航运服务业的引领作用。根据分析,长江的水运能力和潜力是其他运输方式无法相比的。为了充分发挥"黄金水道"的作用,一方面,要加快培育和发展上海市的高端航运服务业,包括积极拓展航运金融和法律等功能,形成更高级的航运服务业集聚区和现代航运服务体系等,巩固并提升其国际航运中心的地位。另一方面,目前南京 12.5 米以下深水航道已经建成,相当于使长江中、上游地区的出海口距离缩短 400 千米。在此条件下,要想将长三角一系列沿江及出海口附近的港口发展成为江海运输的转运中心,必须通过若干种吨位级别的、具备江海通行能力的、能够适应长江桥梁净高的、使用清洁能源的自航型标准船型的应用,组织能够直达中游乃至上游的双向高效运输,以提高长江航运效率、保护长江流域生态环境,更充分地发挥"黄金水道"的作用。

本书从上海证券市场中长江经济带上、中游工业上市公司的融资、并购等行为入手,分析了上海的金融业对上、中游工业发展的引领作用。根据统计,2014 年至 2018 年上海的证券市场中长江经济带上、中游的工业上市公司完成了 3 730 亿元的各类融资及接近 1 000 亿元的各类并购重组行为,说明上海的证券市场为这些公司提供了整合长江经济带相关产业、提升市场地位、增强竞争力的有效路径。从行业角度来看,其中的重化工业的融资、并购重组金额占主要地位。这是由于重化工业行业的固定资产投资规模较大、资金需求量高,金融市场的融资功能对这些行业的发展更加重要。在有并购重组行为的重化工业上市公司中,化工业、机械设备业、通信业的部分上市公司的出口占比较高,这与该行业产品附加值较高、能够克服内陆较高的贸易成本有关,也印证了上、中游地区在部分高技术产业中具有较强的国际竞争力。在样本期间特别要重视的并购案,是 2016 年 12 月宝山钢铁股份有限公司以 286.35 亿元并购武汉钢铁有限公司,以及 2019 年 6 月继续并购马钢股份,这不仅提高了长江经济带乃至全国钢铁行业的市场集中度,提升了我国钢铁行业的综合实力,而且合并后企业的产能,特别是出口相关产能的转移,有利于保护长江流域的生态环境。上海的证券市场为此类资本运作提供了有力的手段。

第二节 莱茵河经济带的发展经验

在全世界的大河流域经济带中,发展较为成功的包括欧洲的莱茵河经济带、美国的密西西比河经济带(及其支流田纳西河经济带),也有曾经获得成功但又衰落的多瑙河经济带、伏尔加河经济带等。从外向型经济发展角度来看,莱茵河经济带目前是世界范围内发展最成功、国际分工地位最高的内河经济带。不过,从各种自然条件比较,长江经济带远胜于莱茵河经济带,其货运量也早已超过莱茵河经济带。长远来看,长江经济带有能力挑战莱茵河经济带在重化工业若干行业中的国际分工地位[①];同时,长江流域的环境污染状况已相当严重,也类似于 20 世纪 70 年代之前的莱茵河。

因此,在总结了本书关于长江经济带的研究结论后,本节回顾了莱茵河经济带的整合历史与经验,特别是德国与荷兰经济的整合过程,因为它反映了外向型内河经济带发展过程中出海口地区与中、上游外向型产业聚集地之间的互动关系,可以为长江经济带外向型工业布局的调整提供镜鉴;此外,莱茵河经济带环境治理的历史经验,特别是关于下游地区的经验也对长江经济带有很强的借鉴作用。

一、莱茵河经济带的整合与环境治理历史

(一) 整合的历史

根据有关文献,如 Euwe(2012)、Lak(2011)等,莱茵河经济带的形成,特别是其中的德国与荷兰经济纽带的形成,主要得益于 19 世纪 60 年代德国以莱茵—威斯特伐利亚地区的煤炭能源为中心的工业革命,在上述历史阶段,荷兰主要在贸易和交通方面发挥了作用。19 世纪 70 年代,欧洲的农业危机也起到了一定影响,荷兰的农业部门被迫转向专业化生产畜牧业产品并向莱茵河上游的德国出口,而荷兰开始工业化所需的煤炭、铁矿石、钢铁制品也主要从德国鲁尔区进口,这加深了两国的经济联系。

19 世纪 90 年代,快速发展的莱茵河的运输推动了鹿特丹、阿姆斯特丹和安特卫普等流域出海口港口的发展。到 20 世纪初,主要通过驳船运输与莱茵河上游联

---

① 作为长江支流的湘江提出要做"东方莱茵河"(翟辅东等,2013),但从产业发展层次与分工地位角度来看,差距较远。

系的鹿特丹港的吞吐量超过了主要通过铁路联系的安特卫普港。这种通过贸易和转运建立和加强的经济联系甚至促使德国在第一次世界大战爆发前修改了其施里芬计划——绕过荷兰而只通过比利时进攻法国。

一战以后，魏玛共和国的政治、经济形势极不稳定，导致大量德国金融资本外逃至荷兰的阿姆斯特丹，促使其成为与德国经济，特别是对外贸易联系紧密的金融中心；同时，德国航运资本也大量投资荷兰的港口和驳船运输业。此外，在战争期间赢得高额利润的荷兰资本为了利用其坚挺的货币、规避德国的进口限制，也大举投资德国，从而进一步加强了双方的资本与经济纽带。

与美国、英国主要向德国的银行业提供贷款不同，荷兰是德国贸易和工业的最主要的外国投资者。19世纪20—30年代，德国鲁尔工业区的外向型工业的发展是上述经济和金融整合的原动力，鹿特丹港80%的吞吐量来自或去往德国，主要是鲁尔工业区。同时期内，两国的政治与外交关系也服从于两国资本的利益，整体上配合和推动了整合过程的进展。

二战开始后，荷兰很快被德国占领并遭到奴役。即使如此，在英国流亡的荷兰政府、商会及在荷兰本土处于地下状态的观察者也一致认为：第三帝国垮台之后，不仅不应该在经济上过分惩罚德国，反而应该帮助它尽快复苏，这才能促进荷兰经济的恢复与发展。

到了1957年，鲁尔工业区已全面复兴，西德政府因而废除了禁止外国船舶进入西德内河航行的禁令。当时的莱茵河上，荷兰船队的规模超过了所有其他沿岸国家船队规模的总和，与鹿特丹港一起迅速地在德国外贸水路运输中取得了支配地位。两国的经贸与金融关系很快恢复并超过了战前水平。

二战时期及二战后，荷兰的四家巨型跨国公司——荷兰皇家壳牌集团（Royal Dutch Shell）、联合利华集团、飞利浦公司、阿克苏诺贝尔公司（AkzoNobel）对荷兰政府有着巨大的影响，它们从自身利益出发，促使政府保护其在德国的各项投资，并促使荷兰政府协助德国经济复苏。

（二）莱茵河环境污染与治理的历史

《莱茵河：一部生态传记(1815—2000)》（乔克，2002）一书详细论述了莱茵河经济带的发展给该流域带来的污染及其治理的历史。本书在此简明地归纳其要点：

1. 莱茵河经济带属于典型的"先污染后治理"的类型。虽然早在1815年就陆续成立了莱茵河委员会等组织，但直到20世纪50年代才开始应对莱茵河流域环境污染的问题。

2. 19世纪中期开始的以德国鲁尔区煤炭为基本能源的工业革命，对莱茵河流域造成了严重污染。当时沿河各国均认为莱茵河的自我净化能力足以应付任何污染，允许将各种污染物直接排入河中。这一阶段一直延续到了20世纪50年代。

3. 在世界市场上占据领导地位的德国的若干家化学公司、瑞士的主要化学公司均在19世纪建立于莱茵河畔。煤炭、冶金、电力、化学工业企业以及基于化学工业的造纸、蔗糖等行业企业是莱茵河流域的主要污染源。

4. 石油成为工业的主要能源和主要的化学原料来源后,荷兰从20世纪50年代初起以鹿特丹港为中心建立了巨型的石油化工产业园区,显然,其污染物主要影响莱茵河三角洲。同时,由于鲁尔区煤炭产量的不断下降及煤化工行业的衰退,莱茵河下游的水质在未经治理的情况下也得到了明显改善。

5. 莱茵河沿岸各国企业倾向于将污染物在境内莱茵河段最靠近下游的地点排入莱茵河,给下游国家埋下了定时炸弹。

6. 保护莱茵河国际委员会成立于1950年,标志着莱茵河沿岸国家协作治理环境污染的开始,但其最初使命仅限于科学评估河水水质。荷兰政府作为上游污染和洪水的主要受害者,是该组织的幕后主要推动力。

7. 1972—1976年,保护莱茵河国际委员会在部长级会议中起草的《防止莱茵河氯化物污染的波恩协议》《防止莱茵河化学污染的波恩协议》《防止莱茵河热污染的波恩协议》以及1987年起草的《莱茵河生态修复行动计划》在莱茵河环境保护中发挥了最重要的作用。但直到20世纪末,莱茵河流域的生态恢复仍是有限的。

二、莱茵河经济带主要化学公司的布局与合资经营情况

由于莱茵河流域的核心外向型产业与主要的污染来源是石化、化学企业,本书根据2016年主要的跨国石化及化学企业的年报统计了这些企业在莱茵河流域的生产布局以及相互之间的合资经营情况,以此分析其外向型产业的布局、整合与在环境规制不断加强背景下的调整状况。

(一)总部在荷兰的企业

1. 荷兰皇家壳牌集团

表7.1 荷兰皇家壳牌集团在莱茵河流域的石化业年产量

国家	地点	产品	产量/千吨	附加产品
德国	莱茵兰、卡尔斯鲁厄	乙烯	315	低碳烯烃、芳香烃
荷兰	穆尔代克、佩尔尼斯	乙烯	972	低碳烯烃、芳香烃、中间体、其他
		乙烯基苯	725	
		乙二醇	155	

资料来源:该公司2016年年报。

年报中未查到该公司在莱茵河流域有合资的石化或化学企业。

2. 阿克苏诺贝尔公司

2016年,在德国伊本比伦与德国的赢创工业集团合资经营一家生产氢氧化钾、氯、氢的工厂,股权为50%。

其余情况不详。

(二) 总部在英国的企业

1. 英国石油公司(BP Amoco)

表7.2　英国石油公司在莱茵河流域的原油炼油能力

国家	地点	公司股权/%	权益日炼油能力/千桶
德国	Bayernoil	10	22
	盖尔森基兴	100	265
	Lingen	100	95
荷兰	鹿特丹	100	377

注:资料来源于该公司2016年年报。未找到汉语译名的地点采用年报中的原名,下同。

表7.3　英国石油公司在莱茵河流域的石化业年产量

国家	地点	公司股权/%	产品	产量/千吨
德国	盖尔森基兴	100	烯烃及其衍生物	3 300
	米尔海姆	100	其他	300

资料来源:该公司2016年年报。

(三) 总部在德国的企业

1. 巴斯夫股份公司(BASF SE)

2016年,在德国路德维希港建立工厂生产TDI并改造一家生产乙炔的工厂,年产量分别为30万吨、9万吨;在该市同时分别建立生产维生素A、螯合剂的工厂,并扩大润滑油、合成树脂、颜料、乙烯基甲酰胺、聚乙烯吡咯烷酮的生产能力;在德国贝西希海姆扩建一家生产钒酸铋颜料的工厂。

2016年,在荷兰阿姆斯特丹与Avantium公司合资建立一家生产呋喃二甲酸的工厂;在荷兰鹿特丹与荷兰皇家壳牌集团合资运营Ellba C. V.公司,生产环氧丙烷和苯乙烯;在比利时安特卫普与陶氏化学公司合资运营BASF DOW HPPO Production B. V. B. A.公司,生产环氧丙烷;在荷兰莱斯韦克与Gazprom公司合资运营 Wintershall Noordzee B. V. 公司;在上述公司的股权均为50%。

其余情况不详。

2. 拜耳公司(Bayer AG)

2016年,在德国扩建伍珀塔尔和勒沃库森的工厂,生产 rFactor Ⅷ therapies;扩建在德国的除草剂工厂;在德国多尔马根建立生产杀虫剂的工厂,并扩大杀真菌剂的产能;在德国布龙斯比特尔扩建 MDI 工厂;在德国多尔马根建立生产二氧化碳基多元醇的工厂。

2016年,在荷兰与莱昂德尔公司合资经营 LyondellBasell Covestro Manufacturing Maasvlakte V. O. F.,Netherlands 公司,生产环氧丙烷。

其余情况不详。

(四) 总部在美国的企业

埃克森美孚公司(Exxon Mobil Corporation)

2016年,在荷兰鹿特丹的炼油厂修建新的加氢裂化装置,具体产量不详。

(五) 总部在瑞士的科莱恩公司(Clariant)、诺华集团(Novartis)、罗氏公司(Roche Group)均未在其2016年年报中报告其具体的生产布局及合资经营情况。

三、从莱茵河经济带发展史中总结的经验和教训

1. 内河经济带的经济发展不一定是从下游向中、上游沿梯度扩散,其取决于各区域的工业化进程。莱茵河经济带发展的驱动力主要来自中游的德国鲁尔工业区的工业革命及其演化,并逐步由中游向下、上游扩散,下游的莱茵河三角洲(基本是荷兰版图)主要是通过为鲁尔工业区提供农产品、航运与金融服务而发展起来的。当石油替代煤炭成为主要能源和化学原料来源后,莱茵河三角洲才发展成为主要的石化工业中心。

2. 莱茵河经济带的整合途径主要是通过资本在流域内的跨境运动。这些资本包括以钢铁、煤炭、化工业为核心的工业资本,也包括为工业资本的运动服务的金融资本、航运资本等,但前者起主导作用。在运动过程中,后者的国籍属性日益模糊。

3. 由于其在航运、水源、自净功能等方面的条件,内河经济带天然适于发展能源、冶炼、化学等重化工业行业,具体的工业中心区域的位置则取决于历史发展过程。

4. 为外向型工业资本服务的航运、金融等服务业资本通常集聚于内河出海口附近的城市,这类资本的发展根本上取决于外向型工业资本的发展状况,但又对后者的发展有重要的协助作用。

5. 总体来说,作为资本主义国家,莱茵河沿岸国家的政府忠实地执行了资本的意志,积极推动莱茵河流域的工业化和经济的整合,特别是重化工业的发展,对环境污染采取了放任的态度。直到20世纪70年代以后,才开始积极应对环境污染问题。

6. 内河经济带的主要污染源是能源、冶金和化学工业企业。在以煤炭为主要能源来源的时期,由于煤矿通常位于中、上游地区,由此形成的产业集聚通常会造成大部分甚至全流域的污染;当石油成为主要能源来源后,由于其通常来源于进口,由此形成的产业集聚可以处于内河的出海口位置,陆地污染局限于三角洲地区。因而,煤化工行业比石油化工行业对环境的污染更大。

7. 石化、化学工业的发展具有很强的路径依赖性,形成产业集聚后很难迁移。德国莱茵河流域的路德维希港、多尔马根等地在煤化工时期形成了化学工业中心,虽然并不位于出海口附近,但在进入石油化工时代后仍然维持了其地位,并且还在不断扩大下游化学品的产能。不过,从德国的巴斯夫股份公司、拜耳公司在荷兰与当地企业合资生产环氧丙烷等石化产品的情况来看,对于新增的上游石化产品产能,均倾向集中于出海口附近。这种合资行为属于增量的调整,其规模仍是有限的。

8. 应对内河流域的环境污染,必须依靠全流域各行政单位的充分合作,而且必须有牵头的推动者。对于莱茵河流域,由于分属于不同国家,其主要推动力来自作为上、中游污染和洪水的主要受害者荷兰政府。

9. 控制内河经济带的环境污染,关键在于控制流域中化学工业排放的包括氯化物在内的各类排放物的数量,特别是汞、铬、石油、碳氢化合物、有机卤、有机磷和有机锡化合物;此类排放也有一部分来自市政场所、农业径流、街道、高速公路、地表水和大气降水的扩散源污染。

10. 流域内政府间的合作行为在应对环境污染中起决定性作用,各类非政府的组织也有一定的积极作用。

第三节 总体的政策建议

本章第一节归纳的研究结论指出,在世界市场中,长三角的外向型工业和生产者服务业均已具有较大的规模和一定的国际竞争力,具备引领长江经济带构建外向型工业布局的能力。长江经济带各区域之间,水平分工与垂直分工关系并存;在外向型经济中,垂直分工关系仍将长期占有更加重要的地位;区域间货物和服务贸易比产业转移涉及的产出规模大得多,是更重要的区际经济传递形式。依据前述结论以及对莱茵河经济带历史经验的研究与分析,本节提出了对长三角引领长江经济带构建外向型工业布局的总体政策建议;而对于行业层面的政策建议,将在下一章进一步研究的基础上提出。

最常用的区域政策工具包括公共投资、转移支付、经济刺激、直接控制、政府采购和公共区位,前三者更重要(魏后凯,2006)。阿姆斯特朗等(2007)则将区域经济政策分为微观政策(包括重新配置劳动力、重新配置资金)、协调政策(包括行政管辖区内的协调、行政管辖区间的协调)、宏观政策(包括贸易、财政与货币政策权力的区域转移,区域差别的税收、支出、货币、关税以及其他贸易政策)。本书所考虑的政策建议涉及了上述多个类别,例如公共投资(尤其是对基础设施)、转移支付,或是后者分类中的协调政策和宏观政策。不过,从研究的论题出发,本书的政策建议并未局限于区域经济学范畴,还涉及环境经济学、产业经济学等方面。例如,本书最重视的政策建议是长江经济带重化工业行业市场集中度提升基础上的产能转移,主要属于产业政策,而不是区域政策。

一、长江经济带外向型工业布局调整的原则与主体

(一) 调整原则

任毅等(2015)在分析长江经济带的工业能源效率时指出,产业布局的调整是提升工业能源效率、引导产业转型的有力手段。类似地,外向型工业布局的调整是长江经济带在"共抓大保护、不搞大开发"思想指导下推动外向型经济发展的有力手段,其中的核心是外向型重化工业布局的调整。

鉴于重化工业巨大的环境污染负荷,为了在保护和修复长江生态环境的同时

实现长江经济带的双向开放与协调发展,应该以何种原则规划工业,特别是其中的重化工业行业的布局调整呢?

本书第四章已经提出,一个简单的原则是在控制污染物总量不变等条件下,使污染物流经长江的加权总距离最小化。刘鹤等(2012)在分析中国石化产业布局时指出,无论是从石化产业的上、下游产业联系来看,还是从污染的集中治理来看,集聚都是石化产业空间组织的重要原则,石化产业临海布局具有合理性。周冯琦等(2016)在分析长江经济带化学工业布局时引用了上述观点,指出长江经济带的化学工业应进一步向长三角沿海地区集聚,在其他区域按市场容量适度布局一些炼厂。

本书认为上述原则可以推广至工业的其他行业,尤其是重化工业行业。其中污染负荷较大、出口强度和进口原材料依赖程度较高的行业和企业应该进一步向长三角沿海地区集聚,具体的集聚地点应与长三角各省市发展战略(如江苏省沿海开发战略等)结合起来考虑;进一步集聚于长三角沿海地区的此类行业通过区域间垂直分工关系仍能带动中、上游的工业发展。因此,这种调整体现了长三角对长江经济带构建外向型工业布局的引领作用。刘志彪(2017)也有类似的对策建议。

同时,考虑上、中游双向贸易运输方式的高成本(如西向的中欧班列),在发展外向型经济时,上、中游应依托已有的工业基础,主要推动产品附加值较高、污染负荷较小、已有较好基础的高技术制造业集聚,采用内陆"开放型经济高地"的形式发展外向型工业,推动与长三角的高层次的水平分工关系形成。这需要在上、中游的上述地区推动区域创新体系的形成(黄志亮等,2011)。有的观点认为(冯超,2013),应通过产业转移在沿海与内地之间建立"营销-制造""研发-制造""高端-低端制造"等类型的区域分工模式,以形成优势互补的双赢分工模式。但是,对长江经济带而言,这样的较低层次的区域间垂直分工关系将导致上、中游污染的加重和进一步扩散,是不可接受的。

事实上,上述主张不仅是在现实条件下要达成长江经济带诸战略定位的逻辑分析的结果,而且也符合长江经济带区域经济近年来的发展趋势。郑德高等(2015)指出,过去期望通过梯度转移,实现长江经济带从东到西的发展逻辑并没有出现;事实上呈现的是从沿海经济转向流域经济、从雁行模式转向平行区域化、从"核心-边缘"转向韦伯结构的三条空间理论逻辑。

下面进一步分析污染负荷大的重化工业行业的布局调整问题。对于有关产业的增量部分,无疑可以参照上述原则决定其区位,但存量部分的调整要困难得多。根据莱茵河经济带的经验,大多数重化工业行业的企业区位具有很强的路径依赖性,形成产业集聚之后很难迁移,往往是在原有区位上不断扩大生产规模并进行技术改造。本书认为,在我国各重化工业行业基本处于产能过剩状态,并在进行供给侧改革的背景下,一方面要借助市场压力退出部分落后产能,特别是在长江经济带上、中游;另一方面要通过兼并重组提高市场集中度,将长江经济带内的工业布局问题转变为寡头垄断企业内部的产能布局问题。也就是说,将污染负荷较大的重化工业行业的出口相关产能尽量集中于长江经济带下游沿海地区,而上、中游的产能则完全服务于本地市场。这样做,可以在不迁移具体企业的情况下通过产能调配达到调整工业布局的目的。

此外,生产者服务业向长三角特别是上海市的集聚将进一步加强,相关的区域间分工关系也将进一步强化。在此背景下,长三角的生产者服务业应通过产业整合等方式尽快提升国际竞争力,通过持续增长的区域间服务贸易流量为上述外向型工业布局的构建和调整进程提供服务支持,尤其是金融业和商业服务业。

(二) 推动长江经济带外向型工业布局调整的区域经济主体

从长江经济带战略定位出发推动外向型工业布局的调整,需要有政策导向性行为的承担者,否则这些政策只能停留在文件中。与计划经济时代不同,在市场经济时代政府没有能力通过指令性计划直接安排工业布局的构建与调整,需要寻找其他途径和手段。

从国际经验来看,有两种区域经济主体可以推动流域的工业布局调整与经济发展。一种是行政机构,如美国的田纳西河流域管理局(TVA)模式(谢世清,2013),这种做法已被多国模仿(Lagendijk,2015);美国的特拉华流域管理委员会模式(罗志高等,2015),该委员会由特拉华河流经的四个州的行政长官与美国总统任命的联邦代表组成。另一种是垄断企业,如上文提到的,不少文献分析了德国与荷兰的垄断资本在莱茵河经济带制造业的整合和发展中所起的作用(Euwe,2012;Lak,2011);即使经历了两次德、荷分属对立阵营的世界大战,也没有打断这一资本的纽带及其整合的进程,最终实现了莱茵河全流域的先进制造业的完整布局。

先看第一种区域经济主体。外向型工业布局的调整不仅是工业部门内部的调整,也需要各种层次的服务业,特别是生产者服务业的支持,还需要政府及立法机构对具有公共产品性质的法律、制度、规则的调整和安排。

从莱茵河经济带的发展历史来看,对航运、环境保护等具有公共产品性质的制度安排,应当由跨流域的行政当局组成的管理机构统一设计、建立和施行。例如,莱茵河航运中央委员会于1816年成立,其宗旨是保障莱茵河及其支流的航运自由与平等,目前由荷兰、比利时、德国、法国和瑞士五国组成。两百年来,该组织主导了莱茵河有关航运的各种法规的制定和修改,发挥了重要作用。在环境保护方面,法国、德国、荷兰、瑞士和卢森堡于1950年在瑞士成立了"保护莱茵河国际委员会",通过几十年的工作有效地保护和恢复了莱茵河的生态系统。这些工作均保证了莱茵河流域作为国际制造业中心的可持续发展,尤其是保证了位于莱茵河中游的德国化学工业在世界市场中的领导地位。Chase(2012)也指出,莱茵河在治理污染方面的制度安排远胜过美国密西西比河的相应制度。

在小国林立的莱茵河经济带,各国通过组织国际委员会的行政方式有效解决了航运、环境保护等问题。长江经济带虽属一国内部经济带,但地域辽阔,涉及多个省市,在许多方面,有必要通过跨行政区划的全流域的具有相应职权的监管组织进行统一管理。目前长江流域的有关监管组织层级不高,职权来源分散,地点分设于上海和武汉等地,发挥的作用有限,需要进一步加快整合步伐并适当提高层级。

再看第二种区域经济主体。由上述分析可知,这可能是较为切合实际的一种发展路径。也就是说,仍然借鉴莱茵河经济带的经验,在推动长江经济带上、中、下游形成工业有序转移和分工合作方面,除了需要沿江省市的沟通合作外,还需要充分发挥资本的作用。

当前长江经济带沿线省市的重化工业行业,市场集中度均不高,有进一步兼并重组的需要。其中部分行业的股权结构中,国有资本占有相当大的比重。在新一轮国有企业改革的背景下,国有资产管理部门有必要、也有可能进一步推动长江经济带沿线部分重化工业行业的重组和优化布局,以更充分地利用"黄金水道"进行分工和协作。其理由是,世界范围内,重化工业行业均为寡头垄断行业,中国相应行业的集中度还不够高,通过整合,一是可以形成世界级的寡头企业,在世界市场提高竞争能力;二是可以在长江经济带通过企业内的布局调整实现经济带的制造业布局调整,达到长江经济带的战略定位;三是有利于充分利用长江"黄金水道"等综合交通体系加强区域间的互相带动和协调发展;四是有利于双向开放,可以统筹利用东西向的国际贸易通道。因此,在中国的具体历史条件下,国有资本作为由(第一种区域经济主体)政府履行投资人责任的特殊类型的第二种主体,可以承担一部分产业政策导向性的职能,在长江经济带外向型工业布局调整中发挥较大的作用,推动出口相关产能向长三角沿海地区转移。也有若干污染负荷较大的行业是由外资或民营资本主导的,这需要第一种区域经济主体(中央及地方政府)通过提高环境保护要求等手段促使其推动产能集中和转移。具体行业的情况将在下一章中进行讨论。

此外,长江经济带沿线省市上市公司众多,上海又是中国最重要的金融中心,这有利于各种来源的资本充分利用长三角的资本市场进行合作和重整。这些都体现了长三角对长江经济带外向型工业布局调整的引领作用。

二、总体的政策建议

本部分提出了推动长三角引领长江经济带构建外向型工业布局的总体政策建议。这些建议的重点在于发挥长三角各方面的引领作用,包括管理机制的整合和协调、产业与企业层面的整合与协作、发挥上海作为生产者服务业国际中心的引领作用、加大财政投入以提升区域交通体系、加强环境保护措施等五个方面。

这些建议均是在本书前述分析基础上提出的。分别来看,整合管理机制的建议来自对长江经济带区域经济主体的分析及莱茵河经济带发展的经验。事实上,这五个方面建议的具体措施几乎均主要依靠中央政府的组织和引导,同时也需要长江经济带各省市地方政府的积极配合。产业整合的建议来自本书提出的长江经济带外向型工业布局调整的原则,这是本书最主要的政策建议,下一章将在行业层面上具体论述。发挥上海生产者服务业中心作用的建议来自对长三角生产者服务业的分析,发挥长三角及上海市引领作用的政策建议在第六章中已经阐述过,这里再针对上海市归纳若干建议。提升区域交通体系的建议来自对长江经济带区域间分工关系的分析及长三角航运服务业的分析。加强环境保护的建议直接来自"共抓大保护、不搞大开发"的要求,也来自对长江经济带外向型工业布局与长江流域环境关系的分析。

还需说明的是,这里所列的政策建议并不追求面面俱到。关于长江经济带的发展,已有不少著作分别针对某方面的问题提出了详细的应对措施,如任胜钢等(2019)、汪传旭等(2014)。本书主要提出根据本书的分析结论得到的,与已有文献有不同视角或不同观点的政策建议。

(一) 管理机制的整合和协调

1. 相关法律体系的构建。尽快推动制定《长江管理法》与《中华人民共和国环境保护法》《中华人民共和国水法》等相关法律,使其有效衔接,构建长江流域环境、航运、水资源管理的完备的法律体系。

2. 行政机构的整合。目前,长江流域的相关监管组织大致包括交通运输部下属的长江航务管理局、长江航道局、长江海事局、长江航运公安局(前四个均位于武汉)、长江口航道管理局(上海)、农业部下属的长江流域渔政监督管理办公室(上海)、水利部下属的长江水利委员会(武汉)、国务院三峡工程建设委员会(北京)、环境保护部的相关部门等。因此,存在将上述机构合并为直属国务院的部级机构(可定名为"长江管理委员会")的必要性,可将其相关职能扩大到包括支流在内的长江全流域,依据有关法律,统一制定有关长江航运、环境保护、水利、渔政、三峡工程建设等方面的规章制度,并履行管理职能。

3. 建立政府间协调机制。即使建立了长江管理委员会或类似的机构去管理环境、航运等事务,在工业发展方面,仍需要各级政府的持续协调合作,以打通沿江省市间的行政壁垒,建立能够有效配置资源的统一市场。可以借鉴美国田纳西河流域经济建设的经验,建立长江经济带各省市共同参与和组织的经济发展规划协作机构,共同编制重大的经济发展规划、产业发展规划,并持续磋商、督导实施。郑春勇(2014)在研究区域产业转移中的政府作用时也指出,就目前情况而言,转出地政府干预区域产业转移的效果不佳;承接地政府的干预效果则得失皆有;应加强区域间政府的合作与协调。

不过,必须注意的是,《纲要》已经明确指出,沿江 11 个省市是推动长江经济带发展的主体。也就是说,TVA 模式已不可能适用于长江经济带。即使仅针对航运、环保等方面的监管成立统一的监管机构,如靖学青(2016)建议成立的"长江经济带生态环境委员会",可能性也已不大。不过,长江经济带沿线省市政府间的协调机制仍有可能进一步加强。武汉是历史形成的长江流域事务的管理中心,大多数管理机构目前位于武汉(秦尊文,2015)。但结合莱茵河经济带的发展经验,从发挥下游国际化都市生产者服务业支持作用的角度出发,应将上海建设成为长江经济带航运、环保等事务的管理中心城市。

(二) 产业与企业层面的整合与协作

1. 整合沿江重化工业。利用国有及其他类型资本的并购重组等方式整合长江经济带沿线省市的钢铁、化工、汽车制造等重化工业行业,在若干行业形成巨型的托拉斯,发挥规模经济效应和水运优势,在产业链分工的基础上实施优化重组;将长江经济带内的外向型工业布局问题转变为寡头企业内部的产能布局问题,即把污染负荷较大的重化工业行业的出口相关产能尽量集中于长江经济带下游沿海地区。举例来说,宝钢、武钢与马钢的合并是符合上述调整逻辑的,具体成效则还有待实践检验。这是本书最重视的政策建议,下一章中将就此进行具体的行业层次的分析。

2. 进一步推动长江经济带园区合作。产业园区模式的主要特点包括多级政府主导、利益共享、地区针对性强和具有专门的协调组织(多淑杰,2013)。2015 年 10 月,上海张江高新区、武汉东湖高新区、重庆两江新区、南京高新区和合肥高新区等产业园区共同牵头成立了长江流域园区合作联盟。在有关会议中,各园区除了展示园区形象和招商引资外,也开始借此机会了解其他园区的产业布局情况,并寻求合作的可能。2017 年 4 月,联盟在上海举办了"长江发布"首场活动;2017 年 12 月,"长江发布"第 2 场活动——"生物医药产业与资本对接"专场活动在武汉光谷生物城召开,此次活动为长江流域生物医药企业发展搭建了新平台。联盟还要探索在合作内容和机制上的新突破,共同推动长江经济带先进制造业的整合发展。

正如祁苑玲(2014)所指出的,在园区合作过程中,要建立产业合作区域利益协调机制、产业转出区和转入区的协调对话机制与开放合作联动机制、健全产业转移的投资合作机制,强化园区合作的环境平台建设。

3. 推动长江经济带企业形成战略联盟。战略联盟是企业在竞争发展中取得双赢的有效途径,更是长江经济带产业分工合作优化发展的最优模式之一(徐廷廷,2015)。除了上述园区层面的对接、合作外,在企业层面,地方政府要促进长江经济带中企业的跨省市、跨区域、跨界的战略联盟形成,特别是高新技术行业中企业的产业技术创新战略联盟,形成上、中、下游的联动发展。

4. 长三角部分产业向长江经济带上、中游转移过程中,应注重产业链的整合。产业链空间的整合可以通过"承接集群式转移""引进桥梁企业或关键节点企业"等方式实现(程李梅等,2013)。上、中游应基于当地原有的、污染较小的优势产业吸收资本技术,提升产业链的竞争优势;努力构筑技术高端的产业链,提升承接产业的竞争力。对各地政府来说,应借鉴发达国家、地区经验,在区域层面适时适度地通过政策对产业转移与产业集群发展加以调控,以形成产业的竞争优势。近年来,长三角地区的产业通过以产业链为主线或园区"共建联盟""飞地经济"模式已经进行了富有成效的分工合作(徐廷廷等,2014)。现在需要将这些长三角地区内产业分工合作的成功经验推广到整个长江经济带。

根据前文分析,在上述园区合作、构建战略联盟、产业链整合的过程中,长三角应着力支持长江经济带上、中游相关园区企业发展产品附加值较高、污染负荷较小的高技术制造业,并为其进入世界市场提供生产者服务支持。

(三) 发挥上海作为生产者服务业国际中心的引领作用

1. 发挥上海国际金融中心的支持作用

上海的国际金融中心建设不仅是重要的国家战略,更对长三角、长江经济带以及整个国家经济、金融的发展具有极为重要的影响。正如第六章中所分析的,长江经济带需要通过上海金融市场支持其发展:通过产权交易市场融通资金、兼并重组;通过商品、期货市场为长江经济带的商品和物资交流提供准确服务信息和有效价格调节机制等。特别是可以在上海建立长江流域排污权交易所,从制度上迫使上、中游污染排放量高的企业退出市场(周冯琦等,2018)。

2. 发挥上海国际航运中心的支持作用

《国务院关于推进上海加快发展现代服务业和先进制造业建设国际金融中心和国际航运中心的意见》(国发〔2009〕19号)提出,上海要成为"具有全球航运资源配置能力的国际航运中心",国内服务覆盖长三角地区、长江流域和全国。但据第六章的分析,当前的建设还存在着不少问题:基础船舶服务水平不高;港口服务功能有限;城市环境与发达国家港口城市存在差距;国际海运组织难以集聚等。

因此,上海应该加快培育和发展高端航运服务业,包括积极拓展航运金融和法律等功能,形成更高级的航运服务业集聚区和现代航运服务体系等,巩固并提升国际航运中心地位。

此外,在长江航道污染防治方面,作为上、中游污染的主要受害者之一和国际航运中心,上海可以牵头构建长江经济带船舶污染联防联控协作机制,统一制定船舶污染防治政策,设计相关的绿色金融政策,并推动长江经济带船舶污染应急处置能力建设(周冯琦等,2018)。

3. 发挥上海国际商业中心的支持作用

在长江经济带中,目前已建立了上海、浙江、湖北、重庆、四川、江苏等自由贸易试验区。中国(上海)自由贸易试验区是中国最早的自贸区,具有自贸区制度创新方面的示范和引领作用。这种制度的引领作用主要体现在通关一体化改革、市场一体化建设、政府协同机制等方面。

除了制度引领作用外,在具体业务上,从商业服务业的服务距离来看,上海也有能力为长江经济带上、中游的外向型制造业发展提供高端的服务支持,特别是会计服务、法律服务、管理咨询服务等输出距离较长的生产者服务。

4. 发挥上海科技服务业的支持作用

2016年4月,国务院印发了《上海系统推进全面创新改革试验 加快建设具有全球影响力的科技创新中心方案》。国家发改委国土开发与地区经济研究所(2016)也指出,要将上海打造成为引领长江经济带科技创新的高地:提升科技创新与高科技产业在全球的影响力;创建全球一流的科技创新创业环境;打造国际高端创新人才与应用人才的汇集高地。徐维祥等(2017)对2000—2013年长江经济带沿线中心城市的创新产出的检验结果表明,长三角地区相对发展速度较快;创新产出的热点区域由长三角—成渝"双核心"空间结构发展成为长三角"单极突出"空间格局,且长三角热点区域范围有所增长,冷点区域则分布在长江中游地带。

不过,本书第六章发现,长三角在技术服务业以及交通运输业上的就业人数比重优势均不明显,整体上来看,向长江经济带上、中游输出服务的必要性并不强。但是从上述的长江经济带各区域科技发展水平与趋势的比较,国家战略要求等角度来看,上海作为全球科技创新中心之一,应当并且可以为长江经济带外向型工业的发展提供强有力的科技服务支撑。今后这方面的重点应放在支持长江经济带上、中游各省市的创新能力的提升以及产品附加值较高、污染负荷较小的高技术战略新兴产业的发展上。以上海与云南的科技合作为例,目前的企业合资或并购重组,校企合作,"中国·云南桥头堡建设科技入滇对接会"等形式均发挥了一定作用,但还不够显著(张体伟等,2017)。

(四) 加大财政投入以提升区域交通体系

长江经济带外向型工业布局的构建与调整,除了受制于政策导向,环境保护的要求,法律、制度的支持等条件外,也在很大程度上受制于长江经济带交通系统的发展和完善程度,特别是沟通长三角与长江经济带上、中游的东西向综合交通体系,这是发挥长三角引领作用的基础物质条件。从根本上说,这取决于中央及各级政府的基础设施建设投入。

仍以莱茵河经济带为样板。作为通航河流,莱茵河自然条件原本一般,但经过近两百年的疏浚和整修,莱茵河主要航道实现了渠化,并通过运河与欧洲所有主要水系通航,通过密集的铁路、公路网与欧洲所有工业中心联结,成为欧洲的"黄金水道"。如此巨大的工程投入,基本来源于沿线各国的政府财政支出。从其结果可知,这种基础设施建设的回报是惊人的。

长江经济带目前的区域交通体系虽较20世纪有较大进步,但离支撑世界级制造业中心的要求还有很大距离。《长江经济带综合立体交通走廊规划(2014—2020年)》指出,与推动长江经济带发展要求相比,综合交通网建设仍然存在较大差距,主要表现在:一是长江航运潜能尚未充分发挥,高等级航道比重不高,中、上游航道梗阻问题突出,高效集疏运体系尚未形成。二是东西向铁路、公路运输能力不足,南北向通道能力紧张,向西开放的国际通道能力薄弱。三是网络结构不完善,覆盖广度不够,通达深度不足,技术等级偏低。四是各种运输方式衔接不畅,铁水、公水、空铁等尚未实现有效衔接,综合交通枢纽建设亟待加强。五是城际铁路建设滞后,城际交通网络功能不完善,不适应城镇化格局和城市群空间布局。

此外,长江船舶的运力结构不合理,干线船型标准化程度较低,新型运输船舶稀缺,现有船舶耗能高、运量低、速度慢,也影响了长江黄金水道航运效率的提高和运能运力的充分发挥。

在具体措施上,首先,看发挥"黄金水道"作用的长江水运建设。根据《长江流域综合规划(2012—2030年)》有关部分,在上述时间段内,长江流域的高等级航道包括"一横十线一网":一横即长江干线;十线即岷江、嘉陵江、乌江、湘江、沅江、汉江、江汉运河、赣江、信江、合裕线;一网即由京杭运河、杭甬运河、申张线、通扬线、芜申线、苏申内港线、苏申外港线、长湖申线等航道组成的长江三角洲高等级航运网。这些航道均需通过疏浚、整治工程逐步提高航道等级,进一步改善适航性;港口建设以航运枢纽上海、南京、武汉、重庆为中心,构建由下游地区港口群、中游地区港口群、上游地区港口群组成的港口体系。

同时,从充分发挥水运能力角度出发,应及早建设沟通长江、珠江水系的赣粤大运河与沟通长江、钱塘江水系的浙赣运河,开辟长江经济带中游制造业中心的另两条出海通道,建成沟通南中国主要水系和工业中心的水运网络。

还需强调的是,根据第六章的分析,应将长三角一系列沿江及出海口附近的港口发展成为江海运输的转运中心,继续提高航运、港口等行业的集中度;并通过若干种吨位级别的、具备江海通行能力的、能够适应长江桥梁净高的、使用清洁能源的自航型标准船型的应用,组织能够直达中游乃至上游的双向高效运输,以提高长江航运效率、保护长江流域生态环境,更充分地发挥"黄金水道"的作用。

水运工作中,三峡船闸及翻坝转运通道建设是另一个需要重视的问题。由于三峡大坝设计通行能力不足,一个显著的解决方案是建设另一条船闸通道,不过这需要较长时间的设计、建设工作,无法在短期内缓解早已达到饱和状态的三峡运输压力。从见效相对较快的举措来看,如何伟军等(2012)指出,可以加快建设江南、江北两条翻坝高速公路和三峡坝上坝下的翻坝转运港口及十堰至宜昌铁路,组成综合性的运输通道。

此外,三峡船闸本身也还有潜力可挖,虽然不能从根本上解决问题,但措施推行难度小、见效快,应及时推进。邬金辉(2014)认为,可通过加快推进船舶标准化、适度放宽过闸船舶吃水标准、提高两坝间通航流量标准、停止短线客船过闸、缩短船舶过闸间隔时间、优化船舶过闸调度、提高过闸船舶驾驶技术、缩短船舶进闸距离、调整检修思路来提高过闸能力。其中的部分措施已经实行,起到了一定作用。

其次,要加强东西向铁路、公路、管道的建设,与"黄金水道"共同沟通上、中、下游的物流体系。这对于推动长江经济带区域间分工关系的深入发展至关重要。在经济增长率趋于下行的"新常态"时期,正是下决心推动重大基础设施建设的时机,中央和沿线地方政府都应果断加大财政的投入。

具体的政策措施建议包括:

1. 铁路建设。加快建设东西向铁路,特别是上海至成都的高铁线路、衢州至丽江的普通铁路,弥补长江干线通行能力的不足,打通长江经济带的经脉。要充分发挥已经通车的沪昆高铁对推动长江经济带上、中游与长三角之间经济合作发展的大通道的作用。

2. 公路建设。维护上海至成都、上海至重庆、杭州至瑞丽等高速公路体系。积极改造现有国道体系,降低乃至取消通行费用,提升公路等级和通行能力。

3. 石油管道建设。加快建设穿越三峡地区的长岭至重庆原油管道、荆门至巴东成品油管道,建设仪征至长岭原油管道复线,逐步使沿江绝大部分油品运输由管道承担,避免航道、港口资源的占用。

(五) 加强环境保护措施

1. 傅帅雄 (2016) 的研究发现了中国的"污染天堂"效应。从另一角度来看,这也证明环境规制力度可以作为政府的一种调控手段,来优化污染型行业的区域布局。在具体的政策措施方面,熊雪如 (2015) 认为,在促进产业有序转移过程中,从行业角度,政府应对不同产业转移项目实施差别化的土地利用、能源消耗和污染排放标准;但在区域维度方面,重点是统一不同区域之间的环境规制标准,防止污染企业因逃避产业转出区域严格的环境规制标准而向其他产业转出区域转移。

本书则认为,各区域的环境规制标准不应该统一,特别是对于内河经济带。考虑到长江经济带上、中游环境污染向下游的扩散,中央及地方政府不仅应对污染严重的重化工业行业采用更严格的环境保护标准,而且应对中、上游的各行业整体依次采取更加严格的环境保护标准,也即中游严格于下游,上游严格于中游,从而推动污染排放强度高的产能,特别是出口相关产能向下游沿海地区集中。

2. 如果采用了上述的环境保护标准,那么长江经济带跨区域生态补偿机制的发展与完善就变得更为重要。这种生态补偿主要指的是财政部、环境保护部、发展改革委、水利部联合发布的《关于加快建立流域上下游横向生态保护补偿机制的指导意见》(财建〔2016〕928 号)所确立的流域横向生态补偿机制。即对长江经济带上、中游达到严格生态保护要求的省市、地区,下游相应省市、地区应给予资金、对口协作、产业转移、人才培训、共建园区等方面的补偿。

具体来看,首先,该文件认为流域横向生态保护补偿主要由流域上下游地方政府自主协商确定,中央财政对跨省流域建立横向生态保护补偿应给予引导支持,推动建立长效机制。目前,长江经济带横向生态保护补偿的实践主要为相邻省市、地区间,不相邻的跨区域生态补偿案例非常少,亟须在长三角省市与上、中游省市间建立全面的、多层次的生态补偿机制,中央政府与作为上、中游污染扩散受害者的长三角省市政府应发挥更积极的作用。同时,流域横向生态保护补偿的主体不能只限于地方政府,应尽量培育多元化、多层次的市场主体,如企事业单位、居民等主体可以通过资源环境权交易等市场化生态补偿机制参与跨区域的流域横向生态保护补偿过程。这种资源环境权交易的市场应设立在长三角的上海市。

其次,该文件明确将流域跨界断面的水质水量作为补偿基准。本书认为,断面水质水量无疑是最重要的标准,除此以外也可以尝试将其他的生态保护指标作为基准。长江经济带包含森林、草原、湿地、耕地等各类生态环境,其都存在生态保护与补偿的问题,可以形成各种有针对性的补偿基准。

最后,在该文件提到的资金补偿、对口协作、产业转移、人才培训、共建园区等各类补偿方式中,目前实际应用的基本均为资金补偿,对口协作、产业转移等方式由于效益不易量化而难以应用。但依据本书的分析,长三角引领长江经济带构建外向型工业布局的重要方面是支持上、中游发展产品附加值较高、污染负荷较小的高技术制造业,如能针对这些行业利用对口协作、产业转移、人才培训、共建园区等方式进行生态补偿,对于实现长江经济带的战略定位是非常有利的。因此,需要尽快解决非货币化补偿形式的量化问题,也需要在这方面继续发挥长三角地方政府、科研与教育机构、国有企业等区域经济主体的积极作用。

(六) 小结

概括地说,产业层面的整合与上海生产者服务业引领作用的发挥是中观层面的建议,是为了推动并利用长江经济带区域间分工关系的深化,以充分发挥长三角的引领作用,在保护和修复长江生态环境的同时实现长江经济带的双向开放与协调发展;提升区域交通体系、管理机制的整合与协调分别是宏观层面、制度层面的建议,是为了配合中观层面的措施,以提高外向型工业布局调整和运作的效率;加强环境保护措施主要是法律和行政规章层面的建议,是为了利用强制性手段在"共抓大保护、不搞大开发"思想指导下保障长三角引领作用的发挥。

参考文献

CHASE S K,2012. There Must Be Something in the Water:An Exploration of the Rhine and Mississippi Rivers' Governing Differences and An Argument for Change[J]. Wisconsin International Law Journal,29(3):609-641.

EUWE J,2012. Dutch-German Relations After the Great War. Interwoven Economies and Political Détente,1918—1933[D]. Rotterdam:Erasmus University Rotterdam.

LAGENDIJK V,2015. Divided Development:Post-War Ideas on River Utilisation and their Influence on the Development of the Danube[J]. The International History Review,37(1):80-98.

LAK M,2011. German-Dutch Relations After the Occupation:Economic Inevitability and Increasing Acceptance,1945—1957[D]. Rotterdam:Erasmus University Rotterdam.

UNITED NATIONS INDUSTRIAL DEVELOPMENT ORGANIZATION,

2013. Industrial Development Report 2013: Sustaining Employment Growth: The Role of Manufacturing and Structural Change[R]. United Nations Industrial Development Organization.

阿姆斯特朗,泰勒,2007.区域经济学与区域政策[M].3 版.刘乃全,贾彦利,张学良,译.上海:上海人民出版社.

程李梅,庄晋财,李楚,等,2013.产业链空间演化与西部承接产业转移的"陷阱"突破[J].中国工业经济(8):135-147.

多淑杰,2013.产业链分工下产业区域转移问题研究[M].北京:中国社会科学出版社.

冯超,2013.产业转移与区域分工合作新模式的建立:以河南洛阳承接产业转移为例[J].城市发展研究,20(6):152-154.

傅帅雄,2016.生态文明取向的工业区域布局研究[M].北京:中国大百科全书出版社.

国家发展改革委国土开发与地区经济研究所,2016."十三五"上海在长江经济带中的地位和作用研究[M]//肖林,周国平,严军,等.长江经济带国家战略——国内智库纵论长江经济带建设(上册).上海:上海人民出版社.

何伟军,郑浩昊,任跃攀,2012.三峡物流中心建设与长江上游经济带的可持续发展[M].北京:中国社会科学出版社.

黄志亮,饶光明,陈正伟,2011.西部开发中长江上游地区区域创新战略研究[M].北京:科学出版社.

靖学青,2016.长江经济带产业协同与发展研究[M].上海:上海交通大学出版社.

刘鹤,金凤君,刘毅,2012.中国石化产业空间组织的演进历程与机制[J].地理研究,31(11):2031-2043.

刘志彪,2017.重化工业调整:保护和修复长江生态环境的治本之策[J].南京社会科学(2):1-6.

罗志高,刘勇,蒲莹晖,等,2015.国外流域管理典型案例研究[M].成都:西南财经大学出版社.

马克·乔克,2011.莱茵河:一部生态传记(1815—2000)[M].于君,译.北京:中国环境科学出版社.

祁苑玲,2014.欠发达地区承接产业转移研究[M].北京:中共中央党校出版社.

秦尊文,2015.长江经济带研究与规划[M].武汉:湖北人民出版社.

任胜钢,等,2019.长江经济带产业绿色发展战略与政策体系研究[M].北京:中国社会科学出版社.

任毅,丁黄艳,2015.长江经济带工业能源效率影响因素与产业转型策略研究[M].北京:经济科学出版社.

汪传旭,等,2014.上海与长江流域航运服务业联动发展[M].上海:上海人民出版社.

魏后凯,2006.现代区域经济学[M].北京:经济管理出版社.

邬金辉,2014.长江三峡综合交通运输体系规划研究[J].铁道运输与经济,36(7):45-49.

谢世清,2013.美国田纳西河流域开发与管理及其经验[J].亚太经济(2):68-72.

熊雪如,2015.产业有序转移与区域经济协调发展作用机制研究[M].北京:经济科学出版社.

徐廷廷,2015.长江经济带产业分工合作演化研究[D].上海:华东师范大学.

徐廷廷,徐长乐,2014.基于企业视角的长三角地区产业分工合作模式研究[J].管理现代化(5):40-42.

徐维祥,杨蕾,刘程军,等,2017.长江经济带创新产出的时空演化特征及其成因[J].地理科学,37(4):502-511.

曾刚,等,2014.长江经济带协同发展的基础与谋略[M].北京:经济科学出版社.

翟辅东,吴甫成,唐永芳,等,2013.比较地理学及其"东方莱茵河"构建的实证研究[J].经济地理,33(2):1-5.

张体伟,孙长学,2017.融入长江经济带与深化滇沪合作研究[M].北京:人民出版社.

郑春勇,2014.协调合作与适度干预:政府在区域产业转移中的作用研究[M].北京:中国社会科学出版社.

郑德高,陈勇,季辰晔,2015.长江经济带区域经济空间重塑研究[J].城市规划学刊(3):78-85.

周冯琦,程进,陈宁,等,2016.长江经济带环境绩效评估报告[M].上海:上海社会科学院出版社.

周冯琦,胡静,2018.上海资源环境发展报告(2018)[M].北京:社会科学文献出版社.

第八章 行业层面的政策建议

上一章中,归纳总结了实证研究部分的主要研究结论,总结了莱茵河经济带工业发展、整合与环境治理的经验、教训,并在此基础上提出了推动长三角引领长江经济带构建外向型工业布局的总体政策建议。在产业层面,本书的一个重要建议是提高沿江污染负荷较大行业,特别是若干重化工业行业的集中度,并进而促使出口相关产能向长三角沿海地区集中。这一主张需要在行业层次上进行深入分析,需要了解长江经济带上述主要行业的布局,特别是出口产能的布局、股权分布等情况,并提出实现上述主张的可能途径。首先,本章归纳分析了近年来发布的关于长江经济带产业发展的指导性文件中有关工业行业和沿江省市层面的内容。其次,本章分别分析了长江经济带化工、冶金、造纸、非金属制品等行业的布局和股权结构情况,并提出了相应的政策建议。

第一节 行业层面的指导性文件分析

自 2016 年以来,在已有文件的基础上,国家相关部门又相继发布了若干涉及长江经济带产业发展的指导性文件,主要包括:《长江经济带创新驱动产业转型升级方案》(国家发展改革委、科技部、工业和信息化部,2016 年 3 月,以下简称《转型方案》),《长江经济带生态环境保护规划》(环境保护部、国家发展改革委、水利部,2017 年 7 月,以下简称《生态规划》),《工业和信息化部 发展改革委 科技部 财政部 环境保护部关于加强长江经济带工业绿色发展的指导意见》(2017 年 7 月,附件有《长江经济带 11 省市危险化学品搬迁改造重点项目》《长江经济带产业转移指南》,以下分别简称《工业意见》《搬迁项目》《转移指南》)。这些文件及其附件在不同程度上涉及了长江经济带工业在二位码行业及省市层次上的布局,鉴于

《纲要》的全文尚未公布,本书将主要结合上述文件的指导意见及上文在行业层次的分析展开讨论,并得出相关政策建议。

一、《转型方案》

《转型方案》是为贯彻落实《国务院关于依托黄金水道推动长江经济带发展的指导意见》,加快创新驱动促进产业转型升级,构建长江经济带现代产业走廊而制定的。从增强创新能力、打造工业新优势、壮大现代服务业、促进农业现代化、优化产业布局五个方面规定了长江经济带产业转型升级的重点任务。

由于发布时间较早(2016年3月),《转型方案》尚未体现长江经济带建设指导思想的转变,其中的有关工业布局方面的内容基本也体现在了2017年7月发布的《工业意见》中,因而本章不将该文件作为重点进行分析,而在归纳《工业意见》时一并将其指导意见纳入。

二、《工业意见》

《工业意见》是在长江经济带建设指导思想发生重大转变的背景下,依照"共抓大保护、不搞大开发"的要求制定的,力图引领长江经济带工业绿色发展。该文件提出了四方面的措施:优化工业布局、调整产业结构、推进传统制造业绿色化改造、加强工业节水和污染防治。其中,与本书的研究对象直接相关的是第一方面的各项优化工业布局措施,下文会重点对照分析。调整产业结构的措施包括:依法依规淘汰落后产能和化解过剩产能、加快重化工企业技术改造、大力发展智能制造和服务型制造、发展壮大节能环保产业,其中淘汰落后产能措施与本书研究对象相关,其余三项措施则相关程度不高。推进传统制造业绿色化改造、加强工业节水和污染防治两方面措施也与外向型工业布局问题关系不大。

具体来看,《工业意见》中提出的与长江经济带工业布局直接相关的政策措施[①]包括:

1. 落实主体功能区规划,严格按照长江流域、区域资源环境承载能力,加强分类指导,确定工业发展方向和开发强度,构建特色突出、错位发展、互补互进的工业发展新格局。

2. 实施长江经济带产业发展市场准入负面清单,明确禁止和限制发展的行

---

① 系本书从优化工业布局、调整产业结构两方面措施中自行归纳,未完全按照《工业意见》的划分和归并方法。

业、生产工艺、产品目录。

3. 严格控制沿江石油加工、化学原料和化学制品制造、医药制造、化学纤维制造、有色金属、印染、造纸等项目环境风险,进一步明确本地区新建重化工项目到长江岸线的安全防护距离,合理布局生产装置及危险化学品仓储等设施。

4. 严格沿江工业园区项目环境准入,开展现有化工园区的清理整顿,全面推进新建工业企业向园区集中。严控重化工企业环境风险,重点开展化工园区和涉及危险化学品重大风险功能区区域定量风险评估;推动制革、电镀、印染等企业集中入园管理。培育、创建和提升一批节能环保安全领域新型工业化产业示范基地。

5. 推动沿江城市建成区内现有钢铁、有色金属、造纸、印染、电镀、化学原料药制造、化工等污染较重的企业有序搬迁改造或依法关闭。推动位于城镇人口密集区内,安全、卫生防护距离不能满足相关要求和不符合规划的危险化学品生产企业实施搬迁改造或依法关闭。

6. 鼓励沿江省市创新工作方法,强化生态环境约束,建立跨区域的产业转移协调机制。充分发挥国家自主创新示范区、国家高新区的辐射带动作用,创新区域产业合作模式,提升区域创新发展能力。

7. 认真落实长江经济带产业转移指南,依托国家级、省级开发区,有序建设沿江产业发展轴,合理开发沿海产业发展带,重点打造长江三角洲、长江中游、成渝、黔中和滇中等五大城市群产业发展圈,大力培育电子信息产业、高端装备产业、汽车产业、家电产业和纺织服装产业等五大世界级产业集群,形成空间布局合理、区域分工协作、优势互补的产业发展新格局。

8. 对造纸、焦化、氮肥、有色金属、印染、化学原料药制造、制革、农药、电镀等产业的跨区域转移进行严格监督,对承接项目的备案或核准,实施最严格的环保、能耗、水耗、安全、用地等标准。严禁国家明令淘汰的落后生产能力和不符合国家产业政策的项目向长江中上游转移。

9. 严禁钢铁、水泥、电解铝、船舶等产能严重过剩行业扩能,不得以任何名义、任何方式核准、备案新增产能项目,做好减量置换,为新兴产业腾出发展空间。严格控制长江中上游磷肥生产规模。严防"地条钢"死灰复燃。加大国家重大工业节能监察力度,重点围绕钢铁、水泥等高耗能行业能耗限额标准落实情况、阶梯电价执行情况开展年度专项监察,对达不到标准的实施限期整改,加快推动无效产能和低效产能尽早退出。

这9条措施中,第2、3、4、5、9条均包含了对长江经济带沿线省市现有的环境负荷较大的行业和企业限制发展、搬迁改造和关闭的意见,重点搬迁项目罗列在附件的《搬迁项目》中;第8条限制了这些行业和企业的跨区域转移。提到的产业包括石化、化学原料、医药、化纤、有色金属、印染、造纸、制革、电镀、钢铁、焦化、氮肥、农药、水泥、电解铝、船舶、磷肥,可见,绝大部分为重化工业行业。在保护长江流域环境的同时,这些措施显然不利于长江经济带发展成为具有全球影响力的工业基地。

在从环境保护目的出发对工业发展做出了诸多限制的同时,第6、7条正面提出了产业转移与沿江产业发展的目标,具体体现在附件的《转移指南》中。

进一步的分析,需要结合该文件的附件《搬迁项目》与《转移指南》进行。

先看《搬迁项目》。47个危险化学品项目中,下游4个(上海1,江苏3),中游25个(安徽16,江西2,湖北3,湖南4),上游18个(重庆12,四川4,云南1,贵州1),其搬迁去向主要是遵循"退城入园"政策的要求,迁入工业园区。不过,迁入地全部位于原省、市内,而且绝大部分没有离开原来的地级行政单位。当然,退城入园后,上述化工项目的污染排放必然得到一定程度的控制,在保证化工业产出不受影响的同时降低了污染程度。但上述举措及其指导思想显然并非是从调整长江经济带整体工业布局的角度提出的,与本书的重点研究和政策建议方向并不相关。

再看《转移指南》。该文件内容并未限于产业转移,实际上是对长江经济带的整体的产业布局规划。在文件第一部分《总体导向》中,提出了有序建设沿江产业发展轴、合理开发沿海产业发展带、重点打造五大城市群产业发展圈、大力培育五大世界级产业集群等四方面指导意见;在第二部分《五大产业集群优先承接导向》中,文件规定了各省市承接五大产业集群转移的主要载体及优先承接方向,事实上,这同时规划了各省市产业的优先发展方向。

从行业层面,将该文件的《总体导向》中做出具体产业规划的部分归纳在表8.1中。为了使总结更全面,将提到的农业、采掘业、服务业行业也一并列入。

为了换一种视角,同时更清晰地显示长江经济带各省市在《工业意见》中被规划发展的具体产业,表8.2将表8.1以及《转移指南》第二部分《五大产业集群优先承接导向》中提到的工业行业归并后纳入二位码行业层次,与上、中、下游各省市对应列出。采掘业、公用事业作为工业行业中的大类行业,其中的二位码行业很少被《总体导向》提到,因而只按大类列入表8.2,未具体列出行业。显然,《工业意见》中的关注点也集中于制造业,特别是高新技术制造业。凡是表8.1中明确提到

表8.1 《总体导向》中的具体产业规划

总体导向	具体产业规划
合理开发沿海产业发展带	下游: 上海:高端船舶、海洋工程装备 长三角沿海地区:石化、重型装备、海洋工程装备、海洋新能源、海水淡化和综合利用、海洋船舶、盐化工、海洋交通运输、滨海旅游 宁波舟山港为龙头:现代海洋物流业

续表

总体导向	具体产业规划
重点打造五大城市群产业发展圈	上游： 成渝城市群：装备制造、汽车、电子信息、生物医药、新材料、特色资源加工、农林产品加工 黔中城市群：资源深加工、能矿装备、航空、特色轻工、新材料、新能源、电子信息、大数据应用服务基地、大健康养生产业 滇中城市群：生物医药、高原特色现代农业、大健康、物流、新材料、装备制造、食品、烟草、冶金化工 中游： 长江中游城市群：轨道交通装备、工程机械、航空、电子信息、生物医药、商贸物流、纺织服装、汽车、食品、石油化工、钢铁、有色金属 下游： 长江三角洲城市群：电子信息、装备制造、钢铁、石化、汽车、纺织服装、金融、商贸、物流、文化创意
大力培育五大世界级产业集群	上游： 重庆：集成电路、新型平板显示、高世代掩膜版、智能制造装备、航空航天专用装备、海洋工程装备、城市轨道车辆、大型工程机械、汽车及零部件生产、新能源汽车、纺织 四川：集成电路、航空航天专用装备、智能制造装备、海洋工程装备、高铁整车及零部件、大型工程机械、新能源汽车、清洁印染、软件 贵州：航空航天专用装备、高铁整车及零部件、旅游纺织品，软件 云南：智能制造装备、旅游纺织品 中游： 安徽：新型平板显示、高世代掩膜版、智能制造装备、高铁整车及零部件、大型工程机械、汽车及零部件、新能源汽车、家电、纺织、清洁印染 江西：航空航天专用装备、汽车零部件、清洁印染 湖南：航空航天专用装备、智能制造装备、海洋工程装备、高铁整车及零部件、城市轨道车辆、大型工程机械、汽车零部件、清洁印染 湖北：集成电路、航空航天专用装备、智能制造装备、海洋工程装备、汽车零部件、新能源汽车、清洁印染、软件 下游： 上海：集成电路、航空航天专用装备、海洋工程装备、大型工程机械、新能源汽车、软件 江苏：集成电路、海洋工程装备、城市轨道车辆、大型工程机械、新能源汽车、家电、纤维、软件 浙江：智能制造装备、海洋工程装备、城市轨道车辆、大型工程机械、汽车零部件、纤维、软件

资料来源：作者自制。

表8.2 长江经济带各省市规划发展的工业行业

行业	上游				中游				下游		
	云南	贵州	四川	重庆	湖南	湖北	江西	安徽	江苏	浙江	上海
采掘业											
食品加工	✓	△	✓	✓		△	△	△			
食品制造	✓										
饮料											
烟草	✓										
纺织		✓	✓	✓	✓	✓	✓	✓	✓	✓	△
服装	○	○	○	○	○	○	○	○	○	○	△
皮革											
木材											
家具											
造纸											
印刷											
文教											
石油	△			△	△	△	△	△	✓	✓	✓
化工	✓		△	△				△	✓	✓	
医药	✓	△	✓	✓	△	△	△	△	△	△	△
化纤											
橡塑											
非金属											
黑色金属	✓		△	△	△	△					△
有色金属	✓	△	△		△	△	△	△			
金属制品											
通用	✓										
专用	✓	✓	✓	✓	✓	✓	○	✓	✓	✓	✓
交通	✓	✓	✓	✓	✓	✓	✓	✓	✓	✓	✓
电气			○					✓	✓		
通信			✓	✓		○		○	✓	○	✓
仪器											
工艺											
公用事业				✓					✓	✓	✓

资料来源:作者自制。

第八章　行业层面的政策建议

的行业,就在格中打"√";如果表8.1中没有提到,但在《五大产业集群优先承接导向》提到了该省对该行业的承接产业园区或开发区,就在格中打"○";如果表8.1和《五大产业集群优先承接导向》中都没有提到,但在《转型方案》中提到了,就在格中打"△"。可以观察到,由于《转型方案》出台较早,未体现长江经济带发展思路转变的影响,因而对长江经济带沿线绝大多数省市均提出了发展石油、化工、医药、黑色金属、有色金属工业的要求,而在后来发布的《工业意见》和《生态规划》中,事实上否定了此种规划,因而,本章的分析主要基于《工业意见》和《生态规划》展开。

表8.2中的归纳仍是不完全的,原因是在"重点打造五大城市群产业发展圈"的意见中,部分城市群是跨省的,无法区分其规划发展的行业究竟属于哪个省市。不过,依照现有的体现于表8.1、表8.2中的归纳,可以大致分析出《工业意见》对长江经济带工业布局及其发展的思路。

首先,行业发展的规划基本是以该省市现有工业行业发展状况为基础进行的,是在原有工业基础上沿着技术进步和减少污染两个方向的升级。毫无疑问,这两个方向的进步既符合长江经济带成为具有全球影响力的内河经济带的定位,也符合生态文明建设的先行示范带的定位。

其次,从规划角度来看,这种升级是这些省市原有工业行业和企业应对竞争与监管逻辑的自然发展,政府不需过多干预,只需要起到配合的作用;换言之,执行该规划的阻力比较小,成本也不高。

然后,由于规划主要着眼于各省市内产业存量和增量的调整,也涉及省市间产业增量的调整,基本不涉及省市间产业存量的调整。因而从表8.2中可以看出,在二位码层次上,各省市规划发展的行业是相似的,考虑到《五大产业集群优先承接导向》的补充后,就更加相似,这正是长江经济带沿线省市原有产业结构高度同构的反映。不过,《工业意见》与附件《转移指南》中提到的行业基本是更加细分层次的行业,在更加细分的层次上,各省市发展重点的区别较为明显,体现了同一个二位码行业内的产业分工。

最后,即使是污染负荷最高的化工行业,也仍然被列入了上游(云南)、中游(长江中游城市群,未指明是何省)的规划发展的行业中,并未考虑从环保角度出发进行整体性的向下游的迁移,也没有考虑在规模上限制其在当地的发展。具体的限制措施更多地反映在《生态规划》中。

三、《生态规划》

该文件在水资源利用、生态保护、水污染防治、环境污染治理、环境事件应对、生态环保机制等方面提出了长江经济带到2020年必须满足的一系列环境标准,主要以沿线省市为责任单位,在少数地方也提到了对工业行业布局的要求,现将这些要求列于表8.3。

表 8.3 《生态规划》中对具体产业规划的要求

文件章节	具体产业规划
二、指导思想、原则和目标 （四）分区保护重点	上游： 禁止煤炭、有色金属、磷矿等资源的无序开发 中游： 引导湖北磷矿、湖南有色金属、江西稀土等资源合理开发
三、确立水资源利用上线，妥善处理江河湖库关系 （二）实施以水定城、以水定产	上游： 限制成都等地造纸行业，六盘水、遵义等地区火电行业的规模 中游： 限制马鞍山等地钢铁行业，南昌等地造纸行业，铜陵、淮南、武汉、黄石等地区火电行业的规模。严格控制武汉、九江等地区的老石化基地以及岳阳化工产业园、淮北煤化工产业园的工业用水总量 下游： 限制上海、南京等地钢铁行业，杭州等地造纸行业，宁波、苏州等地纺织行业的规模。严格控制上海、南京等地区的老石化基地的工业用水总量。鼓励沿海城市在电力、化工、石化等行业直接利用海水作为循环冷却水
五、坚守环境质量底线，推进流域水污染统防统治 （四）综合控制磷污染源	上游： 以成都、乐山、眉山、绵阳、德阳等为重点，关闭生产能力小于 50 万吨/年的小磷矿
六、全面推进环境污染治理，建设宜居城乡环境 （一）改善城市空气质量	中游： 推进武汉及周边城市群、长株潭城市群严格控制有色、石化等行业新增产能，加大有色金属行业结构调整及治理力度，优化产业空间布局
七、强化突发环境事件预防应对，严格管控环境风险 （一）严格环境风险源头防控	全流域： 除武汉、岳阳、九江、安庆、舟山 5 个千万吨级石化产业基地外，其他城市原则上不再新布局石化项目
八、创新大保护的生态环保机制政策，推动区域协同联动 （一）健全生态环境协同保护机制	全流域： 重大石化、化工、有色、钢铁、水泥项目环评以及重大水利水电等规划环评，应实施省际会商。探索建立跨省界重大生态环境损害赔偿制度
（三）强化生态优先绿色发展的环境管理措施	全流域： 严控在中上游沿岸地区新建石油化工和煤化工项目。严控下游高污染、高排放企业向上游转移

资料来源：作者自制。

表8.3反映出,《生态规划》从保护长江经济带环境的角度出发,对长江经济带沿线省市的部分行业的发展做了一些限制性的规定;显然,该文件中不会提出鼓励发展的行业。

首先,需要将《生态规划》中的这些限制与《工业意见》中的相关指导意见进行对比,看是否完全一致。出于环保理由,《生态规划》限制最多的是采掘业与公用事业,而《工业意见》极少涉及这两类行业,不会存在冲突。

在制造业中,《生态规划》在上游限制规模的行业包括造纸、化工;在中游限制规模的行业包括造纸、钢铁、有色、化工;在下游限制规模的行业包括纺织、造纸、钢铁、化工。此外,在《工业意见》的附件《转移指南》中要求:上游的滇中城市群要改造升级冶金、化工等传统优势产业;中游的长江中游城市群要推动石油化工、钢铁、有色金属产业转型升级,并依托安徽、江西、湖南、湖北等地,加强资源集聚和产业整合,全面推进清洁印染生产,推行节能降耗技术;下游的长江三角洲城市群要聚焦钢铁、石化、纺织服装等产业集群发展和产业链关键环节创新,并在江苏、浙江加快发展差别化纤维、高技术纤维和生物质纤维技术及产业化。

可见,由于两个文件均有国家发展改革委和环保部的参与,对产业发展的指导意见基本是统一的,对上述各行业的要求是互补的,即在控制总体规模的同时通过技术创新进行改造升级,发展其中具有高新技术特征的子行业和产业链环节。应该看到,这仍然是着眼于各省市内部产业存量调整的政策思路。

其次,《生态规划》中对某些污染负荷高的行业的部分限制手段和指导意见是《工业意见》中没有提到的,需要个别地进行分析。针对化工行业,《生态规划》提出,严控在中上游沿岸地区新建石油化工和煤化工项目;除武汉、岳阳、九江、安庆、舟山5个千万吨级石化产业基地外,其他城市原则上不再新布局石化项目。这些要求意味着,包括下游在内,长江沿线各省市都不能再建设新的石化项目,只能在原有项目基础上发展。不过,这并未排除在长三角除长江口外的沿海地区进一步发展石化工业,因而与《工业意见》中"依托长三角沿海地区,积极发展石化、重型装备等临港制造业"的要求仍是兼容的,也与本书调整化学等行业布局的结论不矛盾。

《生态规划》还提出,重大石化、化工、有色、钢铁、水泥项目环评以及重大水利水电等规划环评,应实施省际会商要探索建立跨省界重大生态环境损害赔偿制度。这一条反映的流域内跨省合作的要求,是其他文件中未曾见到的,而且与本书特别关注的上、中游对下游的污染扩散问题的视角相吻合。不过,该要求只针对这些重化工业行业的新建项目,对存量产业未达到重大生态环境损害程度的常态污染扩散并未提出意见。而且,该要求只是原则性的,并未提出实施的具体做法和步骤,也没有规定实施的时间表,因而其施行情况和效用尚有待观察。此外,《生态规划》也没有提到建立长江经济带上、中、下游之间的生态补偿机制等改革措施。

四、指导性文件的规划与环境协调度分析结果的对比分析

在之前的章节中,本书采用耦合协调度模型,对各省市外向型制造业发展与环境污染状况的协调关系进行了评估,并根据可得数据,对重庆、江西、江苏三省市二位码行业的外向型制造业与环境状况的协调度进行了分析。在这一部分,将对上述评估及分析的结果与相关指导性文件对产业的规划进行对比研究。

(一) 与不分二位码行业的各省市评估结果对比分析

首先看不分二位码行业的各省市评估结果。本书运用 2009 年至 2015 年的数据,对长江经济带各省市两个子系统之间的耦合度和协调度进行了分析。结果显示,在考虑上游污染向下游扩散的情况下,长江经济带下游三省市的外向型制造业与环境之间的耦合度和协调度均较好;中游的安徽、江西两省相对较为协调;而上游各省市的耦合度、协调度均较低。在时序上,中游各省,特别是安徽、湖南、江西的耦合度和协调度有比较明显的上升趋势,而上游的重庆、四川则相当不稳定。据此本书认为,长江经济带下游虽然污染总量较为庞大,但由于靠近长江出海口,污染扩散较少,因而适于进一步发展外向型制造业,尤其是污染负荷较大的外向型制造业;而上游各省市则应适于发展污染负荷小、产品附加值高的外向型制造业;中游省市的环境约束还有空间,仍有扩大外向型制造业规模的潜力。

对比《工业意见》与《生态规划》的指导意见,基本是相符的。特别是《生态规划》中,对长江经济带上、中游新建石化、化工项目严格限制,限制采掘业、造纸、钢铁、有色、火电等行业的规模;对下游,限制造纸、纺织、钢铁等行业的规模,特别提到了鼓励沿海城市在电力、化工、石化等行业直接利用海水作为循环冷却水,这些意见支持在下游沿海地区(除长江口外)进一步发展石化、化工等污染负荷大的外向型制造业。

《工业意见》规划要发展的行业中,上游各城市群除了滇中城市群提到要改造升级冶金、化工等传统优势产业外,其余基本为附加值较高的高科技产业;对于耦合度和协调度相当不稳定的重庆、四川,《工业意见》在《大力培育五大世界级产业集群》部分规划发展了相当数量的属于通信设备和专用设备业的附加值较高的细分行业。相比之下,长江中游城市群、长江三角洲城市群规划发展的行业更加全面,均包含了石化、钢铁,尤其是在《合理开发沿海产业发展带》部分,特别指出要"依托长三角沿海地区,积极发展石化、重型装备等临港制造业",这与本书前文的分析均是相符合的。当然,前文已经指出,《工业意见》和《生态规划》主要从产业增量角度出发,并没有从各省市产业存量调整的角度去提出指导意见。

（二）与分二位码行业的三省市评估结果对比分析

前文中,本书使用2015年数据对重庆、江西、江苏三省市二位码行业的工业污染排放量及其与工业销售产值、出口交货值之间的比例关系进行了分析。在不考虑上、中游工业污染排放向下游扩散的情况下,重庆、江西各行业的单位产值、出口值对应各类污染排放绝大部分要高于江苏。在考虑后,重庆、江西的各项环境效率指标与江苏的差距进一步拉大。特别是重庆,由于地处上游,考虑工业污染排放向下游的扩散后,各项指标的大部分或绝大部分超过了江苏指标值的10倍;江西的情况相对稍好,与江苏指标的差距只略有扩大。

不过,就重庆、江西的少数二位码行业而言,即使经过了地理调整之后,仍然具有较好的环境效率。对于重庆,主要是通信设备业。这说明,集聚于重庆的外向型的通信设备产业集群产生了较大的规模经济效应,不仅具有在国际市场的产品竞争力,而且环境效率也较高。对于江西,食品和烟草业的废水排放、纺织业的废水和二氧化硫排放、服装业的二氧化硫排放、造纸印刷文教业的废气排放、金属加工业的废气排放、金属制品业的废气排放与工业销售产值或出口交货值之比低于江苏,这些行业大多为劳动密集型行业,体现了江西的产业竞争力与环境效率优势所在。

对比《工业意见》和《生态规划》中对三省市发展行业的规划,应该说基本符合上述的分析。首先分析重庆。规划发展的行业主要包括通信、专用、交通和纺织等几个二位码行业。在调整工业污染排放量与工业销售产值之比指标上,通信业的二氧化硫低于江苏,其余三种污染略高于江苏,符合环境效率的要求;专用业四种污染物分别为江苏的0.83倍至7.27倍,属于轻微偏高;交通业分别为江苏的7.49倍至31.68倍,纺织业分别为3.07倍至36.59倍,污染相对较高,与其他二位码行业相比也是如此。

在调整工业污染排放量与出口交货值之比指标上,通信业的二氧化硫低于江苏,其余三种略高于江苏,完全符合本书前文关于其环境效率的分析;专用业、交通业的调整后各类工业污染排放量与出口交货值之比远高于江苏,倍数在1.78倍至61.20倍之间,尚不属于环境效率差距最大的行业;而服装业的调整后二氧化硫排放量与出口交货值之比达到了江苏的231.86倍,污染相对较重。还需指出的是,这里定义的出口交货值不仅包括重庆市该行业的出口交货值,还包括重庆市该行业被本地及长三角制造业各行业出口带动的产出,因而反映了外向型制造业的整体规模。

上述结果说明,考虑环境污染因素,特别是在考虑上游污染向下游的扩散后,重庆的通信业是当地适于发展的外向型制造业;专用业、交通业则更适于以内需为主;服装业的污染较为严重,需要在完善污染治理措施的基础上确定发展路径和规模。

其次分析江西。规划发展的行业主要包括交通和纺织两个二位码行业,但在《五大产业集群优先承接导向》中也提到了通信业、专用业、服装业的产业集群,因而与重庆基本是相似的,虽然细分行业有所不同。为便于对比,这里按与重庆相同的四个行业进行分析。在调整工业污染排放量与工业销售产值之比指标上,纺织业的废水与二氧化硫低于江苏,废气、烟粉尘与江苏大致相等,是江西相对环境效率最高的行业;交通业四种污染物分别为江苏的1.08倍至16.80倍,与其他行业相比,污染相对较重;通信业分别为江苏的1.18倍至4.66倍,专用业分别为2.65倍至6.20倍,污染略微偏高。

在调整工业污染排放量与出口交货值之比指标上,纺织业的废水与二氧化硫低于江苏,废气、烟粉尘是江苏的2倍左右,环境效率较高;交通业的废气低于江苏,其他三种污染物分别为江苏的1.61倍至8.33倍,与其他行业相比,环境效率稍差;通信业分别为江苏的2.81倍至11.06倍,污染较高;专用业分别为3.41倍至7.97倍,污染略微偏高。

总体而言,从环境效率角度来看,江西的纺织业适合发展外向型制造业;通信业、专用业污染略微偏高,适于以内需为主;交通业污染较高,需要在完善污染治理措施的基础上确定发展路径和规模。

最后分析江苏。规划发展的行业主要包括通信、专用、交通、电气设备、石油炼焦、化工和纺织等几个二位码行业。在调整工业污染排放量与工业销售产值之比指标上,通信业的二氧化硫污染是重庆的3倍,纺织业的废水、二氧化硫污染分别是江西的3.13倍、2.70倍,其余行业的各项污染均低于或等于江西和重庆的指标。特别是相对于重庆的石油炼焦、化工业的指标有着非常明显的优势。

在调整工业污染排放量与出口交货值之比指标上,交通业的废气污染大约是江西的2倍,纺织业的废水、二氧化硫污染分别是江西的1.47倍、1.23倍;石油业的四种污染物分别达到江西的4.17倍至11.11倍,其原因是江西该行业的被带动产出值较高,改善了其出口交货值的环境效率;其余行业的各项污染均低于江西和重庆的指标。从环境效率角度来看,在考虑上、中游向下游扩散的情况下,江苏规划发展的各行业均适于发展外向型制造业。

由于其他省市的二位码行业层次的工业污染排放数据难以得到,因而无法采用上文的方法进行分析。从上述三省市的分析结果看,《工业意见》和《生态规划》中对三省市规划发展的行业通常包含了该省市环境效率最高的行业,符合实现长江经济带战略定位的要求,但也有部分行业的环境效率偏低,需要采取法规、政策等手段对其污染加以限制。此外,已公布的文件中着眼于各省市产业增量的限制与调整,对通过产业存量的调整来实现长江经济带的战略定位没有提出意见。在下文中,本章将从这一角度出发,探讨通过存量调整进行外向型工业布局调整,从而更好地实现长江经济带战略定位的途径,特别是通过资本整合的手段进行存量调整的途径。

第二节 长江经济带石化、化学产业布局情况及政策建议

本书论题为"长三角引领长江经济带构建外向型工业布局研究",从地理角度来看,是分析下游出海口地区对内河经济带外向型工业发展的作用,约略相当于荷兰对莱茵河经济带外向型工业发展的作用。不过,与莱茵河经济带的情况相比,长三角在长江经济带中的地位的特征是其不仅是金融、航运等服务业资本的集聚地和服务的提供地,而且是经济带中工业化最早和工业最发达的地区,在这方面又相当于德国鲁尔工业区在莱茵河经济带中的地位。因此,长三角不仅要发挥在金融、航运、贸易等方面对长江经济带外向型工业发展的引导作用,更重要的是作为最主要的工业中心,通过跨区域的产业联系和产能转移,发挥对整个经济带外向型工业布局的引领作用,以达到环境改善与外向型工业发展的目的,这也是本书研究的重点所在。

从莱茵河经济带的历史经验和重庆、江西、江苏三省市二位码行业的污染排放数据来看,煤炭、冶金、电力、非金属矿物制品、化学工业以及基于化学工业的造纸、蔗糖等行业是内河经济带天然适于发展的行业,又是内河经济带环境污染的主要来源。其中,煤炭、蔗糖业区位取决于原材料所在地,长江经济带的电力行业基本不存在出口问题。因而,本章第二至第五节将以长江经济带的石化、化学、冶金、造纸、非金属矿物制品等行业为研究对象,提出长三角引领长江经济带调整该行业外向型工业布局的政策建议。本节首先分析石化、化学产业。

一、按二位码行业口径的产值与出口值

根据二位码行业的划分,石化、化学产业包括石油加工、炼焦及核燃料加工业,化学原料及化学制品制造业,医药制造业,化学纤维制造业,橡胶和塑料制品业等5个二位码行业。表8.4列出了长江经济带各省市这5个行业2015年度的工业销售产值和出口交货值。从表中可以看出,长三角无疑是石化、化学产业最为集中的地区,但中游各省(除了化纤业)、上游的四川省的产能也相当大,这些中、上游的生产企业对长江中、下游的污染扩散必然是严重的;同时,除了江西、湖北、湖南三省的化工业出口交货值较大外,中、上游其余行业的出口值都很小,这三个省的化工业出口对长江中、下游的环境也是一个隐患。

表 8.4 长江经济带各省市石化、化学产业产值与出口值　　　　　　单位:亿元

省份	工业销售产值					出口交货值				
	石油	化工	医药	化纤	橡塑	石油	化工	医药	化纤	橡塑
重庆	67.74	880.59	522.84	10.64	482.82	0.00	43.26	22.83	0.01	17.1
四川	780.43	2 510.61	1 193.56	200.08	897.77	0.05	66.63	16.34	18.01	9.45
贵州	194.09	741.73	351.35	0.19	185.36	0.00	61.47	0.16	0.00	19.06
云南	156.42	818.39	262.66	15.23	135.83	0.00	17.05	2.32	0.00	1.40
安徽	459.18	2 204.64	713.25	91.38	1 423.51	0.02	72.00	37.72	7.41	121.55
江西	479.13	2 292.34	1 126.07	86.15	665.13	12.75	295.56	27.62	0.02	38.98
湖北	744.47	4 091.64	1 068.16	74.84	1 171.84	0.00	155.41	90.30	4.18	5.27
湖南	673.92	2 927.25	938.99	30.58	629.24	3.05	225.71	19.57	0.00	11.05
上海	1 147.07	2 500.57	623.80	31.03	855.05	52.56	270.23	50.56	11.27	185.90
江苏	2 152.04	1 6573.1	3 449.67	2 597.88	2 957.03	62.08	1 094.62	220.69	204.03	426.77
浙江	1 348.84	5 134.07	1 163.08	2 443.02	2 740.50	1.84	444.97	255.05	146.07	508.98

资料来源:《中国工业统计年鉴 2016》。

　　首先分析石油冶炼工业,其他化工行业将在下文中分析。我国石油冶炼行业的四大国有石油公司中石油、中石化、中海油、中化集团占据了主要份额,特别是出口配额被它们完全垄断。但这四家公司的年报中均未披露具体的炼油企业及其产量的分布情况。根据表 8.4,长江经济带石油业的产值分布基本是沿长江下游向上游递减的,四川的产值很高,不过出口交货值极低,可见其主要是服务于本地市场。江西该行业的出口交货值相对较高,但存在布局问题;该省主要炼油企业是中石化属下的九江石化炼油厂,原理上可以通过国有企业的产能调整来解决。

　　具体分析江西的情况。江西的相关产业规划中提到,要大力发展九江石化的氯碱、有机氯等延伸加工产品("江西融入长江经济带战略对策研究"课题组等,2015)。但刘耀彬等(2016)指出,江西长江岸线距离较短,但布满排污严重的工业园区,从上游往下游方向依次为瑞昌产业园(香港理文化工、香港理文造纸、亚东水泥)、柴桑区码头工业城(皮革业等)、九江市范围(九江第四水厂、城西港区、河西水厂、河东水厂、城东工业园、九江石化总厂)、湖口县金沙湾工业园(钢铁、冶金、造船、制药等)、彭泽县化工园区。不仅江西,湖北、湖南等省的石化产业也均为沿江密集分布(彭智敏等,2013)。周冯琦等(2016)的研究也表明,长江上、中游地区化学工业发展的环境效率较低,但有机化工产能不断扩张,产生了巨大的环境负荷。在此条件下,江西等省的石化、化工产业的发展受到环境的明显制约,应完全以内需为主导,并实行更加严格的环境保护标准。

二、按产品口径统计的产量占比

表 8.5 按照化学产品口径统计了 2014 年长江经济带各省市产量与长江经济带总产量之比,数据来自《中国化学工业年鉴 2015》。由于缺少同期海关统计数据,没有分析化学产品的出口量占比。此外,该年鉴没有统计化学矿、石油产品、化学药等产品的产量。

表 8.5 长江经济带各省市各化学产品产量占比

产品	重庆	四川	贵州	云南	安徽	江西	湖北	湖南	上海	江苏	浙江
硫酸	0.036 4	0.124 9	0.123 8	0.246 2	0.114 3	0.059 9	0.124 1	0.071 4	0.003 3	0.064 0	0.031 7
盐酸	0.016 2	0.053 8	0.028 3	0.038 4	0.058 7	0.041 5	0.180 4	0.155 7	0.092 0	0.203 2	0.131 9
硝酸	0.018 3	0.045 5	0.000 0	0.001 1	0.440 6	0.000 0	0.007 3	0.000 0	0.000 0	0.357 5	0.129 7
烧碱	0.028 4	0.096 0	0.005 8	0.021 6	0.058 0	0.031 7	0.085 2	0.056 7	0.066 6	0.411 6	0.138 0
纯碱	0.135 1	0.148 0	0.000 0	0.015 0	0.075 9	0.000 0	0.160 9	0.070 6	0.000 0	0.363 7	0.030 8
碳化钙	0.025 7	0.289 1	0.026 4	0.284 8	0.002 2	0.017 4	0.285 5	0.067 4	0.000 0	0.000 0	0.001 4
乙烯	0.000 0	0.000 0	0.000 0	0.000 0	0.000 0	0.002 5	0.159 0	0.000 0	0.360 7	0.292 1	0.185 7
纯苯	0.028 8	0.023 6	0.003 0	0.028 8	0.033 7	0.017 4	0.109 4	0.015 7	0.327 1	0.269 8	0.142 6
精甲醇	0.257 5	0.113 2	0.060 3	0.074 6	0.109 7	0.002 2	0.057 5	0.035 0	0.139 0	0.129 2	0.021 8
冰醋酸	0.117 4	0.001 9	0.000 0	0.000 0	0.000 0	0.000 0	0.000 0	0.000 0	0.188 8	0.691 8	0.000 0
合成氨	0.088 2	0.153 7	0.094 6	0.094 8	0.146 0	0.006 3	0.194 0	0.051 0	0.000 0	0.144 0	0.026 2
化肥	0.059 0	0.121 5	0.151 5	0.126 0	0.084 6	0.037 3	0.335 0	0.020 1	0.000 3	0.058 5	0.006 3
农药	0.003 2	0.083 8	0.000 5	0.000 0	0.077 4	0.022 8	0.116 0	0.089 6	0.006 2	0.474 7	0.125 8
涂料	0.028 8	0.109 1	0.004 4	0.007 7	0.066 8	0.010 1	0.050 1	0.156 9	0.233 2	0.227 0	0.106 0
合成树脂	0.001 4	0.061 3	0.001 5	0.005 9	0.024 7	0.005 6	0.079 2	0.021 0	0.142 3	0.325 7	0.267 6
合成橡胶	0.009 3	0.067 7	0.000 0	0.041 5	0.005 9	0.005 6	0.059 7	0.105 6	0.080 6	0.517 7	0.106 1
合成纤维	0.004 8	0.007 3	0.000 1	0.000 0	0.010 4	0.000 8	0.009 5	0.019 2	0.101 4	0.325 5	0.521 0
化学试剂	0.022 5	0.060 1	0.041 4	0.000 2	0.073 0	0.098 9	0.067 3	0.307 0	0.026 5	0.120 9	0.182 5
晶体硅	0.000 0	0.126 1	0.000 0	0.021 8	0.004 0	0.170 0	0.034 7	0.001 0	0.011 1	0.535 6	0.095 7
化学纤维	0.001 4	0.030 7	0.000 0	0.001 6	0.006 4	0.012 5	0.007 1	0.001 8	0.012 7	0.372 5	0.553 1
橡胶轮胎	0.098 9	0.092 5	0.014 9	0.000 1	0.099 5	0.010 1	0.031 6	0.014 5	0.035 2	0.321 1	0.281 2
塑料制品	0.029 1	0.099 2	0.004 6	0.014 7	0.045 2	0.008 7	0.065 1	0.023 7	0.055 0	0.164 8	0.489 9

资料来源:《中国化学工业年鉴 2015》。

从表 8.5 的统计来看,长江经济带下游尤其是江苏,是各类化学产品的最重要产地。从避免污染向下游扩散的角度来看,这种布局基本是合理的。也有部分产品的较大部分产能位于长江经济带上、中游,包括:硫酸(上游、中游)、盐酸(中游)、硝酸(中游)、纯碱(上游、中游)、碳化钙(上游、中游)、精甲醇(上游)、合成氨(上游、中游)、化肥(上游、中游)、化学试剂(中游)。从具体省份来看,上游的四川、云南,中游的安徽、湖北、湖南几个省份均有若干化学产品的产能较大。

梁仁彩(2010)指出,根据化工生产废弃物对环境的污染程度,可以将化工生产分为两大类。第一类,具有大量污水、排出物,会造成环境严重污染的部门:矿山开采(如钾盐);酸碱生产;聚合物生产;有机合成工业;苯胺染料工业;中间体原料生产(煤化工、石油化工、木材化工、页岩化工、煤气化工)。第二类,污水和排出物数量不多,对环境污染不是很严重的部门:某些化学加工部门(如药物、光化学、日用品化工);氮肥与磷肥制造;合成树脂油漆;某些聚合生产(如尿素树脂、醋酸纤维等)。莱茵河经济带的污染治理经验也证明,制酸、钾肥、农药等工业的污染最为严重。也就是说,云南的硫酸工业、湖北的盐酸工业和钾肥工业、安徽的硝酸工业及四川、湖北、湖南等省的农药工业对长江流域的污染威胁较大。

三、长江经济带若干省份化学企业情况及相关政策建议

其他化工行业的行业集中度远低于石油冶炼业,而且,化工行业的两大国有企业集团中化集团与中国化工集团的年报里均未披露其各类化工企业的所在地及产量分布。因而本书只能从其他来源检索上述各省有关行业企业的情况。根据化工业(包括化肥、农药、化纤业,不包括医药业)沪深交易所上市公司 2016 年年报的数据整理得到表 8.6。其中,"2016 年出口占比"数据指的是该公司 2016 年境外营业收入占总营业收入的比重。上市公司的数据并不能完全反映整个行业的情况,但具有相当的代表性。

依据表 8.6 的数据分析长江经济带化学企业出口产能的分布情况。江苏、浙江的化学企业的出口占比是最高的,这符合外向型工业布局的原则。但是,上、中游的部分上市公司的出口占比也相当高,包括重庆的华邦健康(农药、原料药等)、四川的利尔化学(除草剂等),云南的云天化(氮肥、磷肥等),安徽的安利股份(合成革)、广信股份(农药等),湖北的鼎龙股份(打印耗材)、富邦股份(化肥助剂)和沙隆达 A(农药)、湖南的时代新材(塑料制品),其出口占比均在 25% 以上,其中大部分企业所处细分行业是污染排放强度很高的行业,这些产能对下游环境构成了较严重的威胁。下面根据这些企业的主要股东情况探讨通过兼并重组等方式推动其部分产能向下游沿海地区转移的可能性。

第八章 行业层面的政策建议

表8.6 长江经济带主要化工企业情况

省份	企业	主要产品	2016年产量	2016年出口占比	主要股东
重庆	双环科技	纯碱、氯化铵	各70万吨	不详	湖北双环化工集团有限公司(25.11%,宜昌国资委实际控制)
	华邦健康	农药、原料药等	17.06万吨	49.77%	西藏汇邦医药科技有限公司(18.21%,张松山实际控制)
	金路集团	PVC树脂、烧碱	20.56,15.44万吨	不详	刘江东(13.05%)
	北化股份	硝化棉	5.54万吨	19.02%	山西新华防护器材有限责任公司(19.33%,中国兵器工业集团实际控制)
	天原集团	树脂、烧碱等	75.08万吨	0.34%	宜宾市国有资产经营有限公司(17.52%)
	雅化集团	炸药	9.35万吨	8.78%	郑戎(14.32%)
	硅宝科技	胶	4.02万吨	2.46%	四川发展国弘现代服务业投资有限责任公司(17.8%)
	达威股份	皮革化学品	2.25万吨	0.52%	严建林(23.13%)
四川	东材科技	膜材料等	8.70万吨	5.57%	高金技术产业集团有限公司(22.94%,熊海涛实际控制)
	和邦生物	联碱产品、农药等	181.57万吨	15.72%	四川和邦投资集团有限公司(33.25%,贺正刚实际控制)
	四川美丰	尿素等	109.38万吨	3.89%	成都华川石油天然气勘探开发有限公司(12.18%,国务院国资委实际控制)
	泸天化	尿素等	221.01万吨	0	泸天化(集团)有限责任公司(34.72%,泸州国资委实际控制)
	利尔化学	除草剂等	6.47万吨	39.48%	四川久远投资控股集团有限公司(27.36%,中国工程物理研究院实际控制)
	云图控股	化肥、盐等	519.2万吨	不详	荣睿(38.94%)
	国光股份	杀菌剂等	3.74万吨	0.03%	颜昌绪(37.76%)
	南方汇通	反渗透膜等	8 150 222支	不详	中车产业投资有限公司(42.64%,国务院国资委实际控制)
贵州	久联发展	炸药	不详	不详	保利久联控股集团有限责任公司(30%,贵州国资委实际控制)
	红星发展	无机盐	41.48万吨	16.39%	青岛红星化工集团有限公司(36.08%,青岛国资委实际控制)

续表

省份	企业	主要产品	2016年产量	2016年出口占比	主要股东
云南	云南能投	盐	118.27万吨	不详	云南省能源投资集团有限公司(35.27%,云南国资委实际控制)
	川金诺	磷酸等	47.11万吨	20.13%	刘蕙(44.32%)
	云天化	氮肥、磷肥等	1 351.96万吨	30.87%	云天化集团有限责任公司(46.7%,云南国资委实际控制)
	国风塑业	塑料制品	10.07万吨	14.63%	合肥市产业投资控股(集团)有限公司(24.6%,合肥国资委实际控制)
	中粮生化	乙醇、柠檬酸	60.78、14.39万吨	14.43%	大耀香港有限公司(15.76%,国务院国资委实际控制)
	永新股份	塑料包装材料	12.21万吨	9.41%	黄山永佳投资有限公司(31.7%,黄山市供销合作联社实际控制)
	安纳达	钛白粉	7.58万吨	20.37%	铜陵化学工业集团有限公司(30.91%,铜陵国资委实际控制)
	中核钛白	钛白粉、颜料	不详	不详	李剑锋(37.04%)
	江南化工	炸药	16.75万吨	0.18%	盾安控股集团有限公司(36.82%,姚新义实际控制)
	神剑股份	树脂产品	12.61万吨	17.5%	刘志坚(22.78%)
	凯美特气	工业气体	不详	不详	浩讯科技有限公司(64.51%,祝恩福实际控制)
安徽	金禾实业	硝酸、化学添加剂等	319.95万吨	11.12%	安徽金瑞投资集团有限公司(44.25%,杨迎春实际控制)
	安利股份	合成革	59 690 722米	36.9%	安徽安利科技投资股份有限公司(21.9%,姚和平实际控制)
	皖维高新	聚乙烯醇等	20.2万吨	17.6%	安徽皖维集团有限责任公司(30.74%,安徽国资委实际控制)
	雷鸣科化	炸药	6.81万吨	不详	淮北矿业(集团)有限责任公司(35.66%,安徽国资委实际控制)
	司尔特	磷肥等	181.32万吨	7.74%	国购产业控股有限公司(25%,袁启宏实际控制)
	六国化工	化肥等	219.88万吨	2.4%	铜陵化学工业集团有限公司(25.49%,铜陵国资委实际控制)
	广信股份	农药等	5.83万吨	27.26%	安徽广信控股股份有限公司(42.06%,黄金祥实际控制)

续表

省份	企业	主要产品	2016年产量	2016年出口占比	主要股东
江西	诚志股份	工业气体、液晶等	不详	不详	诚志科融控股有限公司（33.44%，教育部实际控制）
	黑猫股份	炭黑、焦油	104.68万吨、66.13万吨	19.34%	景德镇市焦化工业集团有限责任公司（39.69%，景德镇国资委实际控制）
	恒大高新	涂料	不详	不详	朱星河（22.03%）
	世龙实业	发泡剂、烧碱等	27.51万吨	18.97%	江西大龙实业有限公司（37.55%）
	昌九生化	丙烯酰胺	4.69万吨	不详	江西省昌九化工集团有限责任公司（18.22%，赣州国资委实际控制）
	国泰集团	炸药	5.68万吨	不详	江西省军工控股集团有限公司（41.09%，江西国资委实际控制）
	双环科技	纯碱、氯化铵	各110万吨	不详	湖北双环化工集团有限公司（25.11%，宜昌国资委实际控制）
	凯龙股份	炸药、化肥	29.24万吨	不详	荆门国资委（16.72%）
	回天新材	胶黏剂	3.88万吨	2.83%	章锋（21.92%）
	鼎龙股份	打印耗材	0.48万吨	71.45%	朱双全（15.46%）
湖北	富邦股份	化肥助剂	6.79万吨	40.9%	应城市富邦科技有限公司（32.08%，方胜玲实际控制）
	兴发集团	磷酸、磷肥等	140.22万吨	16.3%	宜昌兴发集团有限责任公司（22.05%，兴山县国资局实际控制）
	振华股份	铬盐	6.43万吨	6.04%	蔡再华（49.48%）
	湖北宜化	尿素等	455.76万吨	14.05%	湖北宜化集团有限责任公司（17.06%，宜昌国资委实际控制）
	沙隆达A	农药	9.24万吨	48.59%	中国化工农化有限公司（79.44%，国务院国资委实际控制）
	新洋丰	磷肥等	450.84万吨	5.09%	湖北洋丰集团股份有限公司（47.53%，杨才学实际控制）

长三角引领长江经济带构建外向型工业布局研究

续表

省份	企业	主要产品	2016年产量	2016年出口占比	主要股东
湖南	岳阳兴长	丙烯、聚丙烯等	38.34万吨	不详	中国石化集团(23.46%,国务院国资委实际控制)
	南岭民爆	炸药	16.57万吨	不详	湖南省南岭化工集团有限公司(41.62%,湖南国资委实际控制)
	凯美特气	工业气体	不详	不详	浩讯科技有限公司(64.51%,祝恩福实际控制)
	时代新材	塑料制品	不详	44.16%	中车株洲电力机车研究所有限公司(36.43%,国务院国资委实际控制)
	湖南海利	农药等	2.53万吨	29.9%	湖南海利高新技术产业集团有限公司(23.5%,湖南国资委实际控制)
	普利特	塑料	不详	21.46%	周文(51.82%)
	康达新材	环氧胶等	2.06万吨	不详	陆企堂(15.57%)
	纳尔股份	贴膜	不详	47.86%	游爱国(33.3%)
	安诺其	染料	2.67万吨	不详	纪立军(38.13%)
	金力泰	涂料	5万吨	不详	吴国政(19.54%)
上海	上海新阳	半导体化学材料	1.02万吨	0.12%	SIN YANG INDUSTRIES & TRADING PTE LTD(19.85%,王福祥实际控制)
	飞凯材料	光纤涂覆材料	0.92万吨	12.3%	飞凯控股有限公司(45.89%,张金山实际控制)
	氯碱化工	烧碱等	248.86万吨	4.12%	上海华谊(集团)公司(46.59%,上海国资委实际控制)
	华谊集团	甲醇、醋酸等	301.08万吨	4.63%	上海华谊(集团)公司(42.17%,上海国资委实际控制)
	三爱富	氟化学品	8.8万吨	不详	上海华谊(集团)公司(31.6%,上海国资委实际控制)
	丹化科技	乙二醇、草酸	18.56万吨	不详	江苏丹化集团有限责任公司(17.45%,丹阳政府实际控制)
	华峰超纤	合成革等	不详	20.42%	华峰集团有限公司(9.31%,尤金焕实际控制)

续表

省份	企业	主要产品	2016年产量	2016年出口占比	主要股东
江苏	金浦钛业	钛白粉	10.23万吨	6%	金浦投资控股集团有限公司(37.3%,郭金东实际控制)
	诚志股份	工业气体、液晶等	不详	不详	诚志科融控股有限公司(33.44%,教育部实际控制)
	中核钛白	钛白粉、颜料	不详	不详	李建锋(37.04%)
	红宝丽	聚氨酯、异丙醇胺	17.35万吨	30.14%	江苏宝源投资管理有限公司(28%,芮敬功实际控制)
	宏达新材	硅橡胶材料	4.94万吨	11.6%	江苏伟伦投资管理有限公司(38.21%,朱德洪实际控制)
	中科新材	家电复合材料	16.04万吨	15.64%	深圳市中科伦创资产管理有限公司(28.49%,张伟实际控制)
	雅克科技	聚氨酯等	9.17万吨	74.87%	沈琦(29.24%)
	康得新	高分子材料	5.75万吨	34.41%	康得投资集团有限公司(24.09%,钟玉实际控制)
	天马精化	造纸化学品、原料药等	13.08万吨	34.1%	金陵投资控股有限公司(22.09%,王广宇实际控制)
	百川化工	醋酸酯类等	33.65万吨	33.39%	郑铁江(31.78%)
	双星新材	聚酯薄膜	29.79万吨	10.77%	吴培服(27.32%)
	高科石化	润滑油	8.78万吨	不详	许汉祥(37.67%)
	洪汇新材	树脂	2.77万吨	42.7%	项洪伟(57.56%)
	天晟新材	发泡塑料、橡胶	85 788立方米	9.63%	吴海苗(9.87%)
	科斯伍德	油墨	1.94万吨	36.15%	吴贤良(37.45%)
	裕兴股份	聚酯薄膜	4.18万吨	1.15%	王建新(23.54%)
	强力新材	光刻胶化学品	0.58万吨	44.52%	钱晓春(29.8%)
	世名科技	色浆	1.67万吨	2.88%	吕仕铭(39.65%)
	广信材料	油墨	0.71万吨	2.24%	李有明(45.27%)

续表

省份	企业	主要产品	2016年产量	2016年出口占比	主要股东
江苏	晨化股份	阻燃剂等	5.27万吨	10.66%	于子洲(25.56%)、江阴澄星实业集团有限公司(25.78%、李兴实际控制)
	澄星股份	黄磷、磷酸等	74.39万吨	33.01%	江阴澄星实业集团有限公司(54.81%、镇江国资委实际控制)
	江苏索普	发泡剂、烧碱等	4.68万吨	不详	江苏索普(集团)有限公司(54.81%、镇江国资委实际控制)
	江化微	湿电子化学品	不详	不详	殷福华(27.42%)
	亚邦股份	染料	6.83万吨	25.41%	亚邦投资控股集团有限公司(28.84%、许小初实际控制)
	井神股份	盐、纯碱等	547.26万吨	不详	江苏省盐业集团有限责任公司(48.83%、江苏国资委实际控制)
	兴业股份	黏结剂	8.64万吨	0.61%	王进兴(28.17%)
	醋化股份	醋酸衍生物	7.02万吨	44.16%	顾清泉(9.98%)
	红太阳	农药	不详	42.07%	南京第一农药集团有限公司(51.75%、杨寿海实际控制)
	华昌化工	尿素等	343.98万吨	3.04%	苏州华纳投资股份有限公司(31.8%)
	长青股份	除草剂等	2.5万吨	60.23%	于国权(30.6%)
	辉丰股份	农药	9.01万吨	15.53%	仲汉根(42.2%)
	蓝丰生化	农药	不详	51.42%	江苏苏化集团有限公司(20.09%、杨振华实际控制)
	利民股份	农药	4.85万吨	70.64%	李明(22.14%)
	雅本化学	农药	0.83万吨	54.93%	阿拉山口市雅本创业投资有限公司(35.8%、蔡彤实际控制)
	中旗股份	农药	0.54万吨	58.41%	吴耀军(30.1%)
	江山股份	草甘膦等	28.64万吨	36.62%	中化国际(控股)股份有限公司(29.19%)
	扬农化工	农药	5.09万吨	63.21%	江苏扬农化工集团有限公司(36.17%、扬州国资委实际控制)
	苏利股份	农药等	4.46万吨	44.96%	缪金凤(40%)

续表

省份	企业	主要产品	2016年产量	2016年出口占比	主要股东
江苏	哈工智能	氨纶等	2.18万吨	0	无锡哲方哈工智能机器人投资企业(有限合伙)(18.6%,乔徽实际控制)
	华西股份	涤纶等	27.04万吨	不详	江苏华西集团有限公司(44.2%)
	澳洋科技	黏胶短纤等	25.54万吨	1.77%	澳洋集团有限公司(49.11%,沈学如实际控制)
	双象股份	人造皮革	不详	7.5%	江苏双象集团有限公司(64.73%,唐炳泉实际控制)
	江南高纤	涤纶等	8.73万吨	7.23%	陶国平(26.49%)
	南京化纤	黏胶纤维	9.25万吨	14.71%	南京新工投资集团有限责任公司(33.02%,南京国资委实际控制)
浙江	传化智联	精细化工品	不详	不详	传化集团有限公司(60.56%,徐冠巨实际控制)
	永太科技	原料药,农药	0.91万吨	65.93%	王莺妹(23.15%)
	闰土股份	染料等	68.26万吨	12.31%	张爱娟(16.73%)
	浙江众成	塑料膜	2.18万吨	55.76%	陈大魁(43.95%)
	兄弟科技	铬鞣剂,维生素等	6.42万吨	46.35%	钱志达(29.71%)
	道明科技	反光膜	不详	39.05%	浙江道明投资有限公司(39.85%,胡智雄实际控制)
	赞宇科技	活性剂等	73.79万吨	10.01%	杭州永银投资合伙企业(有限合伙)(16.58%,方银实际控制)
	金科文化	双氧水等	21.43万吨	49.56%	王健(18.29%)
	横河模具	注塑产品等	0.62万吨	62.95%	胡志军(33.97%)
	杭州高新	电缆料	7.1万吨	0	高兴控股股份有限公司(38.25%,高长虹实际控制)
	巨化股份	氟化工产品	283.88万吨	15.7%	巨化集团有限公司(38.65%,浙江国资委实际控制)
	嘉化能源	氯碱,硫酸等	73.68万吨	3.1%	浙江嘉化集团股份有限公司(40.19%,管建忠实际控制)
	浙江龙盛	染料	193.89万吨	47.39%	阮水龙(11.98%)

续表

省份	企业	主要产品	2016年产量	2016年出口占比	主要股东
浙江	福斯特	光伏材料	48 766.94万平方米	19.21%	杭州福斯特科技集团有限公司(56.29%,林建华实际控制)
	嘉澳环保	增塑剂,稳定剂	8.47万吨	10.42%	桐乡市顺昌投资有限公司(25.04%,沈健实际控制)
	万盛股份	阻燃剂	8.84万吨	44.3%	临海市万盛投资有限公司(29.35%,高献国实际控制)
	百合花	颜料	4.06万吨	29.24%	百合花控股有限公司(64.45%,陈立荣实际控制)
	联化科技	农药等	5.04万吨	73.81%	牟金香(27.49%)
	瀚叶股份	农药等	5.18万吨	33.61%	沈培今(31.16%)
	新安股份	农药等	7.84万吨	35.55%	传化集团有限公司(14.42%,徐冠巨实际控制)
	钱江生化	农药等	0.05万吨	31.07%	海宁市资产经营公司(33.3%,海宁国资局实际控制)
	恒逸石化	涤纶等	633.11万吨	6.96%	浙江恒逸集团有限公司(41.53%,邱建林实际控制)
	华峰氨纶	氨纶	10.68万吨	6.52%	华峰集团有限公司(29.66%,尤小平实际控制)
	海利得	涤纶等	不详	71.66%	高利民(23.24%)
	尤夫股份	涤纶等	不详	31.03%	湖州尤夫控股有限公司(29.8%,颜静刚实际控制)
	华鼎股份	锦纶丝	11.6万吨	11.85%	三鼎控股集团有限公司(31.87%,丁志民实际控制)
	桐昆股份	涤纶长丝	350.7万吨	6.34%	浙江桐昆控股集团有限公司(22.23%,陈士良实际控制)
	荣盛石化	涤纶等	1 011.17万吨	15.12%	浙江荣盛控股集团有限公司(70.36%,李水荣实际控制)
	卫星石化	丙烯等	86.41万吨	7.8%	浙江卫星控股股份有限公司(39.96%,杨卫东实际控制)
	大东南	塑料薄膜	9.01万吨	5.95%	浙江大东南集团有限公司(28.08%,黄飞刚实际控制)
	浙江交科	二甲基甲酰胺等	69.71万吨	4.27%	浙江省交通投资集团有限公司(60.24%,浙江国资委实际控制)

资料来源:各公司年报及互联网数据。

第八章 行业层面的政策建议

首先分析农药子行业。利尔化学由中央机构中国工程物理研究院实际控制；沙隆达 A 由央企中国化工实际控制；华邦健康、广信股份为民营企业。再结合其他的农药上市公司，特别是江苏、浙江的多家农药行业上市公司的情况分析，与国际市场情况相比，国内该行业的市场集中度很低，且大部分产能由分散的民营企业提供，兼并重组的难度较大。同时，该行业整体的出口占比相当高，说明国内过剩产能较大，而且存在"污染避难所"效应。为了解决上述问题，一方面需要不断提高针对农药企业的环境保护标准，特别是长江经济带上、中游的环境标准，迫使无力承担环保成本的部分小型企业退出市场；另一方面需要发挥中化集团（实际控制中化国际、扬农化工、江山股份等农药行业上市公司）、中国化工集团（沙隆达 A 实际控制人）作为央企的整合能力，相继对各省市乃至地级国资委控股的农药企业以及若干民营的农药企业进行整合，并伺机实现两大化工集团的合并。通过市场整合，将企业的地理调整转变为寡头垄断企业内部的产能调整，促使产能特别是出口产能向长三角沿海地区转移和集聚。

其次分析化肥子行业。云天化由云南国资委实际控制；富邦股份为民营企业。再结合其他化肥业上市公司情况分析，国内化肥业的市场集中度也比较低，除钾肥外均存在产能过剩的问题，有进一步整合的需要；同时，长江经济带该行业上市公司整体的出口占比并不高，与该行业整体的出口数据不符，可能是出口量分布较为分散，未集中体现于上市公司的原因。化肥业区位与上游矿产投入品区位关系较大；云天化主要生产和出口磷肥，与其拥有品位较高的磷矿和天然气源有关。但是，化肥单价较低，相对运输成本较高，本质上并不利于长途贸易，因而在世界化肥市场趋于饱和的背景下，仍然需要通过产业兼并重组的方式构建若干服务于本地和邻近市场的大型企业，同时尽量将出口相关产能向沿海地区集中。在这一过程中，仍需要中化集团和中国化工集团的引领作用。当然，磷肥生产的污染强度不算很高，从环境保护角度来看，上述整合不具有迫切性。

然后分析合成革子行业，该行业也属于高污染行业。安利股份是一家民营企业。表中列出的长江经济带合成革业上市公司数量不多，且均为民营企业；整体上该行业市场集中度很低，产能过剩较为严重；与上述子行业不同的是，世界合成革业大部分产能集中于中国，且已经处于市场饱和状态。在上述条件下，应主要通过实施更严格的环境保护标准来迫使该行业企业进行兼并重组，淘汰污染更加严重、技术较为落后的 PVC 人造革企业，特别是上、中游企业，从而推动行业的产业升级，并促使产能尤其是出口相关产能向下游沿海地区集中。

最后分析塑料子行业。塑料子行业的污染排放强度低于上述行业，特别是在国家限制了作为原料的废塑料进口之后。该行业市场集中度较低，但市场仍有发展空间，尚未饱和。表 8.6 中列出的长江经济带塑料业上市公司数量不多，规模不大,上、中游其他企业出口占比不高。时代新材是依托于央企中国中车集团的高科技企业,主要出口铁路工程塑料元件,向下游沿海地区转移产能的必要性和可能性不大。对于该行业,应通过提高环境保护标准和监察力度促使污染严重的小型企业退出市场,剩余企业通过兼并重组提高市场集中度;推动新增出口产能向长三角沿海地区集聚。

对于上文提到的对下游环境威胁较大的几个省市的若干化工子行业的情况,不能仅仅依据上市公司的数据进行分析。下面结合其他来源的资料和数据进一步研究。

根据李崇等(2017)及网络数据,云南省的硫酸产量长期位居全国第一,主要硫酸工业企业如表8.7所示。

表8.7 云南省主要硫酸生产企业情况

企业	主要股东	2016年产量/万吨
云天化集团有限责任公司	云南国资委(100%)	700
云南铜业(集团)有限公司	中国铜业(58%)、云南国资委(21.5%)、云南工业投资集团(20.5%),实际控制人国务院国资委	151
云南驰宏锌锗股份有限公司	云南冶金集团股份有限公司(38.19%),实际控制人国务院国资委	26.02
云南祥丰实业集团有限公司	民营,不详	171

资料来源:李崇等(2017)、各公司年报及互联网数据。

表中四家企业的前三家均为国有大型企业,其中云南驰宏锌锗股份有限公司、云南铜业(集团)有限公司的实际控制人均为国务院国资委,属于央企控股企业。在我国硫酸产能全面过剩的背景下,通过国有资本特别是央企的内部调整来推动云南省该行业的供给侧改革是有可能性的。通过产能的进一步集中,一方面控制产量,保证合理利润率;另一方面加强技术改造和环境督查,减少污染排放量。从现有数据来看,这些企业生产的硫酸主要为中间产品,几乎没有出口;云南省整个化工行业的出口额较低,说明硫酸产能基本服务于本地需求,正如梁仁彩(2010)指出的,硫酸由于价格低而运价高,运输半径一般在400千米以内,很少作为出口的商品。因此,通过央企整合推动部分硫酸产能向下游沿海地区转移的必要性不强。

除了表8.7中所列四家企业,云南还有较多中小型民营硫酸生产企业,其股权结构与产量均很难查到,从生产技术及环保督查角度来看其污染势必为严重,只能通过逐步兼并、淘汰来解决。如上文所述,实施兼并者主要是国有资本;而污染严重者应通过环境规制手段尽快淘汰。

湖北的盐酸、钾肥企业的数据未能找到。再看安徽的硝酸工业。安徽多年来是我国浓硝酸产量最大的省份,根据王燕(2015)及网络数据,主要生产企业情况如表 8.8 所示,产量数据无法查到,只列出了产能。

表 8.8　安徽省主要浓硝酸生产企业情况

企业	主要股东	2017 年产能/万吨
安徽淮化集团有限公司	皖北煤电集团(安徽国资委控股)	50
安徽金禾实业股份有限公司	安徽金瑞投资集团有限公司(51.79%)	20

资料来源:王燕(2015)、各公司年报及互联网数据。

金禾实业股份有限公司产品 2017 年的出口占比为 11.12%,不算很高;淮化集团的出口占比没有查到。由表 8.8 可知,安徽硝酸工业的主要产能是由本地国资委和民营企业控制的,通过产业整合向下游沿海地区调整比较困难。所幸产能相当集中,可以通过加强环境督查减少其污染的严重程度。

长江经济带下游的石化、化学产业也存在布局调整问题。2015 年发布的《江苏省石化产业规划布局方案》提出,要坚持"调整存量、提升增量、优化总量、突出特色"导向,实施做大做强沿海、调优调绿沿江的江海联动发展战略。其中的沿海主要指连云港徐圩新区,也包括盐城、南通等地的既有化工园区,属于本书所指的"长江经济带下游沿海地区"的范围。浙江、上海也存在类似的布局调整规划。《浙江省人民政府办公厅关于石化产业调结构促转型增效益的实施意见》指出,重点任务是加快临港石化产业发展。大力推进舟山绿色石化基地建设,打造国际一流的炼化一体化生产基地,发展成为宁波石化产业基地的重要拓展区和浙江省工业经济发展的新增长点。本书认为,上述下游省市规划中的沿海石化基地不仅是该省市的重点建设目标,而且还应是长江经济带石化、化学产业整体布局调整的重点所在。

第三节　长江经济带冶金产业布局情况及政策建议

一、按二位码行业口径的产值与出口值

根据二位码行业的划分,冶金产业包括黑色金属冶炼及压延加工业、有色金属

冶炼及压延加工业两个二位码行业。不考虑黑色金属矿采选业和有色金属矿采选业的企业,是因为矿产资源不可移动,而矿产资源采选企业也通常选址在矿产所在地,不存在布局调整的问题。表8.9列出了长江经济带各省市这两个行业2015年的工业销售产值和出口交货值。

表8.9　2015年长江经济带各省市冶金产业产值与出口值　　单位:亿元

省份	工业销售产值		出口交货值	
	黑色金属	有色金属	黑色金属	有色金属
重庆	690.05	736.86	13.47	40.85
四川	2 132.65	643.86	35.41	12.60
贵州	631.29	421.45	0.00	0.31
云南	630.91	1 295.96	1.75	12.51
安徽	1 911.77	2 077.95	57.89	41.41
江西	1 068.03	4 635.24	30.50	100.46
湖北	2 054.82	837.39	54.21	11.23
湖南	1 411.36	2 802.51	62.87	42.08
上海	1 182.83	379.49	110.53	49.87
江苏	9 153.52	4 029.72	530.28	169.85
浙江	2 129.15	2 443.47	95.76	123.19

资料来源:《中国工业统计年鉴2016》。

依据表8.9,与石化、化学产业相比,冶金产业的产值与出口值分布相当均衡,特别是黑色金属业。黑色金属业中,上游的四川,中游的安徽、湖北、湖南,产值与出口值都较高;有色金属业布局与矿产资源所在地的关系更紧密,因而有色金属资源丰富的云南、安徽、江西、湖南等省都有着较高的产值和出口值,重庆虽然产值不高,但出口值较高。这些上、中游的产能,特别是出口相关的产能均对长江流域的环境构成了较大威胁。

二、主要钢铁企业的股权结构及相关政策建议

钢铁工业在黑色金属加工业中占据主要地位。根据沪深交易所各钢铁行业上市公司年报、主要钢铁企业网站以及冶金之家网站(www.gtjia.com)数据,整理长江经济带主要钢铁企业的钢材产量、股东情况,列于表8.10。从表8.10来看,长江

经济带主要钢铁企业中由国务院国资委或财政部控股的企业非常少,其 2016 年钢产量只占表 8.10 所列企业总产量的 20.88%;由省级国资委控股的企业的钢产量约占 26.90%;其余均为民营企业。整体上看市场集中度仍比较低。

表 8.10　长江经济带主要钢铁企业情况

省份	企业	2016 年产量/万吨	2016 年出口占比	主要股东
重庆	重庆钢铁	238.23	0	重庆钢铁(集团)有限责任公司(47.27%,重庆国资委实际控制)
四川	攀钢集团	838.77	不详	鞍钢集团(国务院国资委实际控制)
四川	四川省川威钢铁集团有限公司	333.84	不详	王劲实际控制
四川	四川省达州钢铁集团有限公司	205.09	不详	吴进良实际控制
四川	成都冶金实验厂有限公司	218.64	不详	民营,实际控制人不详
贵州	首钢贵阳特殊钢有限责任公司	219.31	不详	首钢总公司(北京国资委实际控制)
云南	昆明钢铁控股有限公司	645.00	不详	云南国资委(84.96%)
云南	云南玉溪钢铁集团有限公司	247.30	不详	民营,实际控制人不详
安徽	马钢股份	1 767.38	7.97%	马钢(集团)控股有限公司(45.54%,安徽国资委实际控制)
安徽	铜陵市富鑫钢铁有限公司	147.22	不详	民营,实际控制人不详
江西	江西方大钢铁集团有限公司	1 364.64	不详	方威实际控制
江西	新余钢铁集团有限公司	774.37	不详	江西国资委实际控制
江西	江西萍钢实业股份有限公司	1 005.09	不详	江西方大钢铁集团有限公司(21.43%,方威实际控制)
湖北	大冶特钢	172.63	18.64%	湖北新冶钢有限公司(29.95%,财政部实际控制)、中信泰富(中国)投资有限公司(28.17%)
湖北	武钢股份	1 384.94	10.45%	中国宝武钢铁集团有限公司(国务院国资委实际控制)
湖南	湖南华菱钢铁集团有限责任公司	1 533.46	7.58%	湖南国资委实际控制
湖南	冷水江钢铁有限责任公司	273.83	不详	湖南博长控股集团有限公司(实际控制人不详)

续表

省份	企业	2016年产量/万吨	2016年出口占比	主要股东
上海	宝钢股份	1 504.48	12.78%	中国宝武钢铁集团有限公司(52.14%,国务院国资委实际控制)
江苏	南钢股份	832.78	5.21%	南京南钢钢铁联合有限公司(40.72%,郭广昌实际控制)
	沙钢集团	3 253.8	不详	沈文荣实际控制
	江阴兴澄特种钢铁有限公司	458.75	不详	江阴泰富投资有限公司(100%,财政部实际控制)
	江苏永钢集团有限公司	709.39	不详	吴耀芳
	中天钢铁集团有限公司	911.03	不详	民营,实际控制人不详
	江苏申特钢铁有限公司	108.43	不详	昌兴物料(国际)有限公司(50%,黄炳均实际控制)
	江阴华西钢铁有限公司	237.93	不详	江苏华西集团有限公司(75%,江阴市华士镇华西新市村村民委员会实际控制)
	常熟市龙腾特种钢有限公司	371.66	不详	季丙元实际控制
	江苏省镔鑫特钢材料有限公司	399.03	不详	福建经纬集团有限公司(民营,实际控制人不详)
	盐城市联鑫钢铁有限公司	257.47	不详	华创江苏投资有限公司(民营,实际控制人不详)
浙江	杭钢股份	438.37	0	杭州钢铁集团有限公司(44.69%,浙江国资委实际控制)
	永兴特钢	24.44	4.97%	高兴江(51.86%)

(1) 资料来源:各公司年报及互联网数据。
(2) 凡上市公司均系用简称,下同。

从原材料来源看,除了攀钢集团外,长江经济带其余主要钢铁企业所需铁矿石均基本依赖进口。从有限的能够查到出口占比数据的企业来看,中、下游钢铁企业的出口占比无明显差别,位于湖北的大冶特钢的出口占比最高,武钢股份也有超过10%的出口占比,显然存在布局问题。因此,与石化行业类似,将钢铁业的产能布局重心进一步向下游沿海地区移动不仅有利于控制流域的环境污染,而且有利于降低产品的综合成本,有利于发展外向型工业。

本节着重研究通过行业内各企业产权的调整来促进行业布局的调整。从表 8.10

反映的主要钢铁企业股权结构来看,在国务院控制的企业中,最主要的宝钢集团与武钢集团已合并成为宝武钢铁集团,继续调整的空间已经不大。省级国资委控股的企业如果能够打破行政区域限制,与央企或其他省份企业实施整合,可以促使长江经济带的钢铁业形成寡头垄断的市场格局,有利于将钢铁工业布局的调整转化为寡头垄断企业内部的布局调整,使其有利于长江经济带外向型钢铁工业布局的完善与环境污染的控制。但这样做的难度显然超过央企之间的整合。对于总产量超过一半的民营钢铁企业,整合的难度就更大,可能需主要依靠环境监管和市场周期的力量促使其优胜劣汰,进一步集中。

从上、中游的钢铁出口角度分析,根据各企业年报、网站及其他数据来源,四川钢铁出口主要来自攀钢集团,湖北钢铁出口主要来自武钢股份和大冶特钢,湖南钢铁出口主要来自华菱钢铁集团,安徽钢铁出口主要来自马钢股份,前三个均为央企控制企业,后两个均为省级国资委控制企业。因此,如果能够在上、中游实现央企与部分省属国有企业的整合,即可以创造调整长江经济带外向型钢铁工业布局的条件。

三、主要有色金属企业的股权结构及相关政策建议

根据《中国有色金属工业年鉴2016》"中国2015年度有色金属工业销售收入前50名企业统计"表、有色金属行业上市公司年报及其他数据,将长江经济带主要有色金属冶炼及压延加工业企业的产品及股东情况列于表8.11。虽然没有列入有色金属矿采选业的企业,但从原材料来源看,长江经济带上、中游的有色金属矿藏相当丰富,绝大部分表中列出的该区域的冶炼企业都拥有有色金属的矿山,多是从采选开始发展而来的产业链一体化企业,因而布局的调整也相当困难;长江经济带下游有色金属矿藏稀少,有色金属冶炼企业基本都不拥有自己的矿藏,是纯粹的加工企业,由于基本不存在污染向下游扩散的问题,也不具有布局调整的迫切性。

进一步分析表中企业的股权结构。各省市的企业具有不同的特点:重庆的有色金属企业有央企和民营企业;四川的有色金属企业除了稀土企业外,基本为民营企业;贵州主要为央企中国铝业下属企业;云南绝大多数有色金属企业由省国资委控制;安徽除了铜陵有色集团由省国资委独资控制外,其余为民营企业;江西有色金属业矿藏丰富,产值最高,国务院国资委、省国资委、民营均控制部分企业;湖北、湖南的主要企业基本由国务院国资委控制;江苏、浙江除个别企业外,全部为民营企业;上海没有规模较大的有色金属企业。因而,由国务院国资委或财政部实际控

表 8.11 长江经济带主要有色金属企业情况

省份	企业	产品	2016年产量/万吨	2016年出口占比	主要股东
重庆	重庆市博赛矿业(集团)有限公司	铝产品	不详	不详	重庆市博赛投资有限公司(95%,袁志伦实际控制)
重庆	西南铝业(集团)有限责任公司	铝产品	不详	不详	中国铝业(47.5%,国务院国资委实际控制)
四川	宏达股份	锌产品	27.45	0	四川宏达实业有限公司(26.88%,刘沧龙实际控制)
四川	天齐锂业	锂产品	49.38	65.3%	成都天齐实业(集团)有限公司(36.12%,蒋卫平实际控制)
四川	盛和资源	稀土产品	0.79	4.24%	中国地质科学院矿产综合利用研究所(14.04%,国务院财政部实际控制)
贵州	中国铝业遵义氧化铝有限公司	氧化铝产品	不详	不详	中国铝业(国务院国资委实际控制)
贵州	遵义铝业股份有限公司	原铝产品	不详	不详	中国铝业(国务院国资委实际控制)
贵州	贵州华锦铝业有限公司	氧化铝产品	不详	不详	中国铝业(国务院国资委实际控制)
云南	云南锡业集团(控股)有限责任公司	锡产品	不详	不详	云南国资委实际控制
云南	云南铝业股份有限公司	铝产品	不详	不详	云南冶金集团(42.57%,云南国资委实际控制)
云南	云南铜业股份有限公司	铜产品	58.25	8.3%	云南铜业(集团)有限公司(45.01%,国务院国资委实际控制)
云南	云南罗平锌电股份有限公司	锌产品	10.33	0	罗平县锌电公司(27.4%,罗平县财政局实际控制)
云南	云南锗业	锗产品	0.03	30.52%	临沧飞翔冶炼有限责任公司(13.72%,包文东实际控制)
云南	驰宏锌锗	锌产品	70.97	0	云南冶金集团(38.19%,云南国资委实际控制)
云南	贵研铂业	铂产品	0.07	0.02%	云南锡业集团(39.34%,云南国资委实际控制)

第八章 行业层面的政策建议

续表

省份	企业	产品	2016年产量/万吨	2016年出口占比	主要股东
安徽	铜陵有色	铜产品	129.79	不详	铜陵有色金属集团控股有限公司（36.53%,安徽国资委实际控制）
	楚江新材	铜产品	41.84	0.34%	安徽楚江投资集团有限公司（40.38%,姜纯实际控制）
	梦舟股份	铜产品	12.98	7.61%	霍尔果斯船山文化传媒有限公司（10%,冯青青实际控制）
	众源新材	铜产品	不详	不详	封全虎（34.34%）
江西	江西铜业	铜产品	121.10	16.16%	江西铜业集团有限公司（40.53%,江西国资委实际控制）
	赣锋锂业	锂产品	2.94	20.49%	李良彬（24.67%）
	章源钨业	钨产品	1.25	22.02%	崇义章源投资控股有限公司（70.53%,黄泽兰实际控制）
	江西钨业集团有限公司	钨、稀土、钽铌产品	不详	不详	五矿有色金属股份有限公司（51%,国务院国资委实际控制）
	赣州虔东稀土集团股份有限公司	稀土产品	不详	不详	龚斌实际控制
湖北	大冶有色金属集团控股有限公司	铜产品	不详	不详	中国有色矿业集团有限公司（国务院国资委实际控制）
湖南	五矿有色金属控股有限公司	铜、锌、铅产品	不详	不详	中国五矿股份有限公司（100%,国务院国资委实际控制）
	五矿稀土股份有限公司	稀土产品	不详	不详	五矿稀土集团有限公司（23.98%,国务院国资委实际控制）
	株冶集团	锌、铅产品	59.02	11.29%	株洲冶炼集团有限责任公司（40.24%,国务院国资委实际控制）
	金贵银业	银、铅产品	11.06	4.78%	曹永贵（32.56%）
	湖南黄金	金、锑、钨产品	3.23	4.25%	湖南黄金集团有限责任公司（39.91%,湖南国资委实际控制）
	中钨高新	钨产品	1.55	24.68%	湖南有色金属有限公司（60.94%,国务院国资委实际控制）
江苏	大亚科技集团有限公司	铝箔产品	不详	不详	丹阳市意博瑞特投资管理有限公司（63%,戴品哎实际控制）
	常州南海铜业有限公司	铜产品	不详	不详	常州市武进洛阳实业总公司（40%,洛阳镇政府实际控制）

续表

省份	企业	产品	2016年产量/万吨	2016年出口占比	主要股东
江苏	常州金源铜业有限公司	铜产品	不详	不详	宝胜科技创新股份有限公司(国务院国资委实际控制)
	江苏鼎胜新能源材料股份有限公司	铝产品	不详	不详	周贤海(17.21%)
	常铝股份	铝箔产品	12.24	24.26%	常熟市铝箔厂(25.43%,张平实际控制)
	云海金属	镁、铝产品	40.56	9.75%	梅小明(32.03%)
	亚太科技	铝产品	12.73	8.49%	周福海(39.07%)
	银邦股份	铝产品	11.09	21.44%	沈于蓝(34.44%)
	寒锐钴业	钴产品	不详	不详	梁杰(21.95%)
	电工合金	铜产品	不详	不详	江阴市康达投资有限公司(36.25%,陈力皎实际控制)
	怡球资源	铝产品	50.79	62.63%	怡球(香港)有限公司(38.73%,黄崇胜实际控制)
浙江	海亮集团有限公司	铜产品	不详	不详	冯海良(43.64%)
	宁波金田投资控股有限公司	铜产品	不详	不详	包承勇实际控制
	浙江富冶集团有限公司	铜产品	不详	不详	徐树富实际控制
	兰溪自立铜业有限公司	铜产品	不详	不详	叶标实际控制
	万邦德新材股份有限公司	铝产品	不详	不详	万邦德集团有限公司(18.88%,赵守明实际控制)
	宁波富邦	铝材产品	3.41	不详	宁波富邦控股集团有限公司(35.26%,宋汉平实际控制)
	博威合金	合金产品	10.60	38.23%	博威集团有限公司(33.91%,谢识才实际控制)
	华友钴业	钴、铜、镍产品	6.75	33.62%	大山私人股份有限公司(26.16%,谢伟通实际控制)
	旭升股份	铝合金产品	不详	不详	宁波梅山保税港区旭晟控股有限公司(32.45%,徐旭东实际控制)

资料来源:各公司年报及互联网数据。

制的企业集中于湖南、湖北、贵州、江西、重庆等中、上游省市,事实上股权已大多集中于五矿集团和中国铝业等企业,进一步整合的空间不大,也不存在通过股权整合将布局向下游沿海地区转移的可能性。

从上、中游的有色金属出口角度分析,上、中游企业的出口占比无太大差别,上、中游的出口主要取决于企业拥有的矿产资源的国际市场需求,出口占比最高的是位于四川的天齐锂业。从具体企业来看,重庆的出口主要来自西南铝业;安徽的出口主要来自铜陵有色集团;江西的出口主要来自江钨集团、江西铜业和一些民营稀土企业;湖南的出口主要来自株冶集团、金贵银业等企业,这些企业出口产品的原材料基本来自本地矿山,因而难以调整布局。不过,铜陵有色集团控股的合资企业金隆铜业有限公司所需的铜矿石完全依靠进口,布局在长江中游是不适当的。

江西的产业规划中重点发展行业包括铜材加工、稀土材料等有色金属行业("江西融入长江经济带战略对策研究"课题组等,2015),在实施过程中应重视环境污染的防治措施。

第四节 长江经济带造纸业布局情况及政策建议

一、按二位码行业口径的产值与出口值

表8.12列出了2015年长江经济带各省市造纸业的工业销售产值和出口交货值。与冶金产业类似,造纸业的产值分布也是较为均衡的,虽然下游的江苏、浙江明显超出其他省市,但中游四省及上游的重庆、四川的产值也都超过250亿元。出口交货值的分布则较为合理,基本集中于下游二省一市,说明上、中游的产能主要服务于本地市场;但中游的江西、上游的四川的出口交货值也相对较高。从污染扩散的角度来看,这些产能尤其是出口相关的产能对下游环境构成了威胁。

表8.12 2015年长江经济带各省市造纸业产值与出口值　　　　单位:亿元

省份	工业销售产值	出口交货值
重庆	268.21	4.00
四川	436.15	7.80

续表

省份	工业销售产值	出口交货值
贵州	82.87	0.00
云南	65.10	0.00
安徽	359.84	4.50
江西	330.86	12.78
湖北	545.34	1.01
湖南	665.07	5.93
上海	245.04	19.24
江苏	1 556.01	107.94
浙江	1 264.91	84.56

资料来源:《中国工业统计年鉴2016》。

二、主要造纸企业的股权结构及相关政策建议

根据《中国造纸年鉴2017》"中国2016年重点造纸企业生产量前30名企业统计"表、造纸行业上市公司年报及其他数据,将长江经济带主要造纸企业的产量及股东情况列于表8.13。

表8.13 长江经济带主要造纸企业情况

省份	企业	2016年产量/万吨	2016年出口占比	主要股东
重庆	玖龙纸业(控股)有限公司	不详	不详	Best Result Holdings Limited(64.09%,张茵实际控制)
	重庆理文造纸有限公司	不详	不详	Gold Best Holdings Ltd.(56.16%,李文俊实际控制)
	安徽山鹰纸业股份有限公司	不详	不详	吴明武实际控制
	恒安国际集团有限公司	不详	不详	安平控股有限公司(20.09%,施文博实际控制)

第八章　行业层面的政策建议

续表

省份	企业	2016年产量/万吨	2016年出口占比	主要股东
四川	金红叶纸业集团有限公司	不详	不详	金光纸业（中国）投资有限公司（黄志源实际控制）
	四川永丰纸业集团	不详	不详	沐川恒丰投资有限责任公司（吴和均实际控制）
	四川新津晨龙纸业有限公司	不详	不详	四川晨龙实业有限责任公司（60.89%，毛灵实际控制）
	维达纸业（四川）有限公司	不详	不详	维达生活用纸（中国）有限公司（40.4%，李朝旺实际控制）
	银鸽投资	不详	不详	漯河银鸽实业集团有限公司（47.35%，孟平实际控制）
	宜宾纸业	9.23	0	宜宾市国有资产经营有限公司（37.77%）
贵州	贵州赤天化纸业股份有限公司	不详	不详	上海泰盛制浆（集团）有限公司
云南	云南云景林纸股份有限公司	不详	不详	云南省投资控股集团有限公司（云南国资委实际控制）
安徽	安徽山鹰纸业股份有限公司	不详	不详	吴明武实际控制
	合肥华泰集团股份有限公司	不详	不详	李建华实际控制
	恒安国际集团有限公司	不详	不详	安平控股有限公司（20.09%，施文博实际控制）
江西	江西理文造纸有限公司	不详	不详	Gold Best Holdings Ltd.（56.16%，李文俊实际控制）
	山东晨鸣纸业集团股份有限公司	不详	不详	寿光晨鸣控股有限公司（15.13%，寿光市国资办实际控制）
	赣州华劲纸业有限公司	不详	不详	华劲集团股份有限公司（宁俊实际控制）
	江西柯美纸业有限公司	不详	不详	刘翔（52%）
	上栗县萍锋纸业有限公司	不详	不详	林喜（60%）
	上栗县恒达纸业有限公司	不详	不详	孙杨（33.33%）

219

续表

省份	企业	2016年产量/万吨	2016年出口占比	主要股东
湖北	山东晨鸣纸业集团股份有限公司	不详	不详	寿光晨鸣控股有限公司(15.13%,寿光市国资办实际控制)
	金红叶纸业集团有限公司	不详	不详	金光纸业(中国)投资有限公司(黄志源实际控制)
	武汉金凤凰纸业有限公司	73.22	不详	武汉精诚造纸有限公司(程俊实际控制)
	湖北拍马纸业集团	不详	不详	荆州市荆州区拍马造纸总厂(许家林实际控制)
	湖北宏发再生资源科技发展有限公司	不详	不详	赵祖高(81.3%)
	湖北宜昌翔陵纸制品有限公司	不详	不详	刘道军(44.36%)
	维达纸业(湖北)有限公司	不详	不详	维达生活用纸(中国)有限公司(40.4%,李朝旺实际控制)
	恒丰纸业	不详	不详	牡丹江恒丰纸业集团有限责任公司(31.6%,牡丹江国资委实际控制)
湖南	山东恒联投资集团有限公司	不详	不详	徐建实际控制
	恒安国际集团有限公司	不详	不详	安平控股有限公司(20.09%,施文博实际控制)
	岳阳林纸	86.42	0	湖南泰格林纸集团股份有限公司(27.87%,国务院国资委实际控制)
江苏	玖龙纸业(控股)有限公司	287.5	不详	Best Result Holdings Limited(64.09%,张茵实际控制)
	江苏理文造纸有限公司	129.1	不详	Gold Best Holdings Ltd.(56.16%,李文俊实际控制)
	金东纸业(江苏)股份有限公司	207.73	不详	金光纸业(中国)投资有限公司(黄志源实际控制)
	江苏荣成环保科技股份有限公司	96	不详	荣成纸业(中国)控股有限公司(75.89%,台湾上市公司荣成纸业股份有限公司实际控制)
	浙江景兴纸业股份有限公司	不详	不详	朱在龙(15.79%)
	金红叶纸业集团有限公司	103.7	不详	金光纸业(中国)投资有限公司(黄志源实际控制)
	芬欧汇川(中国)有限公司	100	不详	芬欧汇川亚太私人有限公司(芬兰上市公司实际控制)

续表

省份	企业	2016年产量/万吨	2016年出口占比	主要股东
江苏	金华盛纸业(苏州工业园区)有限公司	62.6	不详	金东纸业(江苏)股份有限公司(黄志源实际控制)
	江苏博汇纸业有限公司	81.3	不详	杨延良实际控制
	永丰余造纸(扬州)有限公司	65.1	不详	永丰余毛里求斯股份有限公司(何寿川实际控制)
浙江	安徽山鹰纸业股份有限公司	不详	不详	吴明武实际控制
	宁波中华纸业有限公司	223.9	不详	金光纸业(中国)投资有限公司(68%,黄志源实际控制)
	江苏荣成环保科技股份有限公司	93.5	不详	荣成纸业(中国)控股有限公司(75.89%,台湾上市公司荣成纸业股份有限公司实际控制)
	浙江景兴纸业股份有限公司	131	不详	朱在龙(15.79%)
	浙江永正控股有限公司	130	不详	孙柏贵
	浙江鸿昊控股集团有限公司	106	不详	金法泉(22.5%)
	浙江春胜控股集团有限公司	100.8	不详	俞成胜
	浙江新胜大控股集团有限公司	87	不详	李胜峰
	金东纸业(江苏)股份有限公司	48.4	不详	金光纸业(中国)投资有限公司(黄志源实际控制)
	浙江荣晟环保纸业股份有限公司	39.2	不详	冯荣华(48.03%)
	浙江华川实业集团有限公司	36.5	不详	冯小义
	浙江道勤纸业有限公司	35	不详	胡永明(42%)
	浙江森林纸业有限公司	33.3	不详	森林包装集团股份有限公司(林启军实际控制)
	浙江三星纸业股份有限公司	26.5	不详	唐培银(31.12%)
	浙江秀舟纸业有限公司	26.2	不详	卢福全(90%)
	维达纸业(浙江)有限公司	不详	不详	维达生活用纸(中国)有限公司(40.4%,李朝旺实际控制)
	吉安集团股份有限公司	158.8	不详	安徽山鹰纸业股份有限公司(吴明武实际控制)
	凯恩股份	6.61	6.65%	凯恩集团有限公司(17.59%,蔡阳实际控制)
	民丰特纸	13.19	3.96%	嘉兴民丰集团有限公司(34.87%,嘉兴国资委实际控制)
上海	上海中隆纸业有限公司	不详	不详	香港中隆有限公司(100%,郑舒云实际控制)

资料来源:各公司年报及互联网数据。

从原材料来源看,据界面新闻2017年6月30日的报道,我国造纸企业大部分(约65%)原料为废纸,而超过一半的废纸来自进口[①]。2017—2018年,我国通过一系列政策调整,提高了进口废纸的管制标准。如2018年3月1日起,《进口废纸环境保护管理规定》开始实施,规定申请进口废纸许可的加工利用企业生产能力需达到5万吨/年,含杂率标准由1.5%调整为0.5%。能满足上述要求的只有工业级废纸,生活来源的废纸无法再进口,这样,进口废纸量将有较大幅度的下降,对造纸业布局的影响程度会降低。

与此前分析的各行业相比,长江经济带主要造纸企业的股权结构有着明显的特点。占据较大市场份额的企业主要是来自印度尼西亚、中国香港和台湾等地的若干外资或港澳台资企业,这些企业基本完成了在长江经济带内上、中、下游全流域的布局;其余大、中型企业基本为民营企业;只有少数几家企业由各级国资委或国资办控股。在不断淘汰落后和规模过小产能的政策影响下,预计外资企业在长江经济带的市场份额将进一步扩大,这些企业不存在进一步股权整合的可能性与必要性,只可能通过在上、中游实施更严格的环保标准迫使其将部分产能向下游沿海地区转移。

从上、中游的造纸业出口角度分析。造纸业上市公司较少,而且相当一部分在长江经济带多个省市拥有制造基地,难以查到具体省份子公司的出口占比。在能查到的出口占比数据中,四川(宜宾纸业)、湖南(岳阳林纸)上市公司的出口占比为零;浙江两家上市公司的出口占比在5%左右,均不高。再搜索其他数据来源,四川省纸制品的主要出口企业未能查到;江西省的纸制品出口主要来自晨鸣纸业和江西省唯家进出口有限公司,后者的纸制品来源不详,前者作为山东晨鸣纸业集团的子公司,理论上可以通过将出口部分的产能向其他子公司转移来解决其布局问题。

第五节 长江经济带非金属矿物制品业布局情况及政策建议

一、按二位码行业口径的产值与出口值

表8.14列出了2015年长江经济带各省市非金属矿物制品业的工业销售产值

---

① http://www.chinapaper.net/news/show-23042.html。

和出口交货值。与此前分析的各个行业相比,非金属矿物制品业的产值分布更加均衡,虽然下游的江苏省的产值明显超出其他省市,但中游四省及上游的重庆、四川的产值也都超过了1 000亿元,湖北省达到了3 138亿元,位居各省市第二。出口交货值的分布更符合梯度一些,下游二省一市的出口值较高;上游的贵州、云南出口值很小,四川、重庆也不算高;中游四省的出口交货值均相对较高,特别是湖南、江西。上、中游省市的这些产能尤其是出口相关的产能对下游环境构成了较大威胁。

表8.14 2015年长江经济带各省市非金属矿物制品业产值与出口值   单位:亿元

省份	工业销售产值	出口交货值
重庆	1 118.61	13.64
四川	2 765.85	10.37
贵州	985.78	0.28
云南	453.69	0.47
安徽	2 323.27	25.18
江西	2 691.47	52.41
湖北	3 138.38	25.19
湖南	2 759.45	65.96
上海	543.90	61.68
江苏	4 723.32	194.61
浙江	1 938.82	120.19

资料来源:《中国工业统计年鉴2016》。

二、主要水泥企业的股权结构及相关政策建议

非金属矿物制品业主要包括水泥、石膏、石材、玻璃、玻璃纤维、陶瓷、耐火材料、石墨等材料及其制品的制造。其中,水泥产业的产值和污染排放都占主要地位。因此,本部分分析了长江经济带主要水泥企业的产量及股东情况。根据中国水泥网[①]"2017中国水泥熟料产能二十强榜"、水泥行业上市公司年报及其他数据,将长江经济带主要水泥企业的产量及股东情况列于表8.15。

---

① www.ccement.com。

表 8.15 长江经济带主要水泥企业情况

省份	企业	2016年产量/万吨	2016年出口占比	主要股东
重庆	西南水泥	908.3	不详	中国建材集团有限公司(国务院国资委实际控制)
	东方希望	852.5	不详	刘相宇实际控制
	海螺水泥	620	不详	安徽海螺集团有限责任公司(安徽国资委实际控制)
	冀东水泥	508.4	0	冀东发展集团有限责任公司(北京国资委实际控制)
	华新水泥	341	不详	LafargeHolcim Ltd. 实际控制
	拉法基水泥	186	不详	LafargeHolcim Ltd. 实际控制
	台湾水泥	310	不详	台湾水泥股份有限公司
	小南海水泥	167.4	不详	邱沛阳实际控制
	金九建材集团	155	不详	荆安平
四川	西南水泥	3 261.2	不详	中国建材集团有限公司(国务院国资委实际控制)
	峨胜水泥	917.6	不详	熊建华
	海螺水泥	837	不详	安徽海螺集团有限责任公司(安徽国资委实际控制)
	星船城水泥	678.9	不详	内江市星船城商贸有限公司(王劲实际控制)
	华新水泥	300.7	不详	LafargeHolcim Ltd. 实际控制
	拉法基水泥	558	不详	LafargeHolcim Ltd. 实际控制
	双马水泥	558	0	北京和谐恒源科技有限公司(林栋梁实际控制)
	台湾水泥	465	不详	台湾水泥股份有限公司
	红狮水泥	620	不详	章小华实际控制
	亚洲水泥	700.6	不详	亚洲水泥股份有限公司
贵州	西南水泥	2 777.6	不详	中国建材集团有限公司(国务院国资委实际控制)
	海螺水泥	1 804.2	不详	安徽海螺集团有限责任公司(安徽国资委实际控制)
	华润水泥	155	不详	华润集团(国务院国资委实际控制)
	华新水泥	114.7	不详	LafargeHolcim Ltd. 实际控制

第八章　行业层面的政策建议

续表

省份	企业	2016年产量/万吨	2016年出口占比	主要股东
贵州	拉法基水泥	186	不详	LafargeHolcim Ltd.实际控制
	台泥水泥	567.3	不详	台湾水泥股份有限公司
	红狮水泥	496	不详	章小华实际控制
	鱼峰集团水泥	372	不详	广西鱼峰集团有限公司(广西国资委实际控制)
	豪龙控股	372	不详	赵岳军
	晴隆盘江水泥	186	不详	西藏汇润投资有限公司(李梦波实际控制)
	尧柏水泥	99.2	不详	中国西部水泥有限公司
云南	西南水泥	1 674	不详	中国建材集团有限公司(国务院国资委实际控制)
	昆钢集团	1 085	不详	云南国资委实际控制
	海螺水泥	759.5	不详	安徽海螺集团有限责任公司(安徽国资委实际控制)
	华润水泥	387.5	不详	华润集团(国务院国资委实际控制)
	华新水泥	1 023	不详	LafargeHolcim Ltd.实际控制
	拉法基水泥	80.6	不详	LafargeHolcim Ltd.实际控制
	台泥水泥	434	不详	台湾水泥股份有限公司
	红狮水泥	310	不详	章小华实际控制
	河湾水泥	310	不详	弥勒市新哨镇西梭白红砖厂(集体所有制)
	红塔滇西水泥	248	不详	云南合和(集团)股份有限公司(国务院国资委实际控制)
安徽	中联水泥	310	不详	中国建材集团有限公司(国务院国资委实际控制)
	中材水泥	465	不详	中国建材集团有限公司(国务院国资委实际控制)
	南方水泥	1 224.5	不详	中国建材集团有限公司(国务院国资委实际控制)
	海螺水泥	7 719	不详	安徽海螺集团有限责任公司(安徽国资委实际控制)
	天瑞水泥	155	不详	李留法实际控制
	上峰水泥	775	0	浙江上峰控股集团有限公司(俞峰实际控制)

续表

省份	企业	2016年产量/万吨	2016年出口占比	主要股东
安徽	珍珠集团	697.5	不详	高允连
	盘固水泥集团	496	不详	张锁林
	江苏磊达集团	465	不详	汤广宏
	淮海集团相山水泥	232.5	不详	安徽国资委实际控制
江西	南方水泥	1 422.9	不详	中国建材集团有限公司(国务院国资委实际控制)
	中材水泥	232.5	不详	中国建材集团有限公司(国务院国资委实际控制)
	海螺水泥	744	不详	安徽海螺集团有限责任公司(安徽国资委实际控制)
	红狮水泥	465	不详	章小华实际控制
	亚洲水泥	892.8	不详	亚洲水泥股份有限公司
	万年青水泥	1 278.75	0	江西水泥有限责任公司(江西国资委实际控制)
	印山实业集团	310	不详	长沙县江背镇印山村民委员会
	鑫山水泥	155	不详	范文彬
	豪龙控股	77.5	不详	赵岳军
湖北	华新水泥	2 449	不详	LafargeHolcim Ltd.实际控制
	亚洲水泥	533.2	不详	亚洲水泥股份有限公司
	葛洲坝	1 580	不详	中国葛洲坝集团股份有限公司(国务院国资委实际控制)
	京兰集团	418.5	不详	浙江京兰投资有限公司(赵伟光实际控制)
	世纪新峰	294.5	不详	诸葛文达
	新娲石水泥	155	不详	柳学忠
	泰隆集团	155	不详	王永浩
	尖峰水泥	124	0	金华市通济国有资产投资有限公司
	金龙控股集团	77.5	不详	陕西金龙水泥有限公司(陈志连实际控制)

第八章 行业层面的政策建议

续表

省份	企业	2016年产量/万吨	2016年出口占比	主要股东
湖南	南方水泥	2 207.2	不详	中国建材集团有限公司（国务院国资委实际控制）
	中材水泥	387.5	不详	中国建材集团有限公司（国务院国资委实际控制）
	海螺水泥	2 092.5	不详	安徽海螺集团有限责任公司（安徽国资委实际控制）
	冀东水泥	155	0	冀东发展集团有限责任公司（北京国资委实际控制）
	华新水泥	728.5	不详	LafargeHolcim Ltd. 实际控制
	台湾水泥	269.7	不详	台湾水泥股份有限公司
	良田水泥	155	不详	湖南鼎天经贸集团有限公司（何高华实际控制）
	印山实业集团	155	不详	长沙县江背镇印山村民委员会
	红狮水泥	573.5	不详	章小华实际控制
	葛洲坝	127	不详	中国葛洲坝集团股份有限公司（国务院国资委实际控制）
江苏	中联水泥	1 085	不详	中国建材集团有限公司（国务院国资委实际控制）
	天山股份	542.5	0	中国建材集团有限公司（国务院国资委实际控制）
	南方水泥	682	不详	中国建材集团有限公司（国务院国资委实际控制）
	海螺水泥	372	不详	安徽海螺集团有限责任公司（安徽国资委实际控制）
	台湾水泥	393.7	不详	台湾水泥股份有限公司
	金峰水泥	1 317.5	不详	徐贵生
	鹤林水泥	372	不详	镇江船山创新科技开发有限公司（冷青松实际控制）
	龙山水泥	341	不详	刘鑫
	盖龙水泥	186	不详	李文举
浙江	南方水泥	3 627	不详	中国建材集团有限公司（国务院国资委实际控制）
	海螺水泥	310	不详	安徽海螺集团有限责任公司（安徽国资委实际控制）

续表

省份	企业	2016年产量/万吨	2016年出口占比	主要股东
浙江	红狮水泥	899	不详	章小华实际控制
	金圆水泥	155	0	赵璧生
	上峰水泥	217	0	浙江上峰控股集团有限公司（俞峰实际控制）
	江山虎集团	232.5	不详	徐位吉
	豪龙控股	201.5	不详	赵岳军
	尖峰水泥	155.5	0	金华市通济国有资产投资有限公司
	浙江杭州大马水泥	155	不详	杨忠礼水泥（香港）有限公司

资料来源：各公司年报及互联网数据。

从原材料来源看，水泥的原料通常包括石灰岩、砂石、石膏等，资源分布广泛，一般来说由企业就地取材，无须进口，对水泥产业的布局没有明显影响。

长江经济带主要水泥生产企业的股权结构有着自身的特点。国务院国资委实际控制的企业（主要是中国建材集团）经过不断地兼并重组，占据全国超过20%的市场份额，在长江经济带也是如此；此外，各省级国资委控制的企业的产能总和相对小一些；外资（主要是LafargeHolcim Ltd.）、台资（主要是台湾水泥）、港资（主要是亚洲水泥）控股企业的产能更小一些；其余产能被民营企业控制。总体上来看，虽然政府近年来已通过淘汰落后产能、推动兼并重组等手段推动行业整合，但行业集中度仍然不够高，存在大量的民营中小水泥企业。行业集中度进一步提高后，有助于提高绿色生产技术水平，增强环境监管效率，不过由于水泥的销售半径短，即使在上、中游实施更严格的环保标准，也不能迫使部分产能向下游沿海地区转移。

从出口角度分析，水泥由于单位价值低、质量大，不能长期保存，销售半径通常不超过500千米，是不适于出口的产品，中国每年出口水泥量不超过产量的0.5%。表8.15中，能够查到的上市公司出口占比数据全部为零。不过也不能一概而论，土耳其、伊朗、越南等国出口水泥量占本国产量的比重就相当大，说明中国的水泥出口有着发展潜力。根据中国水泥网报道，长江经济带各省市的主要水泥出口口岸是江苏南通，主要出口企业是海螺集团在当地的企业，这一外向型布局较为合理。而长江经济带上、中游的水泥出口很少，在水泥行业整体生产能力过剩的背景下，不存在通过股权整合将出口相关产能向下游沿海地区转移的可能性和必要性。

参考文献

"江西融入长江经济带战略对策研究"课题组,江西财经大学江西经济发展与改革研究院,2015.长江经济带:江西的地位与作用[M].南昌:江西人民出版社.

李崇,廖康程,2017.2016年硫酸行业生产运行情况及2017年展望[J].硫酸工业(5):1-4.

梁仁彩,2010.工业区与工业布局研究[M].北京:经济科学出版社.

刘耀彬,戴璐,2016.江西省新型城镇化融入长江经济带的基础、障碍与关键[M].北京:社会科学文献出版社.

彭智敏,周睿全,白洁,2013.长江中游城市群产业合作研究[M].武汉:湖北人民出版社.

王燕,2015.安徽省煤化工发展现状及展望[J].安徽化工,41(4):3-5.

周冯琦,程进,陈宁,等,2016.长江经济带环境绩效评估报告[M].上海:上海社会科学院出版社.

后　　记

　　本书是国家社会科学基金课题"长三角引领长江经济带构建外向型工业布局研究"(15BJY068)的成果。课题于2015年立项之后,长江经济带建设的指导思想在2016年发生了转变,从强调全长江流域的外向型经济发展转向"共抓大保护、不搞大开发"。因而,课题的研究方向也相应做了调整,原本在研究布局构建时主要考虑外向型工业的国际竞争力,调整后更多地考虑长江流域生态环境的保护和修复。换言之,长江经济带外向型工业布局的调整不仅要有利于长江流域的环境保护,还要有利于各区域外向型工业国际竞争力的提升。本书研究的主要结论与有关政策建议已在第六、七、八章中进行了论述。在全书的最后,再阐述一下本书的若干基本观点。

　　一、本书论题的研究,需要分析各种不同性质、不同层次的关系:主要包括长江经济带外向型经济发展与长江流域生态环境保护之间的关系;长江经济带各区域之间的分工与经济联系;长三角外向型工业、生产者服务业与世界市场、世界分工体系之间的关系等。其中的重点是研究长三角如何通过与长江经济带上、中游之间的分工与经济联系发挥其引领作用,因而需要以区域经济学为主建立理论框架,运用以区域经济学为主,以环境经济学、产业经济学、国际经济学等为辅的不同学科分支的分析方法,并重点从区域经济活动的协调和区域经济决策的视角进行研究。

　　二、长江流域的生态环境保护与长江经济带外向型经济发展之间的关系是辩证统一的。在长江流域的污染已经非常严重的情况下,将保护和修复生态环境作为长江经济带建设的首要任务符合实际。当两者存在冲突时,应选择保护生态环境。此外,也存在有利于保护生态环境的一些促进外向型经济发展的政策、措施。本书主要探讨的就是满足这种要求的外向型工业布局的调整途径以及长三角在此过程中发挥的引领作用。

　　三、长三角与长江经济带上、中游之间并非是中心-外围二元结构,或者说单一的垂直分工关系,两者之间已形成了水平分工与垂直分工并存的格局。在外向型工业布局中,上、中游若干开放型经济高地的部分外向型工业与长三角的外向型工业间形成了水平分工关系;出口企业的区域间迁移对区域间分工关系的影响较小;各区域出口的跨区域带动作用反映了区域间的垂直分工关系;从涉及产出份额来看,长三角重化工业行业出口的跨区域带动作用是长江经济带外向型经济中最重要的区域经济传递形式。

四、长三角的外向型工业与生产者服务业的规模较大,已有较强的国际竞争力,能够通过区域间的各种经济联系发挥对长江经济带构建外向型工业布局的引领作用。

五、除了依据上述分析结论,本书的政策主张还需要结合考虑长江经济带的发展战略与其他的国家战略。近年来,我国提出了包括长江经济带在内的一系列国家战略,它们综合体现了国家经济、社会发展各方面的总体要求。因此,本书在研究长江经济带外向型工业布局时,必须将政策主张与其他的国家战略,特别是关系较密切的可持续发展、江苏沿海开发、皖江城市带承接产业转移示范区建设、西部大开发、中部崛起等国家战略联系起来通盘考虑,以实现各国家战略的兼容和协调。例如,结合长江经济带、可持续发展与江苏沿海经济区国家战略,本书认为,江苏、浙江的沿海部分地区应成为长江经济带重化工业行业,特别是石化相关行业的主要集聚地域。

六、重化工业等污染负荷较大行业在长江经济带的布局要从全国的发展战略出发进行权衡。重化工业行业在长江经济带的布局给长江流域的环境带来较大压力。但从全国的经济发展与环境保护之间的辩证关系考虑,长江经济带是我国相对最有利于发展重化工业的区域。在长江经济带中,长三角的重化工业布局最为密集,对环境压力最大,但考虑对世界市场和原材料的接近程度及长江上、中游的扩散污染问题,长三角是相对最有利于发展(外向型)重化工业的地区,其重化工业存量和增量存在向江苏、浙江沿海地区转移和集聚的需要,但不存在向长江经济带上、中游地区转移的需要。

七、本书主要探讨长江经济带外向型工业布局存量部分的产能调整。现有的涉及长江经济带工业布局的规划和政策集中于产业增量部分的调整;对于存量部分主要依靠更严格的环保要求和措施进行约束,这些措施无疑将发挥重要的作用。而本书主要探讨的是存量部分在布局上的调整。长江经济带外向型工业的主体与污染排放的主体均为沿江省市的重化工业企业,产能存量巨大。根据本书的分析,为了实现长江经济带的战略定位,需要将这些行业的产能特别是出口相关产能进一步向长三角沿海地区集中。从国内外经验特别是莱茵河经济带的发展经验来看,重化工业企业选址有很强的路径依赖性,建成之后的整体迁移非常困难。因此,在相关行业集中度普遍过低和供给侧改革的背景下,本书的政策主张是在提高行业集中度基础上的产能转移,即将跨区域的企业迁移转变为寡头企业内部跨区域的产能转移。

八、本书关于长江经济带外向型工业布局构建的建议的主要部分属于产业政策,需要有具体的执行主体。在计划经济时期,政府可以直接通过计划手段确定工业的布局。在市场经济时期,市场在资源配置中起基础作用,政府影响工业布局的能力显著降低,也一直缺少完整的产业政策。但为实现长江经济带的战略定位,政府有必要找到能够贯彻其调整长江经济带工业布局规划和思路的区域经济主体和可行的路径。

概括来说,根据本书分析与国际经验,对于长江经济带的外向型工业布局,中央和地方政府作为最重要的区域经济主体,一方面可以直接通过实施环保、财政等政策进行引导,特别是实施上游较中游、中游较下游更严格的环境保护政策,以促使污染负荷大的产能迁移或退出市场;另一方面,重化工业行业的部分行业中国有资本比重较大,政府通过履行出资人职能可以推动部分大型国企以兼并重组等方式提高市场集中度,从而以寡头企业内部跨区域的产能转移形式将产能尤其是出口相关产能向长三角沿海地区集中。

九、对于不同的行业,需要根据其市场结构等特点采取不同的政策措施引导其外向型工业布局的调整。对于国有资本占据主导地位的石化及化学行业中若干子行业、钢铁业、水泥业等重化工业行业,可以通过央企之间、央企与地方国资委控制企业之间("央地整合")、国有资本与其他资本之间的兼并重组提高市场集中度,运用寡头企业内部跨区域的产能转移来实现外向型工业布局调整;对于外资、民资占据份额较大的化学行业中若干子行业、有色金属业、造纸业等行业,可以通过实施上游较中游、中游较下游更严格的环境保护政策,推动市场集中度提高和外向型工业布局的调整;对于部分污染负荷小,产品附加值高,规划在长江经济带上、中游发展的高技术行业,可以通过财政手段引导其在上、中游若干内陆"开放型经济高地"进一步集聚。

十、提高各行业的市场集中度必须配合进一步的开放政策,否则会形成低效率的市场垄断。与世界市场比较,长江经济带制造业各行业,特别是重化工业各行业的市场集中度普遍较低,需要通过前述途径尽快提高市场集中度。但是,如果这一过程不能伴随市场的进一步开放,不能伴随更积极地参与世界市场的竞争,将只能导致产业发展的低效率和国际竞争力的下降。长江经济带重化工业行业应将形成一批能在世界市场上与领先企业进行有效竞争的寡头企业作为产业政策的目标。

十一、在长江经济带外向型工业布局构建和调整过程中,长三角能够发挥重要的引领作用,并能够推动长江经济带区域间分工向更高层次发展,区域间经济联系进一步深化,区域间市场更加统一。

对于部分污染负荷大,对世界市场与外国原材料依赖程度较高的重化工业行业,应通过产能转移将大部分产能特别是出口相关产能集中于长三角沿海地区,主要是江苏、浙江的沿海地区。转移后,长三角相关出口产能仍能通过跨区域投入产出联系带动上、中游工业发展。这将推动长三角与长江经济带上、中游的垂直分工关系向高层次发展。

对于部分污染负荷小,产品附加值高,在世界市场具有竞争力,规划在长江经济带上、中游发展的高技术行业,长三角可以通过产业转移、工业园区合作、对口协作等方式支持其发展,特别是提供科技、金融和商业服务支持。如果长江经济带上、中游确实采取了更加严格的环境保护标准,长三角提供的跨区域生态补偿也应尽量集中于对这些行业的支持。这将推动长三角与长江经济带上、中游的水平分工关系向高层次发展。

对于长江经济带上、中游外向型工业的发展,特别是内陆"开放型经济高地"的建设,长三角尤其是上海市能够提供高端生产者服务业的支持,包括航运服务、商业服务、金融服务、科技服务等。在航运服务方面,除上海提供高端航运服务支持外,长三角可建立一系列江海转运中心,充分发挥"黄金水道"作用;在金融服务方面,上海在发展成为国际金融中心的过程中,能够为上、中游提供资金融通、兼并重组、资源定价等多种服务。这将推动长三角与长江经济带上、中游的三次产业间的分工关系向高层次发展,使区域间服务贸易联系更加紧密。

长三角是长江流域上、中游污染扩散的主要受害者,也是长江航运建设最主要的受益者。对于长江经济带环保、航运等事务的管理,结合莱茵河经济带等流域经济的国际发展经验,如果能够建立更高层级的管理组织,应将该组织设立在上海市;如果仍依靠沿江省市的协调进行处理,应由长三角牵头。

以上部分是本书在研究上述课题时得到的一些基本观点。在研究过程中,课题组成员管驰明、李广众、王辉、陈建波提供了支持和帮助;硕士研究生陶书整理了大量的数据和资料,在此一并表示感谢!由于研究课题的复杂性及个人能力的限制,本书的研究仍存在许多不足,需要在未来的工作中进一步深入探讨。